城市信息模型（CIM）系列丛书

新型城市基础设施建设探索与实践

《新型城市基础设施建设探索与实践》编委会 | 主编

中国建筑工业出版社

图书在版编目（CIP）数据

新型城市基础设施建设探索与实践 /《新型城市基础设施建设探索与实践》编委会主编. —北京：中国建筑工业出版社，2023.6
（城市信息模型（CIM）系列丛书）
ISBN 978-7-112-28782-6

Ⅰ.①新… Ⅱ.①新… Ⅲ.①城市—基础设施建设—研究 Ⅳ.①F294

中国国家版本馆CIP数据核字（2023）第099252号

责任编辑：李玲洁　杜　洁
书籍设计：锋尚设计
责任校对：赵　颖
校对整理：孙　莹

城市信息模型（CIM）系列丛书
新型城市基础设施建设探索与实践
《新型城市基础设施建设探索与实践》编委会　主编

*

中国建筑工业出版社出版、发行（北京海淀三里河路9号）
各地新华书店、建筑书店经销
北京锋尚制版有限公司制版
廊坊市海涛印刷有限公司印刷

*

开本：787毫米×1092毫米　1/16　印张：17¾　字数：346千字
2023年7月第一版　　2023年7月第一次印刷
定价：**68.00元**
ISBN 978-7-112-28782-6
（41155）

版权所有　翻印必究
如有内容及印装质量问题，请联系本社读者服务中心退换
电话：（010）58337283　QQ：2885381756
（地址：北京海淀三里河路9号中国建筑工业出版社604室　邮政编码：100037）

丛书编委会

编委会主任： 王宏伟
编委会副主任： 王保森
委　　　员： 于　静　丁　利　王永海　王　洋　陈顺清　赵渺希　曹书兵
　　　　　　　娄东军　郑　鹏　周子璐　杨焰文　乔长江　吴元欣　张永刚

本书编委会

主　　　编： 王保森
副　主　编： 丁　利　王　洋　余梓平　钟天杰　娄东军　赵　勇　刘晓燕
　　　　　　　吴兵福　王世明　乔长江　张　峰　陈武佳　卢金赟
参　　　编： 陈　宁　金晓峰　吴元欣　王永海　陈少祥　唐柱鹏　钟科行
　　　　　　　梁　驹　曹书兵　黄柯玮　王玉珏　余朝华　霍　明　易复微
　　　　　　　王　骏　苗　静　龚小英　刘　瑜　张宏志　罗　茜　吴静箐
　　　　　　　罗彩钦　杨春宁　孙峻岭　张　翀　黎嘉慧　王　晴　万璐璐
　　　　　　　吴瑜灵　何　钦　熊　文　余柏瀚　赵战伟　许　苑　江嘉莉
　　　　　　　李恩林　陈敏华　邓艺帆　霍　明　钟文深　林　琳　张　斌
　　　　　　　郑宇蓝　康良麒　李江涛　罗　智　王文剑　徐　宇　陈晓营
　　　　　　　赵忠宇　徐　磊　赵子渊　叶东伟　甘健良　何永彬　邝婧雯
　　　　　　　毛志杰　韩　昆　林洁妮　钟　贤

主 编 单 位： 广州市住房和城乡建设局
参 编 单 位： 广州市住房城乡建设行业监测与研究中心
　　　　　　　广州市智慧城市投资运营有限公司
　　　　　　　广州广电运通金融电子股份有限公司
　　　　　　　广州市建设科技中心
　　　　　　　广州市水务局
　　　　　　　广东省建筑科学研究院集团股份有限公司
　　　　　　　广州市建筑集团有限公司
　　　　　　　广东电网有限责任公司广州供电局
　　　　　　　南方电网综合能源股份有限公司

广州市建筑业管理服务中心
中国联合网络通信有限公司广东省分公司
广州市建筑科学研究院集团有限公司
奥格科技股份有限公司
广州高新技术产业开发区民营科技园管理委员会
广州开发区交通投资集团有限公司
广州信息投资有限公司
广东瀚阳轨道信息科技有限公司
润高智慧运营（广州）有限公司
广东博嘉拓建筑科技有限公司
中建四局绿色建筑科技（广东）有限公司
广东星层建筑科技股份有限公司
广州粤建三和软件股份有限公司
北京理正人信息技术有限公司
广州市泰和混凝土有限公司
元知智慧建设科技有限公司

前言

新型城市基础设施建设（简称"新城建"）工作以习近平新时代中国特色社会主义思想为指导，全面贯彻落实党中央、国务院关于实施扩大内需战略、加强新型基础设施和新型城镇化建设的决策部署，把握全球新一轮信息技术变革趋势，通过运用大数据、云计算、区块链、人工智能等前沿技术，赋能城市建设、推动城市治理体系和治理能力现代化，立足城市发展新形势，加快推进基于数字化、网络化、智能化的新型城市基础设施建设，以"新城建"对接"新基建"，提高城市承载能力和管理服务水平，促进城市发展方式转变，提升城市治理效能升级，解决群众最关心、最直接、最现实的利益问题，不断增强人民群众获得感、幸福感、安全感。"推进新城建既是时代召唤，也是民心所盼。"加快推进新型城市基础设施建设工作对全面提升城市基础设施运行效率和服务能力，带动有效投资，培育新的经济增长点，激发居民消费潜力，更好满足人民群众美好生活需要等方面具有重大意义。展望未来，城市中的一系列智慧应用场景正加速走来，"新城建"必将迎来更广阔的发展天地。

本书以广州市新型城市基础设施建设情况为例，结合相关工作基础，介绍了新型城市基础设施建设探索与实践过程。主要从新型城市基础设施建设试点的七大任务着手，分类阐述在推进"新城建"试点任务中的实践做法与成效，总结商业及产业发展模式，借此希望对各级城市管理者、行业协会、科研院所等机构有所借鉴。

本书分为九章，分别为概述；CIM平台建设；智能化市政基础设施建设和改造；智慧城市与智能网联汽车协同发展；智能化城市综合安全管理体系建设；智慧社区、智慧园区建设；智能建造与建筑工业化协同发展；城市综合管理服务平台建设；"新城建"产业发展。

本书的编写得到很多相关行业专业人士的大力支持，在此谨致以诚挚的谢意！

现今全国新型城市基础设施建设还处于试点阶段，本书的内容很难涵盖所有"新城建"工作，只是抛砖引玉，书中如有不周或不当之处，敬请广大读者不吝指正。

目录

第1章 概述 1
  1.1 "新基建""新城建"的概念及关系 1
  1.2 "新城建"的背景 2
  1.3 广州市新型城市基础设施建设情况概述 4

第2章 CIM平台建设 41
  2.1 CIM平台概念 41
  2.2 广州市CIM平台建设情况 42
  2.3 CIM+各类应用 44

第3章 智能化市政基础设施建设和改造 60
  3.1 智慧水务 60
  3.2 智慧电力 66
  3.3 智慧燃气 74
  3.4 建筑节能改造 92
  3.5 公共路由通信管道统建统管 105
  3.6 智慧灯杆 107
  3.7 智慧照明 113

第4章 智慧城市与智能网联汽车协同发展 119
  4.1 任务背景和建设目标 119
  4.2 "车城网"示范项目 121
  4.3 智慧停车实验应用 131

第5章　智能化城市综合安全管理体系建设 140
5.1 房屋建筑安全监测创新应用 140
5.2 桥梁安全监控创新应用 146
5.3 地铁城市轨道交通运营隧道安全监控创新应用 162
5.4 智能化城市安全管理平台建设 177
5.5 基于CIM的房屋抢险创新应用 183
5.6 基于CIM的玻璃幕墙监管创新应用 186

第6章　智慧社区、智慧园区建设 192
6.1 智慧社区建设 192
6.2 智慧园区建设 199

第7章　智能建造与建筑工业化协同发展 204
7.1 推动装配式建筑发展 204
7.2 智能化建造产业培育 218
7.3 建筑工程融合监管平台建设情况 226
7.4 建筑产业互联网 230
7.5 智能建造创新技术应用 239

第8章　城市综合管理服务平台建设 248
8.1 "穗智管"城市运行管理中枢建设 248
8.2 广州城市综合管理服务平台试点建设 249
8.3 黄埔区垃圾分类智慧管理项目建设 252

第9章　"新城建"产业发展 259
9.1 "新城建"产业发展展望 259
9.2 创建"新城建"产业与应用示范基地 264

第1章 概述

1.1 "新基建""新城建"的概念及关系

"新基建"是新型基础设施建设的简称,是基础设施建设中的一个相对概念。以往的基础设施建设,主要指铁路、公路、机场、港口、水利设施等建设项目,因此被称为"铁公基",它们在我国经济发展过程中发挥了重要的基础作用。但是,在新的社会发展条件下,以"铁公基"为代表的传统基础设施建设已经无法满足要求。于是,新型基础设施建设的概念应运而生。2018年12月,中央经济工作会议强调,要发挥投资关键作用,加大制造业技术改造和设备更新,加快5G商用步伐,加强人工智能、工业互联网、物联网等新型基础设施建设,加大城际交通、物流、市政基础设施等投资力度,补齐农村基础设施和公共服务设施建设短板,加强自然灾害防治能力建设。

按照2020年4月国家发展改革委明确提出的"新型基础设施建设"的概念,"新基建"主要包括三方面内容:一是信息基础设施,主要指基于新一代信息技术演化生成的基础设施;二是融合基础设施,主要指深度应用互联网、大数据、人工智能等技术,支撑传统基础设施转型升级,进而形成的融合基础设施;三是创新基础设施,主要指支撑科学研究、技术开发、产品研制的具有公益属性的基础设施。因此,"新基建"本质上是能支撑传统产业向数字化、网络化、智能化方向发展的信息基础设施,主要包括5G基建、特高压、城际高速铁路和城际轨道交通、新能源汽车充电桩、大数据中心、人工智能、工业互联网七大领域,涉及通信、电力、交通、数字等多个社会民生重点行业。

"新城建"是基于数字化、网络化、智能化的新型城市基础设施建设的简称,是以城市提质增效为引领,以应用创新为驱动,充分运用"新基建"发展成果,面向城市高质量转型发展需要,构建提升城市品质和人居环境质量、提升城市管理水平和社会治理能力的信息数字化城市基础设施体系。

"新城建"基于"新基建",在城市基础设施建设中对接"新基建"的5G基建、大数据中心、人工智能、工业互联网、新能源汽车充电桩等(除特高压、城际高速铁路和城市轨道交通外)新型基础设施。"新基建"为"新城建"提供了强有力的技术支撑，"新城建"为5G、大数据、人工智能、工业互联网等前沿技术提供了最广阔的应用场景和创新空间。"新基建"为城市发展注入新活力、新动能；"新城建"为城市提质增效转型升级带来新机遇、新发展。

1.2 "新城建"的背景

2018年10月，习近平总书记考察广州，要求广州实现老城市新活力，在综合城市功能、城市文化综合实力、现代服务业、现代化国际化营商环境方面出新出彩。

2020年3月，习近平总书记考察浙江时指出："让城市更聪明一些、更智慧一些，是推动城市治理体系和治理能力现代化的必由之路，前景广阔。"

2021年3月，《中华人民共和国国民经济和社会发展第十四个五年规划和2035年远景目标纲要》提出："建设智慧城市和数字乡村。以数字化助推城乡发展和治理模式创新，全面提高运行效率和宜居度。分级分类推进新型智慧城市建设，将物联网感知设施、通信系统等纳入公共基础设施统一规划建设，推进市政公用设施、建筑等物联网应用和智能化改造。完善城市信息模型平台和运行管理服务平台，构建城市数据资源体系，推进城市数据大脑建设。"

2022年10月，《习近平：高举中国特色社会主义伟大旗帜 为全面建设社会主义现代化国家而团结奋斗——在中国共产党第二十次全国代表大会上的报告》提出："坚持人民城市人民建、人民城市为人民，提高城市规划、建设、治理水平，加快转变超大特大城市发展方式，实施城市更新行动，加强城市基础设施建设，打造宜居、韧性、智慧城市。"

为深入贯彻落实习近平总书记重要指示批示精神和党中央、国务院决策部署，住房和城乡建设部等部委先后开展城市信息模型（CIM）平台建设试点工作、新型城市基础设施建设试点工作及智慧城市基础设施与智能网联汽车协同发展试点工作，广州市均被列为全国首批试点城市。

2019年6月，住房和城乡建设部办公厅发布《住房和城乡建设部办公厅关于开展城市信息模型（CIM）平台建设试点工作的函》，将广州市、南京市列为CIM试点城市。

2020年8月，住房和城乡建设部等七部门联合印发《住房和城乡建设部 中央网信办 科技部 工业和信息化部 人力资源社会保障部 商务部 银保监会关于加快推进新型城市基础设施建设的指导意见》（建改发〔2020〕73号），提出加快推进基于数字化、网络化、智能化的新型城市基础设施建设，以"新城建"对接"新基建"，引领城市转型升级，推进城市现代化。

2020年10月，住房和城乡建设部发布《住房和城乡建设部关于开展新型城市基础设施建设试点工作的函》（建改发函〔2020〕152号），将广州、深圳、佛山等16个城市列为全国首批"新城建"试点城市。

2020年11月，住房和城乡建设部与工业和信息化部共同印发《住房和城乡建设部办公厅 工业和信息化部办公厅关于组织开展智慧城市基础设施与智能网联汽车协同发展试点工作的通知》（建办城函〔2020〕594号），组织开展智慧城市基础设施与智能网联汽车协同发展试点工作。

2021年5月，住房和城乡建设部、工业和信息化部共同印发《住房和城乡建设部 工业和信息化部关于确定智慧城市基础设施与智能网联汽车协同发展第一批试点城市的通知》（建城函〔2021〕51号），确定将广州等6个城市列为全国首批智慧城市基础设施与智能网联汽车协同发展试点城市。

2022年2月，根据《住房和城乡建设部办公厅关于同意创建"新城建"产业与应用示范基地的函》（建办改发函〔2022〕38号），广州成为第一批创建"新城建"产业与应用示范基地城市。

2022年8月，住房和城乡建设部、工业和信息化部联合印发《住房和城乡建设部办公厅 工业和信息化部办公厅关于开展数字家庭建设试点工作的通知》（建办标函〔2022〕296号），决定在广东省广州市番禺区等19个地区开展数字家庭建设试点工作。

2022年11月，住房和城乡建设部发布《住房和城乡建设部 关于公布智能建造试点城市的通知》（建市函〔2022〕82号），决定将广州等24个城市列为智能建造试点城市。

从发展的角度看，从BIM建筑信息模型试点开始，逐步扩展到城市信息模型（CIM）平台建设试点，再将全面推进CIM平台建设融合在新型城市基础设施建设试点中作为其主要任务之一，再到后来的"双智"试点城市[①]、"新城建"产业与应用示范基地创建，是一个不断升级进阶的过程，也是引领城市不断转型升级、持续推进城市现代化的必然要求。

在广州市推进"新城建"等各项试点工作的过程中，住房和城乡建设部、广东省委省政府、广东省住房和城乡建设厅等上级部门及领导均给予大力支持和关心指导，对广州市CIM平台等"新城建"工作都给予充分肯定。

---

① "双智"试点城市，是指在智慧城市基础设施与智能网联汽车协同发展上，具有专项特色的试点城市。

1.3 广州市新型城市基础设施建设情况概述

1.3.1 机制建设

1. 联席会议机制

广州市新型城市基础设施建设试点工作联席会议办公室印发《广州市新型城市基础设施建设试点工作联席会议制度》，联席会议的主要职责包括：一是统筹协调推进广州市新城建试点工作；二是研究制定广州市新城建试点工作的政策措施；三是研究制定新城建试点建设配套的一系列技术标准规范；四是推动各成员单位结合自身业务特点，开展新城建试点工作示范应用；五是协调解决在新城建试点建设过程中涉及多部门的重大问题；六是及时通报工作进展情况。

主要亮点包括：

一是在广州市城市信息模型（CIM）平台建设试点工作联席会议架构（图1.3-1）加挂"广州市新型城市基础设施建设试点工作联席会议"牌子，在"双智"试点城市与"新城建"产业与应用示范基地上也沿用相同架构，确保工作的连续性和一致性。

二是市长亲自挂帅担任总召集人，副市长担任常务召集人，加强对广州市CIM试点工作和"新城建"工作的统一领导。

三是广州市住房和城乡建设局、广州市规划和自然资源局、广州市政务服务数据管理局三部门牵头，更好地推动任务落地落实。

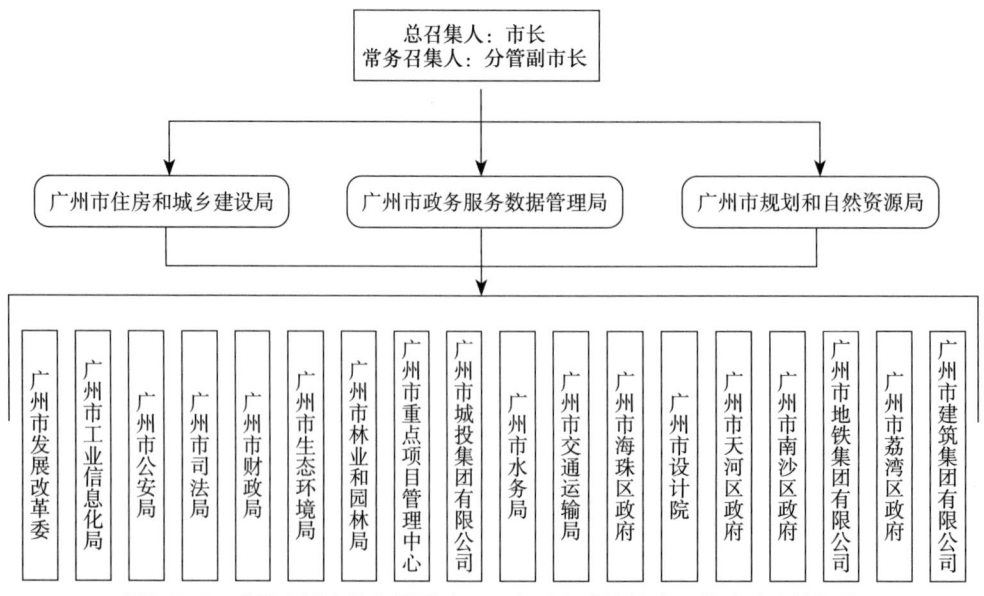

图1.3-1 广州市城市信息模型（CIM）平台建设试点工作联席会议架构

四是广州市70多个市直部门和大型国企共同参与推进，更好地发挥国有企业引领作用。

同时，为进一步指导广州市新型城市基础设施建设试点工作联席会议成员单位科学、有序开展相关工作，广州市新型城市基础设施建设试点工作联席会议办公室编制了《广州市新型城市基础设施建设试点工作手册》，并印发给联席会议成员单位，建立起全市联络网。

2．多元联动发展

（1）市区联动

建立起横向与市各委办局、纵向与各区的"新城建"试点工作的全市联络网。

指导各区因地制宜制订实施方案，探索市级平台和数据资源对各区的开放共享机制，推动"新城建"社会化投资项目在各区落地，整合属地优势资源，共建"新城建"产业与应用示范基地，形成市区高效联动、部门协调，共同推动"新城建"工作的良好局面。

（2）政企联动

建立广州市"新城建"试点工作配套项目库，强化政企联动，加强对项目的指导、协调和支持。

与各项目参建单位保持密切沟通，及时了解各项目进展情况，对新增项目及时纳入"新城建"项目库。截至2023年4月，广州市完成"新城建"项目94个，投资额65.73亿元；在建"新城建"项目79个，目前已完成投资额32.25亿元。

同时，广州市政府与华为技术有限公司、华润集团、中国电子信息产业集团、腾讯公司、科大讯飞等各领域代表企业签署合作协议，将以《广州市国民经济和社会发展第十四个五年规划和2035年远景目标纲要》为依据，在城市重点项目、数字政府、人工智能与数字经济、智慧城市等多领域展开合作。"新城建"相关合作单位如图1.3-2所示。

图1.3-2　广州市"新城建"相关合作单位

（3）专家联动

建立广州市"新城建"试点工作专家库，强化专家联动，集中优势力量，充分发挥专家在"新城建"相关科技创新、技术攻关、信息交流、学术研讨、人才培训、技术咨询等方面的智库支撑工作，更好地推动广州市"新城建"试点工作。

目前广州市"新城建"试点工作专家库由信息化、智能化市政基础设施、智慧交通、智能化城市安全管理、智慧社区智慧园区、智能建造、城市综合管理、城市更新和经济法律九大类共230多名专家组成。

（4）产业联动

成立广州建设行业智慧化产业联盟，搭建交流平台，强化产业联动，如图1.3-3所示。

广州建设行业智慧化产业联盟由广州地区从事智慧建造、智慧社区、智慧城市等方面的建设、施工、生产、运营、金融等知名企业自愿组成，是一个集创新性、专业性和前瞻性于一体的行业联盟组织，致力于为成员单位搭建交流平台，强化业界信息共享和交流合作，鼓励建筑企业、科技企业、房地产、银行等市场主体，积极参与城市信息模型（CIM）平台建设试点、智慧汽车基础设施及机制建设试点、城市更新、老旧小区改造及租赁住房建设运营等工作，提升广州智慧建设产业整体水平，促进广州智慧建设产业集聚和经济发展。

（5）科技联动

建立广州市"新城建"联合创新中心，强化科技联动。

图1.3-3　广州建设行业智慧化产业联盟成立仪式

广州市住房城乡建设行业监测与研究中心、广州市城市管理监控指挥中心、华为技术有限公司、广州市智慧城市投资运营有限公司四方签订了《共建广州市"新城建"联合创新中心的合作协议》，本着"互惠互利、优质高效"的合作精神，发挥各自优势，强化科技联动，以创新中心为载体打造"三平台一中心"：

使能平台——围绕广州CIM平台+新一代信息技术数字平台构建新城建数字底座，使能新型城市基础设施智慧化；

创新平台——依托使能平台，联合孵化智慧行业应用，协助政府制定规划与顶层设计，行业建设白皮书；

成果展示平台——共同展示在新型城市基础设施智慧化、城市更新、城市管理等领域的建设与创新成果；

生态集聚中心——共同联合更多的行业合作伙伴，开放合作，打造和繁荣智慧城建生态圈。

同时，与中国联通广州市分公司、广东省建筑科学研究院集团股份有限公司等企业签署战略合作协议，聚焦广州"新城建"、BIM应用与城市信息模型建设等领域，以科技创新带动加快推进基于数字化、网络化、智能化的新型城市基础设施建设。

（6）院校联动

加强与清华大学、同济大学、中山大学、华南理工大学等高等院校在"新城建""未来城市"等方面的理论研究和实践探索所示。

同时，与广东工程职业技术学院建筑工程学院、广州市智慧城市投资运营有限公司、中建四局第六建设有限公司联合成立了CIM智慧城市建设产教融合创新平台。为相关企业提供CIM+、BIM技术服务，开展技术培训和技能培养。

3. 监测评估体系

构建广州市"新城建"试点任务评估体系，如图1.3-4所示。为顺利开展新城建试点任务评估工作，全面客观评估新城建试点任务实施情况和进展成效，总结提炼推进新城建实施的经验做法，深入剖析实施中出现的问题及原因，提出改进新城建试点任务实施的对策建议，形成评估报告。为进一步强化新城建工作的落地，确保新城建试点任务如期完成，编制了《新城建试点任务评估体系》，主要开展评价实施成果、产业发展的经济效益、分析发展态势和任务进度，深入剖析实施中出现的问题及原因，总结提炼推进新城建实施的经验做法，提出改进新城建实施的对策建议和中长期有效的评估机制。

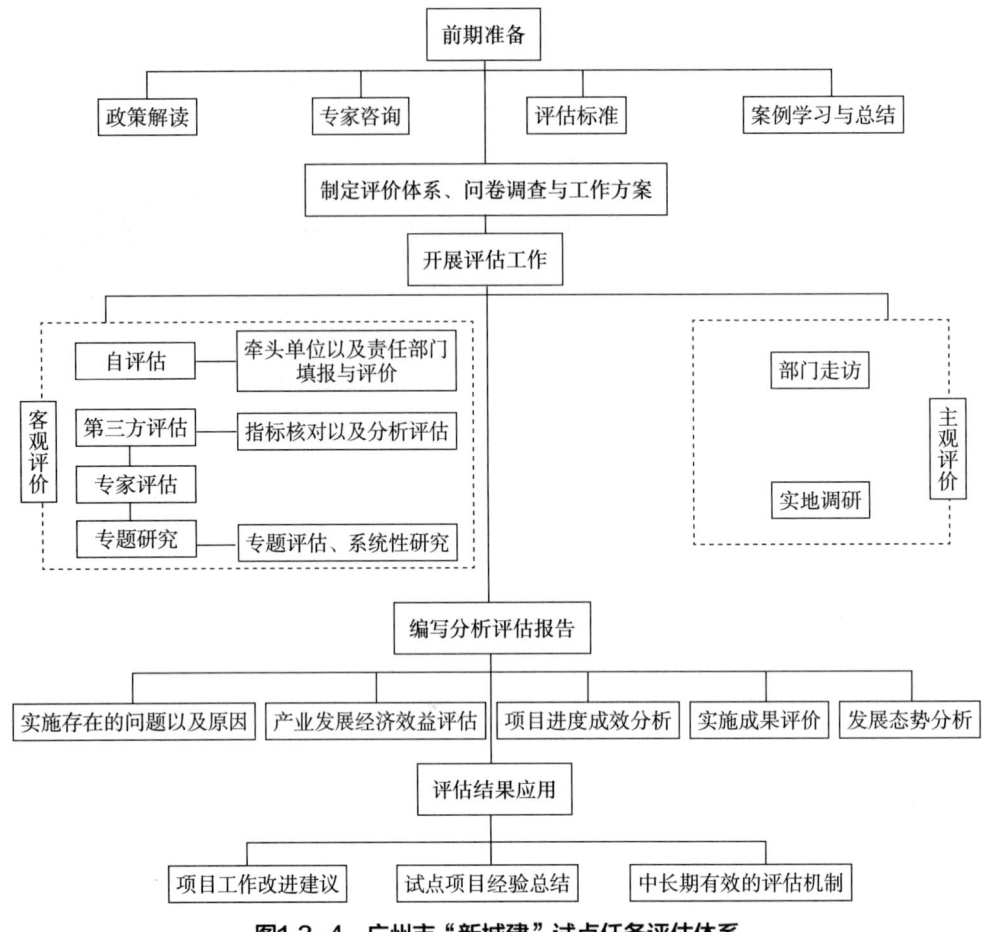

图1.3-4 广州市"新城建"试点任务评估体系

1.3.2 立法保障

国内首部城市数字经济地方性法规——《广州市数字经济促进条例》(以下简称《条例》)于2022年6月1日起施行,为广州数字经济发展提供重要法治保障,如图1.3-5所示。

《条例》对促进广州市城市信息模型平台、数字基础设施建设、建筑业数字化、城市规划建设与管理数字化、社区数字化及城市治理数字化等方面发展作出了明确规定,将打造"万千百"亿级数字经济产业集群。

1. 建设城市信息模型平台数字底座,推动城市治理数字化

推动城市全面数字化转型,需要夯实面向未来的数字底座。推进城市数字化转型,是面向未来塑造城市核心竞争力以及推进城市治理现代化的关键之举,也是数字经济发展的重要基础。《条例》作出了以下规定:

建立数字政府与智慧城市协调工作机制,统筹推进智慧城市建设中的重大任

务、重点项目，解决跨部门、跨行业、跨领域的重大问题。

建设数字化城市治理平台，开展城市运行监测分析、协同指挥调度、联动处置等工作，应用数字技术推动城市治理手段、治理模式、治理理念创新，实现城市运行治理科学化、精细化、智能化。

建设城市信息模型平台，构建涵盖地上地下、室内室外、现状未来三维空间全要素的城市建设基础数据库，探索建设数字孪生城市。

统筹建设城市运行管理中枢，制定相关标准规范，完善数字基础设施、数据汇集、资源集成、应用场景等功能，推动城市运行数字体征系统建设。公共管理和服务机构应当组织数据采集、梳理，实现与城市运行管理中枢对接，实时监测相关业务领域的运行状态，分析研判、流转处置城市运行事件，反馈处置结果。鼓励社会组织、企业、公众参与城市运行管理中枢应用场景设计。

图1.3-5　广州市数字经济促进条例

建设完善本市国土空间基础信息平台和智慧城市时空大数据平台，提升对区域、市域、片区、街区、地块、建筑等不同层次空间要素的数字化表达能力，建设全感知、全周期、全要素、全开放的智慧规划体系。

建设应急管理综合平台，建设具备风险感知、监测预警、响应处置等功能的安全生产数字化体系，构建覆盖应急管理事前、事发、事中、事后全链条业务的数字化管理体系。

统筹推进智慧社区数字基础设施、系统平台和应用终端建设，推进政务、商务、服务、家务等社区功能数字化，加强社区网格化治理平台与智慧社区各系统的协同，鼓励居民、业委会、居委会以及服务提供商等多元主体参与智慧社区建设和管理。

统筹推进智慧园区数字基础设施建设和数据共享，提升园区公共服务、产业集聚、人才服务、创新协同等智慧化服务水平；支持建设全程感知的一体化智慧园区管理平台；鼓励智慧园区系统开发服务商、行业协会等组织建立智慧园区建设和管理标准。

2. 推动数字基础设施建设，筑牢数字经济发展基石

数字基础设施是数字经济发展的底座和基石，也是拉动新一轮经济增长的重要引擎。为促进数字基础设施建设，《条例》作出了以下规定：

推进物联网体系建设，统筹规划和管理城市各类感知终端，推动基础设施、城市治理、交通物流、生产制造、生活服务等领域建设应用智能感知系统，推动水、

电、气、热等表具智能数字化改造，推动各类感知系统互联互通和数据共享。

制定统一的车联网建设相关技术规范和标准，统筹建设全市车联网云控基础平台。结合智能网联汽车通行需要，推动车联网路侧设备建设，推进道路基础设施、交通标志标识的数字化改造。鼓励和支持企业开展智能网联汽车的道路测试，分区域探索智能网联汽车应用示范和商业化运营试点。

建立跨行业技术基础设施多规合一体制机制，统筹推进互联网、人工智能、大数据、云计算、物联网、区块链等新技术基础设施建设，支持建设底层技术平台等基础平台，建立通用技术能力支撑体系。

统筹推进智能交通体系建设，促进智能交通基础设施与运输服务、能源及通信网络融合发展，构建交通信息基础设施和综合交通信息枢纽，推动城市道路交通体系的全要素数字化。

推动公路、城市轨道交通等各交通领域数字化转型，加强交通全要素信息的收集、处理、发布、交换、分析、利用等，推动交通管理、交通运输、公众出行等交通建设管理全流程数字化，提升交通系统运行效率和管理水平。

推动建设智能轨道、智能车站等智能交通基础设施，支持发展智能网联汽车等智能运载工具，鼓励和规范发展定制公交、共享汽车、智能停车、智能公交等出行服务；推动建设智能交通信号灯、智能停车、智能道路系统。

统筹推进通信网络基础设施建设。做好基站、网络、室内分布系统、多功能智能杆塔、汇聚机房规划建设。

统筹推进智慧能源体系建设，以数字化推动能源高效利用，助推实现碳达峰、碳中和目标，支持能源企业及用户开展电网、配电、燃气管网等企业智能系统配置，电网、燃气管网智慧化建设和改造等智慧能源建设活动。

统筹建设全市生态环境监测网络，合理布设生态环境质量监测与污染源监控设施设备，建设生态环境数据资源中心和生态环境监测公共服务、综合决策数字化平台，推动生态环境质量与污染源自动监测监控、分析评估、预报预警、数据管理等方面的研究、开发和应用。

统筹建设与完善地下市政基础设施综合管理信息系统。通过地下市政基础设施综合管理信息系统建立信息共享交换机制，及时采集更新相关数据。

推动绿色基础设施的数字化改造，建设森林、绿地、湿地、绿道的数据采集、更新和共享体系，提升动态监测和管控能力；建设城市树木数字化管理系统，建立树木数字档案，并向社会公开树木信息，提高树木种植、管养、迁移、更换的科学化管理水平；建设数字花城、数字花博会、数字林业园林科普等运营平台；应用数字技术拓展公众参与城市绿化决策与监管的渠道。

推进智慧水务建设，完善水资源开发利用、城乡供水、节水等信息管理系统，加快供水设施数字化建设和改造；建设水务一体化信息平台，实现对供水、排水、河流、水利等的数字化管理。建立智能化供水管理系统。高耗水行业、重点监控用水单位应当对用水系统进行数字化改造。

3. 推动建筑业数字化，促进智能建造与建筑工业化协同发展

建筑业作为国民经济支柱产业之一，在推动经济社会发展过程中持续发挥重要作用。建筑业数字化是建筑业发展战略的重要组成部分，也是建筑业转变发展方式、提质增效、节能减排的必然要求。《条例》作出了以下规定：

鼓励数字建筑科技创新，支持建筑智能设备、建筑机器人、建筑物联网、集成建造平台等创新与应用，推动建筑部品部件工艺制造、新型传感感知、工程质量检测监测等核心技术的研发应用。

促进智能建造与建筑工业化协同发展，推进建筑信息模型等数字技术在建筑勘察、设计、施工、运维、管理等建筑全过程的集成应用；发展装配式建筑等新型建筑工业化，推动建立以标准部品部件为基础的工业化、智能化、绿色化生产体系。

推动建筑企业数字化转型，培育数字建筑服务商，支持有条件的企业建设建筑产业互联网平台，探索建筑部品部件、材料供应等领域的数据共享机制。

鼓励建设工程参建单位推行数字化工地管理模式。鼓励施工单位建设应用数字化工地管理平台，充分运用数字技术实现施工全过程智能化。

推动实施建筑工程审批监管体系的数字化改造，建立基于建筑信息模型技术的报建审批、施工图设计审查、竣工验收备案、工程档案管理等工作机制。通过审批的建筑信息模型应当在城市信息模型平台汇聚，实现数据融通联动。

4. 优化数字经济发展环境，加快建设全球数字经济引领型城市

数字经济健康可持续发展离不开财政、金融、人才、知识产权等配套政策支持。为此，《条例》对发展环境作出了以下规定：

在本级财政预算中安排资金支持数字经济发展，建立财政投入增长机制，依法落实数字经济领域的税收优惠政策。安排资金支持数字经济发展。

充分利用国有资产和资源投入本市数字经济建设发展，统筹推动国有企业和事业单位积极参与数字基础设施建设、数字技术创新、数字经济核心产业发展、企业数字化改造及数字经济营商环境营造等。

推动数字经济产业用地市场化配置，健全先租后让、租让结合、弹性年期出让等用地市场供应体系；探索与数字经济发展特点相适应的用地模式，优先保障数字经济初创企业用地用房需求；建立发布全市数字经济产业分布图，引导数字经济产业集约、集聚、集群发展。

加大对数字经济领军人才及团队、高端人才、急需紧缺人才的培养和引进力度，在入户、住房、医疗、子女教育等方面给予政策支持；鼓励高等院校、科研机构和职业学校设置数字经济领域相关专业，推动校企合作培养人才；支持建立数字技能公共实训基地，加强在职培训。

建立数字经济应用场景开放机制，定期发布数字经济应用场景需求清单，公开征集应用场景解决方案；统筹建设数字经济应用场景体验体系，推进政务领域创新应用；支持企业建设展示中心和线上虚拟展厅，鼓励企业、行业组织开展数字技术产业竞赛和展示等体验活动，向社会宣传推广数字技术创新产品。

推动粤港澳大湾区数字经济协同发展，加强粤港澳大湾区数字经济规则衔接、机制对接，推进数字产业集群协同发展。

1.3.3 规划引领

1. 城市信息模型（CIM）平台建设纳入《广州市国民经济和社会发展第十四个五年规划和2035年远景目标纲要》

在第四章第三节"提升数字政府建设水平"中提出：坚持"观管用结合，平急重一体"，构建"两级平台（市、区）、四层体系（市、区、镇街、村居或网格）、五大功能（运行监测、预测预警、协同联动、决策支持、指挥调度）"的"穗智管"城市运行管理中枢，不断丰富应用场景，实现城市管理、社会治理"一网统管、全城统管"。搭建城市信息模型（CIM）平台、数字广州基础应用平台等城市数字底座，赋能生态环境、公共安全、公共交通、政务司法等领域加快数字化发展。构建数字孪生城市，实现实体城市向数字空间的全息投影，增强城市治理的灵敏感知、快速分析、迅捷处置能力，如图1.3-6所示。

2. 全国首部基于城市信息模型的智慧城建"十四五"规划——《广州市基于城市信息模型的智慧城建"十四五"规划》

为贯彻落实住房和城乡建设部关于城市信息模型（CIM）平台建设试点工作的相关要求，编制了《广州市基于城市信息模型的智慧城建"十四五"规划》（以下简称《规划》），如图1.3-7所示。力争通过本《规划》推动城市规划、设计、建设、管理、运营和服务智慧化新理念和新模式的加快落地，并以CIM平台建设深度赋能广州市智慧城市建设。

《规划》分为六个章节，重点内容主要为5个方面，包括智慧城建总体目标、重点发展领域与产业建设、改革措施与产业发展举措、年度发展规划、保障措施等。

（1）智慧城建总体目标

智慧城建总体目标中包含指导思想、基本原则和发展目标三个方面内容。以

图1.3-6　广州市人民政府印发《广州市国民经济和社会发展第十四个五年规划和2035年远景目标纲要》

图1.3-7　广州市人民政府办公厅印发《广州市基于城市信息模型的智慧城建"十四五"规划》

习近平新时代中国特色社会主义思想为指导，立足新发展阶段，贯彻新发展理念，构建新发展格局，以"多元主体，和谐治理""精准服务，传递价值""智慧赋能，精细管理""统筹兼顾、均衡协调""全局眼光、务实优先""国际视野、广州特色"为基本原则，确定了四个方面的发展目标：一是科学规划、全面布局广州CIM平台；二是以CIM平台促进建设项目审批服务制度改革；三是以CIM平台助推广州城市建设管理高质量发展；四是提高广州城市建设智能治理水平，践行可持续治理理念。

按照智慧城建总体目标要求，制定了"十四五"时期基于CIM的智慧城建发展主要指标。主要指标包括CIM平台与市级智慧城市类平台的对接完成率、开发基于CIM的智慧城建行业应用场景个数、基于CIM的智慧项目管理应用、基于CIM的智慧社区园区建设、基于CIM的智慧基础设施建设应用、CIM及相关重点产业发展6大类共22项细指标，明确了广州市智慧城建"十四五"期间的具体发展要求，如图1.3-8所示。

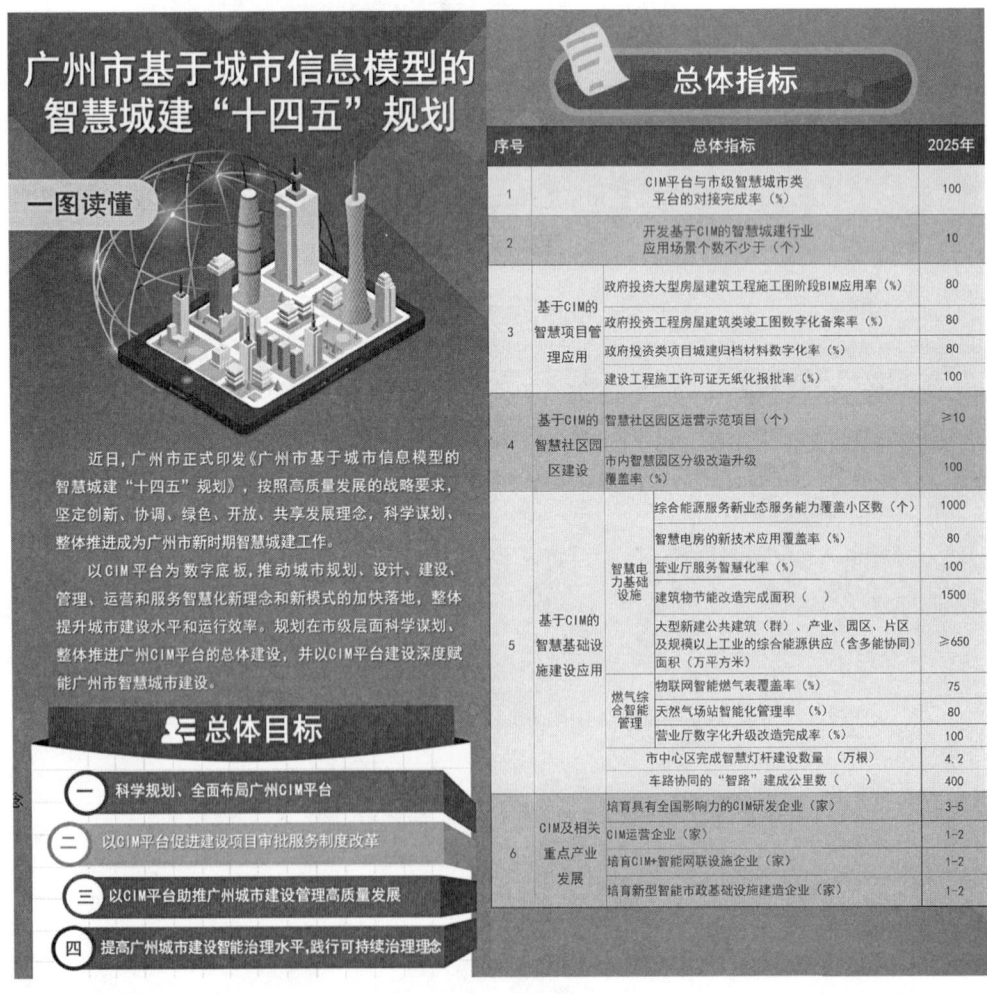

图1.3-8　一图读懂《广州市基于城市信息模型的智慧城建"十四五"规划》

（2）重点发展领域与产业建设

重点发展领域涉及以下六个方面：一是跨部门CIM平台治理及深化协同建设领域，含两大任务；二是智慧规划与设计领域，含三大任务；三是智慧建设项目管理领域，含三大任务；四是智慧住房管理领域，含两大任务；五是智慧城市更新领域，含两大任务；六是智慧基础设施建设领域，含三大任务，如图1.3-9所示。

重点产业建设涉及以下三个方面：一是大力发展CIM核心产业，带动发展CIM关联产业；二是重点发展CIM+智能建造产业，推动CIM+智慧社区建设和改造产业；三是加快发展CIM+智能化市政基础设施产业，促进CIM与智能网联汽车产业的融合。

（3）改革措施与产业发展举措

改革举措涉及以下五个方面：一是统一数据管理、实现各部门数据联动；二是

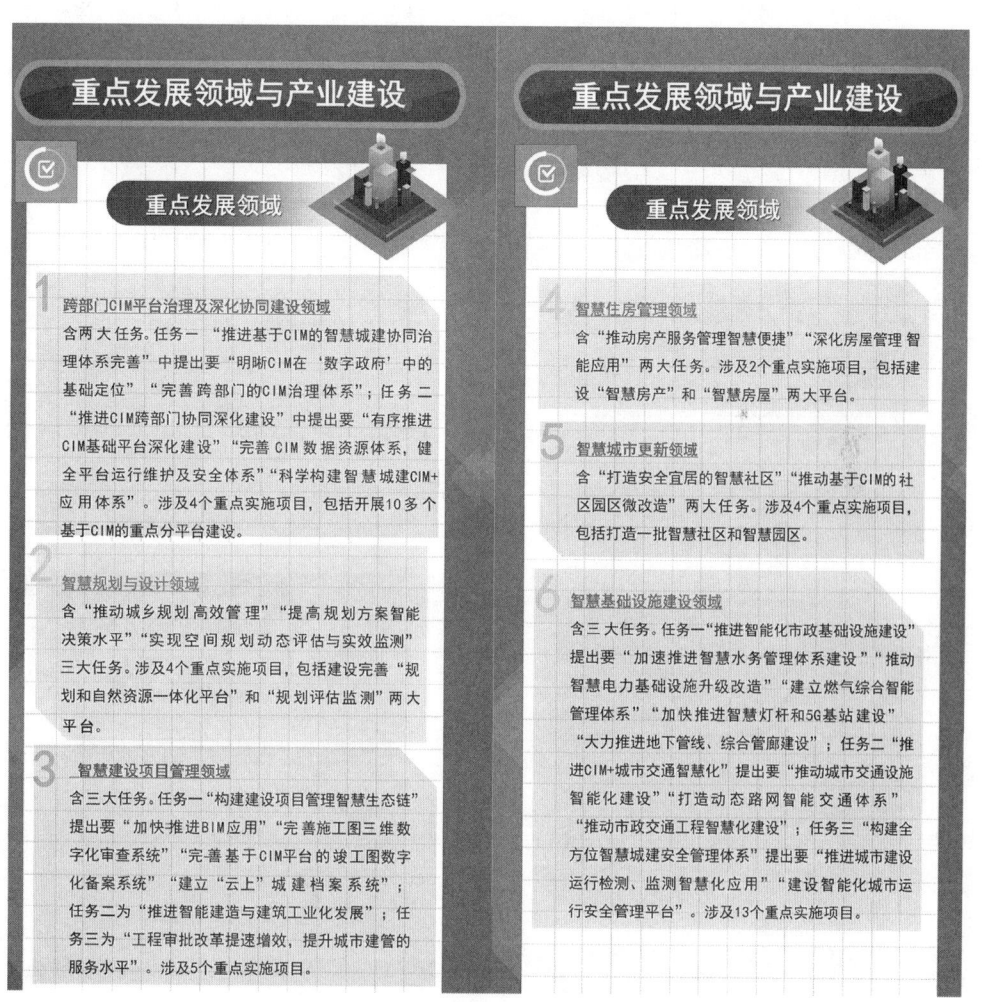

图1.3-9　智慧城建重点发展领域与产业建设

划清管理对象、实现四维矩阵管理；三是厘清管理程序、建构流程协同平台；四是换位思考模式、提升市民友好服务；五是学习改革创新、注入治理机构活力。

产业发展举措涉及以下四个方面：一是出台相关政策，加快CIM核心产业发展；二是开放应用场景，推进CIM平台多领域融合应用；三是创新产业发展投融资方式，鼓励社会资本进入；四是营造CIM产业创新氛围，激发社会积极参与，如图1.3-10所示。

（4）年度发展规划

《规划》制定了"十四五"期间智慧城建年度发展规划，可分为三个阶段。一是2021年作为"十四五"开局之年；二是2022年至2024年为各项重点任务全面推进阶段；三是2025年为"十四五"收官之年。

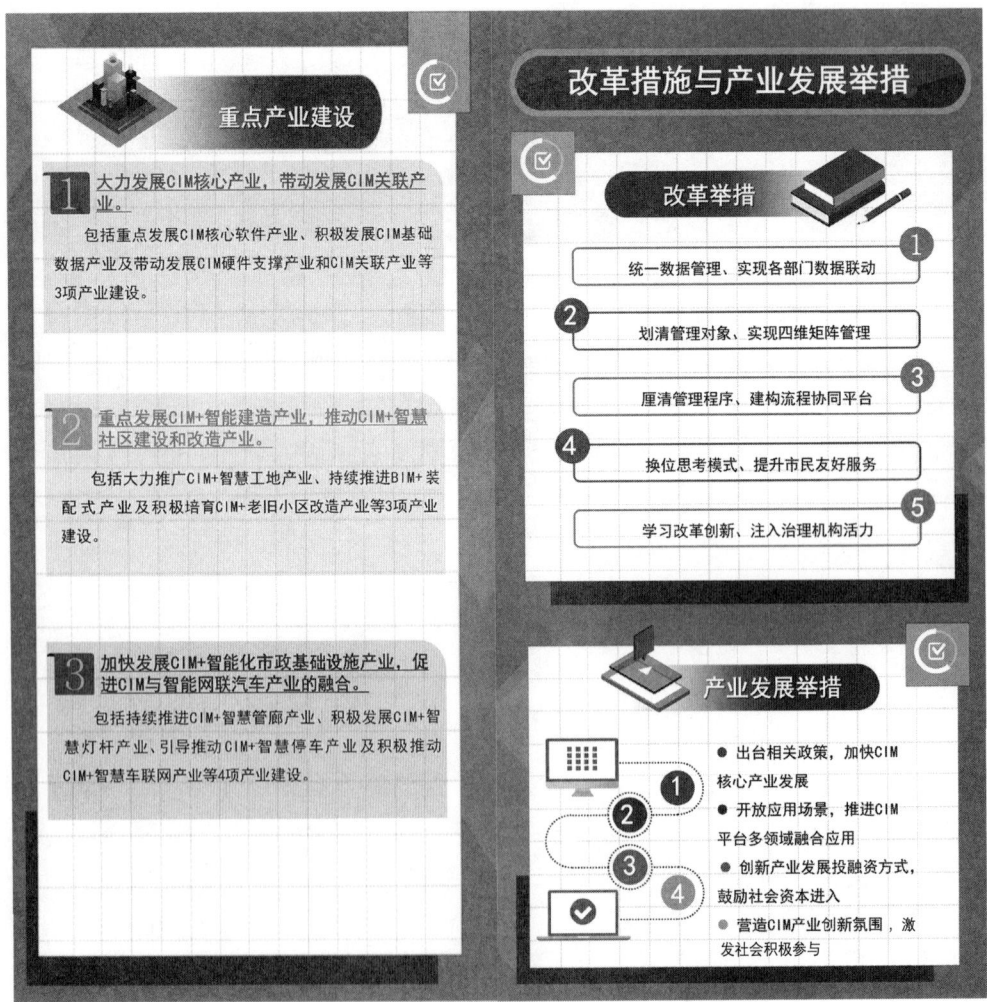

图1.3-10　智慧城建改革措施与产业发展举措

（5）保障措施

从组织保障、制度保障、资金保障、安全保障、人才保障、过程评估、市民参与共七个方面提出了保障措施，如图1.3-11所示。

3.《广州市数字政府改革建设"十四五"规划》将"广州市城市信息模型（CIM）平台"作为数字政府新底座

广州市人民政府办公厅印发《广州市数字政府改革建设"十四五"规划》，如图1.3-12所示。在第三章第二节"健全数字技术支撑体系"中提出：建立"数字孪生"城市信息模型平台，接入和整合全域全量数据资源，打造物理和数字空间一一映射的城市信息模型，实现城市运行监测数据实时呈现，发展基于城市场景、事件模拟推演的"数字孪生"应用服务。

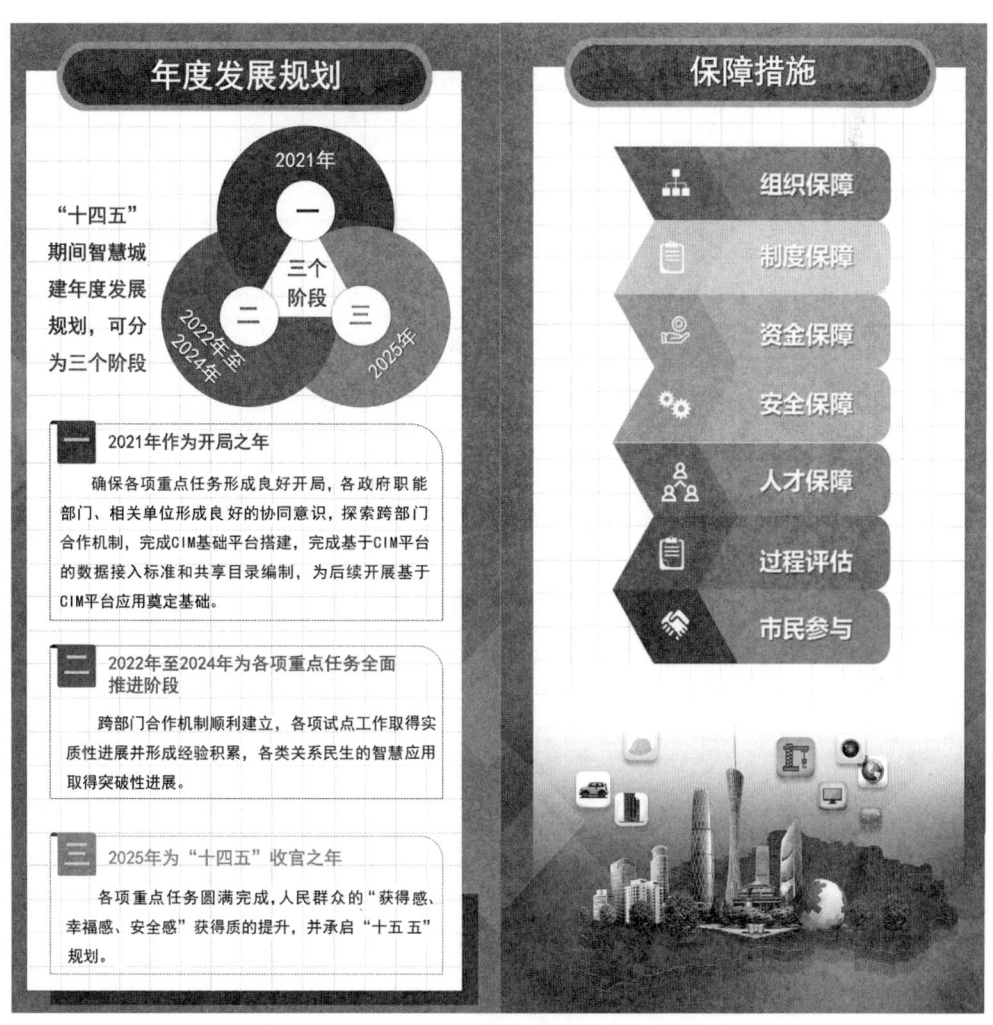

图1.3-11　智慧城建年度发展规划和保障措施

图1.3-12 广州市人民政府办公厅印发《广州市数字政府改革建设"十四五"规划》

1.3.4 政策支持：构建"1+2+N"政策体系

"1"即：《关于加快推进广州市新型城市基础设施建设的实施方案》；

"2"即：《广州市智慧城市基础设施与智能网联汽车协同发展试点工作方案》《广州市智慧城市建设综合改革试点实施方案》；

"N"即：《广州市创建"新城建"产业与应用示范基地实施方案》《关于推进基于城市信息模型基础平台拓展应用的工作方案》《关于在海珠区全域推进新型城市基础设施建设的专项实施方案》《番禺区关于加快发展数字家庭提高居住品质试点工作方案》等系列专项政策。

1."1"：《关于加快推进广州市新型城市基础设施建设的实施方案》

2020年12月，《关于加快推进广州市新型城市基础设施建设的实施方案》（以下简称《实施方案》）印发。

根据《住房和城乡建设部 中央网信办 科技部 工业和信息化部 人力资源社会保障部 商务部 银保监会关于加快推进新型城市基础设施建设的指导意见》（建改发〔2020〕73号）、《住房和城乡建设部关于开展新型城市基础设施建设试点工作的函》（建改发函〔2020〕152号），广州市作为住房城乡建设部第一批新型城市基础设施建设（以下简称"新城建"）试点城市，为抓好新城建重大战略部署在城市建设领域落地见效，以技术创新驱动为核心，加快推进基于数字化、网络化、智能化的新型城市基础设施建设，全面提升城市管理水平和社会治理能力，更有效发挥数字化创新对实体经济提质增效的带动作用，促进经济增长和产业拉动，增强广州市经济活力和竞争力，助力大湾区双循环，形成"政府引导、社会参与、拓展场景、智慧提升、产业发展、促进经济"的新城建工作格局，制定本实施方案。

（1）总体思路

以习近平新时代中国特色社会主义思想为指导，深入贯彻落实习近平总书记关于城市建设重要指示精神，以高水平智慧城市建设为牵引，在现有城市建设管理信息化成果基础上，通过新一代物联网感知、5G（第五代移动通信技术）、大数据、云计算、区块链等先进技术创新运用，全面推进新型城市基础设施建设。推动从信息化到智能化再到智慧化的跃升，推动广州市"互联网+"和大数据、平台经济等迈向新阶段，促进经济社会数字化转型，打造数字经济新优势，大力应用我国自主创新的核心信息技术，发展新城建、培育新动能、激发新活力、助推新经济，助力城市治理体系和治理能力现代化。

（2）主要内容

"新城建"在"新基建"提供强有力技术支撑的基础上，为"新基建"提供了广阔的应用场景和创新空间，为城市提质增效转型升级带来新机遇、新发展。《实施方案》按照"政府引导、社会参与、拓展场景、智慧提升、产业发展、促进经济"的原则，探索城市建设和管理工作中多方共赢的新型商业模式，并按实际需要，设定2020年、2021年、2023年及2025年四个时间节点，提出未来五年广州市推进"新城建"的基本要求和目标，建成1个城市基础数字底板（"CIM"平台），聚焦智能化市政基础设施建设、智慧汽车基础设施和机制建设、智能化城市安全管理体系建设、智慧社区和智慧园区建设、智能建造与建筑工业化协同发展及城市综合服务平台建设六大领域，打造CIM整体功能全方位应用示范等8类示范试点，推动18种应用场景落地（包括智能建造、智慧轨道交通、智慧水务、智能视频、数字城管等），广州"新城建"7大类30项子任务如图1.3-13所示。

（3）政策亮点

1）技术引领，模式创新

以高水平智慧城市建设为牵引，创新运用新一代物联网感知、5G通信、大数

为确保方案落地实施，结合各任务牵头单位的意见，方案共包含7大类30项子任务						
（一）全面推进CIM平台建设	（二）实施智能化市政基础设施建设和改造	（三）协同发展智慧城市与智能网联汽车	（四）加强智能化城市综合安全管理体系建设	（五）加快推进智慧社区智慧园区建设	（六）推动智能建造与建筑工业化协同发展	（七）推进城市综合管理服务平台建设
（4）	（7）	（6）	（3）	（3）	（3）	（4）

图1.3-13　广州"新城建"7大类30项子任务

据、云计算、区块链等新型先进技术，助力政府治理体系和治理能力现代化。加强政企合作、多方参与，以八大新模式创造新供给、带动多元投资，助推上下游产业链完善。

2）主题突显，协同发展

突出"新城建"这一主题，聚焦住建、交通、水务、城管、规划等城市建设领域，兼顾关联产业、企业，实现城建领域整体协同发展，促进经济"内循环"提质增效，探索城市绿色高质量发展新路径。加快城建公共服务领域数据集中和共享，推进同企业积累的社会数据进行平台对接，形成社会治理强大合力。

3）融合衔接，整合延伸

《实施方案》深度结合广州市基于CIM基础平台的智慧城建"十四五"规划思想，充分对接《广州市加快推进数字新基建发展三年行动计划（2020—2022年）》《广州市智慧灯杆建设管理工作方案》《广州市贯彻落实广东省地质灾害防治三年行动方案（2020—2022年）的实施方案》以及《广州市老旧小区微改造"三线"整治实施方案和技术指引（试行）》等文件要求，将工作内容融合衔接，整合延伸。

4）问题导向，关注民生

坚持问题导向，抓住城市建设领域与民生关联的突出矛盾和问题，推动基于CIM基础平台的大数据普及应用，深度开发各类便民应用，强化智能化管理和服务，为民生提供强大的社会保障。

5）注重落地，带动投资

形成"新城建"项目库，以项目拉动投资。截至2023年4月，广州市完成"新城建"项目94个，投资额65.73亿元；在建"新城建"项目79个，目前已完成投资额32.25亿元。

2. "2"之一：《广州市智慧城市基础设施与智能网联汽车协同发展试点工作方案》

2021年8月，《广州市智慧城市基础设施与智能网联汽车协同发展试点工作方案》（以下简称《方案》）印发实施。

为落实《住房和城乡建设部 工业和信息化部关于组织开展智慧城市基础设施与智能网联汽车协同发展试点工作的通知》（建办城函〔2020〕594号）、《住房和城乡建设部 工业和信息化部关于确定智慧城市基础设施与智能网联汽车协同发展第一批试点城市的通知》（建城函〔2021〕51号）的工作要求，积极探索智慧城市基础设施建设与智能网联汽车协同发展的路径，推动建立与试点相适应的体制机制，结合广州市实际情况，制定本工作方案。

（1）总体思路

深入贯彻落实习近平新时代中国特色社会主义思想，全面贯彻党的十九大和十九届二中、三中、四中、五中全会精神，深入贯彻习近平总书记对广东重要讲话和重要指示批示精神及中央城市工作会议精神，牢固树立创新、协调、绿色、开放、共享的新发展理念，推动实现老城市新活力、"四个出新出彩"。充分发挥广州市场化优势，在城市信息模型（CIM）平台建设试点和城市智慧汽车基础设施与机制建设试点基础上大力推动智能网联汽车产业应用，汇聚资源形成竞争优势。推动标准政策制订，强化试点示范协同，加强产业发展协同，聚焦民生领域建设应用场景，提高市民出行智慧化水平。加快统筹智慧城市和智能网联汽车的发展，把握数字化、网络化、智能化融合发展的契机，在基础设施、城市平台、应用场景等方面实现最大化的协同，确保试点工作保质保量完成。从核心技术自主可控的原则出发，围绕智能网联汽车领域主导产业，强化产业各环节集聚效应，实现功能互补，推进产业与城市的融合发展，提升区域产业竞争力，发挥人工智能和数字经济引擎作用，构建广州新发展格局，为广东省打造新发展格局战略支点发挥重要支撑作用。

（2）工作目标

充分发挥广州市在汽车产业领域的经验和优势，整合现有关联行业资源，促进跨行业标准化工作的协同开展，建设规模化试点区域。准确把握试点内容，多元化发展的基础上聚焦试点目标，即建设"智慧的路"，部署"聪明的车"，建设"车城网"平台，开展智能停车场和智能出行应用示范，探索建设完善"车城网"标准体系，形成可复制、可推广的经验，推动智慧城市动态和静态信息整合，提升城市智能化建设和管理水平。

结合产业优势和基础特色，重点推进车城融合示范项目和车联网项目建设工作。强化试点项目进度管理，争取早出成效服务城市智慧化发展。到2021年12月底，试点项目示范应用初见成效；到2022年12月底，形成可复制推广的"广州模式"。

（3）工作任务

《方案》的工作任务分为七个方面，共有16项具体任务。一是建设智慧化基础设施，推进既有道路基础设施智能化改造，新建道路配套建设智能化基础设施；二是建设新型网络设施，支撑车路协同应用；三是建设"车城网"平台，实现互联感知应用；四是开展"车城网"示范应用，推进测试验证与示范；五是开展智慧停车实验应用，整合停车场信息资源，提升既有停车场智慧化导航能力，推进建设智慧停车场；六是探索完善标准体系和政策法规，完善技术标准体系，建立政策法规体系；七是推动车城融合相关产业发展，鼓励多主体参与建设和运营。

3. "2"之二：《广州市智慧城市建设综合改革试点实施方案》

为深入贯彻关于超大城市治理的重要论述精神，落实广东省委全面深化改革委员会重点改革工作安排，加快推进智慧城市建设综合改革试点，结合广州实际，制

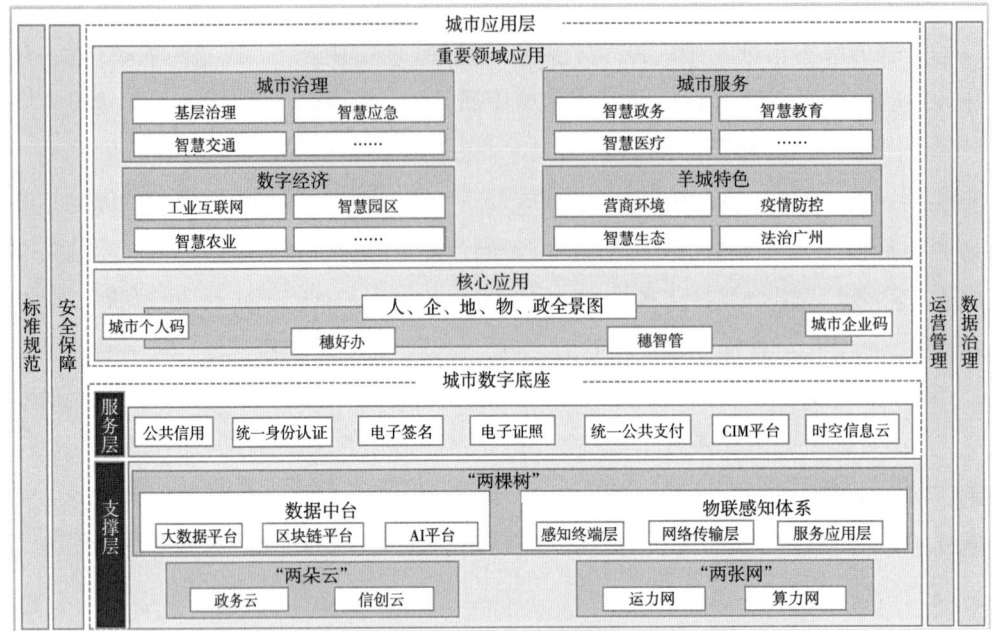

图1.3-14　广州市智慧城市建设综合改革试点总体架构图

定本实施方案。广州市智慧城市建设综合改革试点总体架构如图1.3-14所示。

（1）指导思想

以习近平新时代中国特色社会主义思想为指导，全面贯彻党的十九大和十九届历次全会精神，围绕实现老城市新活力和"四个出新出彩"目标，加快打造以"穗好办"为抓手的城市服务新样板，开创以"穗智管"城市运行管理中枢为引领的城市管理、社会治理精细善治新局面，发展以"数据要素"为驱动的数字经济新格局，夯实以"创新驱动"为核心的城市运管新平台，高标准打造数字政府、数字经济和数字社会一体的广州智慧城市，为建成具有经典魅力和时代活力的智慧城市"广州范本"提供有力支撑。

（2）建设目标

到2024年底，形成统一领导、统筹协调的智慧城市工作机制，智慧城市建设和城市治理能力大幅增强；"穗好办""穗智管"品牌持续擦亮，企业群众办事便捷度和获得感显著提升；"横向协同、纵向联动"的城市运行管理体系基本建成；营商环境、民生服务、社会治理等领域数字化应用实现重点突破；数据要素高度融合开放流通，数字产业化转型、产业数字化转型上新台阶，打造具有国际竞争力的数字产业集群；技术支撑保障更加有力，高速泛在、天地一体、云网融合、智能敏捷、绿色低碳、安全可控的智慧城市基础设施体系基本成型。

（3）主要任务

实施方案的重点工作是提升智慧城市数字底座支撑水平、推动智慧城市核心应用建设、打造精准高效城市治理模式、提升泛在普惠的城市服务效能、构建数字经济发展新格局、建设智慧羊城特色发展主题、健全智慧城市标准规范体系。将从组织统筹、监督考核、队伍建设、资金保障等方面加强保障，旨在增强智慧城市建设和城市治理能力，持续擦亮"穗好办""穗智管"品牌；重点突破营商环境、民生服务、社会治理等领域数字化应用；提升数字产业化转型、产业数字化转型速度，打造数字产业集群；建成智能敏捷、绿色低碳、安全可控的智慧城市基础设施体系。

4."N"之一：《广州市创建"新城建"产业与应用示范基地实施方案》

2022年2月，住房和城乡建设部同意广州市创建"新城建"产业与应用示范基地。2022年6月，广州市人民政府印发《广州市创建"新城建"产业与应用示范基地实施方案》（以下简称《实施方案》），将统筹推进"新城建"产业应用示范基地创建与"新城建"试点工作，充分发挥市场主导和政府引导作用，以培育和发展"新城建"产业、促进生态聚合和产业集聚、推动形成产业体系为重点，在打造"新城建"产业生态、开展智慧园区应用示范、构建政策支撑体系等方面先行先试，加快形成可复制可推广的经验模式，切实发挥"新城建"在稳增长扩内需、打造经济新增长点等方面的重要作用，助力广州加快实现老城市新活力、"四个出新出彩"。

（1）构建5大平台经济和3大产业体系，打造"2+4"产业版图

《实施方案》明确，依托产业优势，以"新城建"试点各项任务应用为牵引，在园区加快新型城市基础设施建设，推进数字技术、应用场景和商业模式创新，建设城市信息模型（CIM）平台、建筑产业互联网、车城网、智能化城市安全管理平台、城市运行管理服务平台五大平台经济和智能建造、智慧社区、智能化市政基础设施产业体系。

《实施方案》提出，将打造广州市"新城建"产业与应用示范基地"2+4"产业版图，即"2个领建园区+4个关联园区"，包括广州设计之都二期、黄埔区新一代信息技术创新园2个领建园区和海珠区人工智能与"新城建"融合发展产业园、花都区未来建筑绿色智造产业园、番禺区国家数字家庭应用示范产业基地、南沙区明珠湾智慧城市示范园4个关联园区。

（2）做好6大重点任务3年内初步构建"新城建"产业体系

《实施方案》提出，做好以下六大方面的重点任务：一是坚持创新协同和错位互补，创建"2+4""新城建"产业与应用示范基地；二是立足培育产业链，开展"新城建"产业发展研究；三是发展新型创新主体，打造"新城建"创新生态体系；四是依托试点示范和基地创建工作，完善广州市"新城建"标准体系；五是推进体

制机制创新，探索形成"新城建"可持续发展模式；六是开展经济社会效益分析，测算"新城建"对扩内需惠民生的重要作用。

《实施方案》明确，经过3年的建设发展，在广州市建成基础设施领先、核心产业雄厚、关联产业协同、衍生产业活跃、特色应用引领、公共服务完善，具备产业和经济规模带动力的"新城建"产业与应用示范基地。到2024年年底，继续推进智慧城市及"新城建"项目建设，"新城建"产业初具规模。完成领建园区和关联园区的重点项目建设，形成高标准应用示范，拓展基于CIM的应用场景成效显著。建设不少于3个智慧园区、不少于2个车城网试点、不少于20个智慧社区、不少于2个区级城市运行管理服务平台。通过产业补链、强链和延链，培育新型智能市政基础设施建造企业1~2家、CIM运营企业1~2家、CIM+智能网联设施企业1~2家，形成产业集聚，初步构建"新城建"产业体系。

5. "N"之二：《关于推进基于城市信息模型基础平台拓展应用的工作方案》

根据《中华人民共和国国民经济和社会发展第十四个五年规划和2035年远景目标纲要》关于"完善城市信息模型平台和运行管理服务平台，构建城市数据资源体系，推进城市数据大脑建设，探索建设数字孪生城市"，以及《广州市国民经济和社会发展第十四个五年规划和2035年远景目标纲要》关于"搭建城市信息模型（CIM）平台等城市数字底座"的部署，按照《广州市新型城市基础设施建设试点工作联席会议纪要》关于"持续不断在住建、交通、水务、城管、应急及公安等领域推动CIM基础平台应用"的要求，结合工作实际，制定了《关于推进基于城市信息模型基础平台拓展应用的工作方案》（以下简称《工作方案》）。

（1）总体思路

基于广州市城市信息模型CIM基础平台，充分整合各部门各领域现有资源，加强跨部门跨领域工作协同，加大政务信息化建设统筹力度，探索相关领域的数字化、网络化、智能化技术的集成应用，不断强化CIM数字底座支撑能力，助推数字政府建设，赋能广州城市治理体系和治理能力现代化。

（2）工作目标

在现有成果的基础上，通过提升CIM基础平台的对外支撑能力，完善广州市建成区现状数字三维信息模型，构建以CIM基础平台作为全市统一"三维数字底座"的应用生态体系，赋能住房城乡建设、城乡规划、智慧交通、智慧水务、智慧应急、智慧公安、城市运行管理等领域，加快数字化发展，增强政府数字化治理能力。

到2022年底，丰富CIM基础平台的数据，初步开展各领域的示范应用。

到2024年底，各领域的示范应用完成建设，取得良好成效，形成可复制推广的经验，逐步向各部门全面推广。

（3）主要任务

《工作方案》的主要任务是提升城市信息模型（CIM）基础平台能力、推进住房城乡建设领域的应用、推进城乡规划领域的应用、推进智慧水务领域的应用、推进智慧应急领域的应用、推进市政基础设施管理领域的应用、推进智慧公安领域的应用、推进城市运行管理的应用。将从建立统筹机制、明确关键节点、加强团结协作、优先重点支持、政企多方合作、实时动态检测等方面进行保障。

6."N"之三：《关于在海珠区全域推进新型城市基础设施建设的专项实施方案》

为落实广东省领导相关工作指示精神，根据广州市人民政府办公厅印发《关于加快推进广州市新型城市基础设施建设实施方案的通知》《政府建设峰会（2021）广州市筹备工作方案》，结合海珠区实际情况，制定本实施方案。

（1）总体思路

在海珠区全域推进新型城市基础设施建设（以下简称"新城建"），补齐基础设施和公共服务设施短板，提升城市品质，促进城市全生命周期的可持续发展，提高城市管理服务水平。以"新城建"推动海珠区高质量发展，构建海珠区新发展格局，全力做强"城市更新"和"人工智能与数字经济"双引擎，着力打造数字经济创新引领性城市，坚定不移推进实现"老城市新活力""四个出新出彩"。

（2）工作目标

在海珠区全域推进BIM、城市信息模型（CIM）技术应用，推动"新城建"的若干创新政策和创新举措在琶洲核心区先行先试，将琶洲核心区建设成为集成改革试验田，逐步将政策和举措推行到海珠区全域。

到2021年12月底，重点推进琶洲核心区基于CIM基础平台的数据汇集、试点项目示范应用及各项业务应用，基于CIM基础平台的应用建设初见成效。

到2022年12月底，在琶洲核心区应用示范的基础上，探索海珠区全域推进"新城建"，形成可复制推广的"海珠经验"，向全市推广应用。

（3）主要任务

实施方案的主要任务是推进区域CIM数据汇集、推动琶洲综合示范项目建设、以新城建赋能城市更新、大力推进智能建造、进一步提升建筑绿色节能水平、积极推动智慧社区和园区建设、积极推动智能化市政基础设施建设、开展区级"穗智管"城市运行管理中枢建设。将从建立统筹机制、明确关键节点、加强团结协作等方面进行保障。

1.3.5 标准规范

以"立足实际，适度超前，发挥标准引领作用"的编制原则，构建平台建设、规划报批、施工图审查及竣工验收备案四大类CIM标准体系，编制CIM平台技术标准、CIM数据标准等11项CIM基础平台技术标准，如图1.3-15、表1.3-1所示。为CIM基础平台开发建设及平台的应用扩展，打下坚实基础。

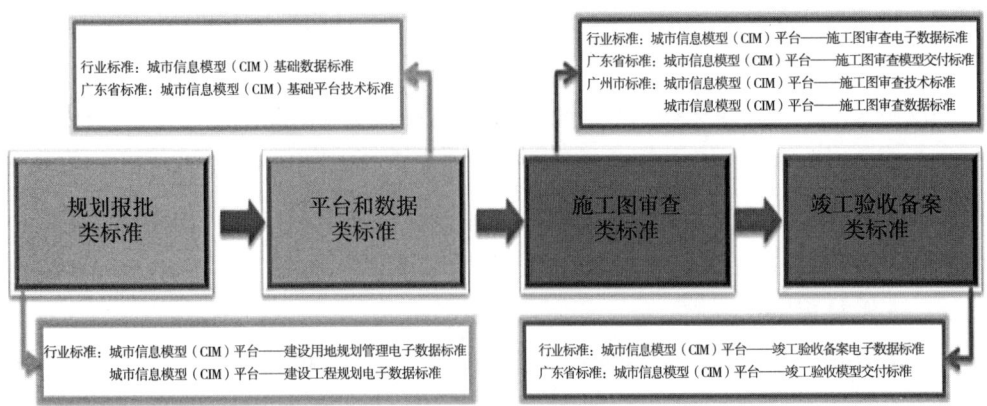

图1.3-15　CIM基础平台技术标准

CIM基础平台技术标准汇总表　　　　　表1.3-1

序号	标准名称	序号	标准名称
1	《广州市城市信息模型（CIM）基础平台技术标准》	7	《广州市施工图审查系统建模手册》
2	《广州市城市信息模型（CIM）数据标准》	8	《广州市房屋建筑工程三维数字化竣工验收模型交付标准》
3	《广州市CIM平台汇聚BIM数据标准》	9	《广州市竣工验收资料挂接指引》
4	《广州市施工图三维数字化设计交付标准》	10	《广州市建筑工程试行智能电子规划报批告知承诺制的工作指引》
5	《广州市施工图三维数字化审查技术手册》	11	《广州市建设工程规划报批信息模型交付技术指引》《广州市建设工程规划报批信息模型应用指南》《建设工程规划报批二维电子数据成果入库指引》《建筑工程规划报批信息模型电子数据成果入库指引》
6	《广州市施工图三维数字化交付数据标准》		

（1）《广州市城市信息模型（CIM）基础平台技术标准》

为推动城市治理体系和治理能力现代化建设，贯彻落实国务院办公厅关于全面开展工程建设项目审批制度改革的实施意见，按照《住房和城乡建设部关于开展运用建筑信息模型系统进行工程建设项目审查审批和城市信息模型平台建设试点工作的函》《住房和城乡建设部办公厅关于开展城市信息模型（CIM）基础平台建设试点工作的函》等要求，标准编制组经广泛调查研究，认真总结实践经验，参考有关国家标准和国外先进标准，并在广泛征求意见的基础上，编制了《广州市城市信息模型（CIM）基础平台技术标准》。

该标准的主要技术内容是：1. 总则；2. 术语；3. 基本规定；4. 平台功能；5. 平台运维；6. 平台性能要求。

（2）《广州市城市信息模型（CIM）数据标准》

为推动城市治理体系和治理能力现代化建设，按照《住房和城乡建设部关于开展运用建筑信息模型系统进行工程建设项目审查审批和城市信息模型平台建设试点工作的函》《住房和城乡建设部办公厅关于开展城市信息模型（CIM）基础平台建设试点工作的函》等要求，标准编制组经广泛调查研究，认真总结实践经验，参考有关国家标准和国外先进标准，并在广泛征求意见的基础上，编制了《广州市城市信息模型（CIM）数据标准》。

该标准的主要技术内容是：1. 总则；2. 术语；3. 基本规定；4. CIM数据构成与内容；5. CIM数据入库、更新与共享。

（3）《广州市CIM平台汇聚BIM数据标准》

根据《住房和城乡建设部办公厅关于开展城市信息模型（CIM）平台建设试点工作的函》，广州市政府印发《广州市城市信息模型（CIM）平台建设试点工作方案》的要求，标准编制组经广泛调查研究，认真总结实践经验，参考有关国际标准和国外先进标准，并在广泛征求意见的基础上，制定了《广州市CIM平台汇聚BIM数据标准》。

该标准的主要技术内容是：1. 总则；2. 术语；3. 基本规定；4. 设计方案BIM汇交；5. 施工图BIM汇交；6. 竣工验收BIM汇交。

（4）《广州市施工图三维数字化设计交付标准》

根据《住房和城乡建设部办公厅关于开展城市信息模型（CIM）平台建设试点工作的函》以及《广州市城市信息模型（CIM）平台建设试点工作方案》，为深化工程建设项目审批制度改革，构建城市信息模型（CIM）基础平台数据库，建设具有施工图审查、竣工验收备案等功能的CIM平台，形成一套完整的平台标准体系，广州市建设科技中心组织有关单位和专家编制了《广州市施工图三维数字化设计交付标准》。标准编制组经调查研究，认真总结实践经验，参考国内相关标准，广泛征求城市规划和建设主管部门、设计单位、建设单位、施工图审查单位、信息化领域专家等有关方面意见，组织进行专题研讨，最终完成了该标准。

该标准的主要技术内容是：1. 总则；2. 术语；3. 基本规定；4. 交付要求。

（5）《广州市施工图三维数字化审查技术手册》

根据《住房和城乡建设部办公厅关于开展城市信息模型（CIM）平台建设试点工作的函》以及《广州市城市信息模型（CIM）平台建设试点工作方案》，为深化工程建设项目审批制度改革，构建城市信息模型（CIM）平台数据库，建设具有施工图审查、竣工验收备案等功能的CIM平台，形成一套完整的平台标准体系，广州市建设科技中心组织有关单位和专家编制了《广州市施工图三维数字化审查技术手册》。标准编制组经调查研究，认真总结实践经验，参考国内相关标准，广泛征求城市规划和建设主管部门、设计单位、建设单位、施工图审查单位、信息化领域专家等有关方面意见，组织进行专题研讨，最终完成了该手册。

该手册共六章。主要内容有：1. 编制说明；2. 术语与缩略语；3. 手册使用说明；4. 规范审查；5. 条文内容拆解；6. 常见工程对象的模型单元属性信息要求；7. 审查结果。

（6）《广州市施工图三维数字化设计交付标准》

根据《住房和城乡建设部办公厅关于开展城市信息模型（CIM）平台建设试点工作的函》以及《广州市城市信息模型（CIM）平台建设试点工作方案》，为深化工程建设项目审批制度改革，构建CIM平台数据库，建设具有施工图审查、竣工验收备案等功能的CIM平台，形成一套完整的平台标准体系，广州市建设科技中心组织有关单位和专家编制了《广州市施工图三维数字化设计交付标准》。标准编制组经调查研究，认真总结实践经验，参考国内相关标准，广泛征求城市规划和建设主管部门、设计单位、建设单位、施工图审查单位、信息化领域专家等有关方面意见，组织进行专题研讨，最终完成了该标准。

该标准的主要技术内容是：1. 总则；2. 术语；3. 基本规定；4. BIM模型的导入要求；5. 数字化审查成果文件交付；6. 数据交付。

（7）《广州市施工图审查系统建模手册》

根据《住房和城乡建设部办公厅关于开展城市信息模型（CIM）平台建设试点工作的函》以及《广州市城市信息模型（CIM）平台建设试点工作方案》，为深化工程建设项目审批制度改革，构建城市信息模型（CIM）平台数据库，建设具有施工图审查、竣工验收备案等功能的CIM平台，形成一套完整的平台标准体系。标准编制组经调查研究，认真总结实践经验，参考国内相关标准，广泛征求设计单位、建设单位、施工图审查单位、软件开发单位、信息化领域专家等有关方面意见，组织进行专题研讨，最终完成了《广州市施工图审查系统建模手册》。

该标准的主要技术内容是：1. 总则；2. 术语；3. BIM至CIM汇交插件使用要点；4. PKPM-BIM体系建模要求；5. Revit体系统建模；6. BIM模型自检及属性

添加；7. GDB数据文件交付指引。

（8）《广州市房屋建筑工程三维数字化竣工验收模型交付标准》

根据《住房和城乡建设部办公厅关于开展城市信息模型（CIM）平台建设试点工作的函》以及《广州市城市信息模型（CIM）平台建设试点工作方案》，为深化工程建设项目审批制度改革，构建CIM平台数据库，建设具有施工图审查、竣工验收备案等功能的CIM平台，形成一套完整的平台标准体系，广州市建设科技中心组织有关单位和专家编制了《房屋建筑工程三维数字化竣工验收模型交付标准（1.0版）》，如图1.3-16所示。标准编制组经调查研究，认真总结实践经验，参考国内相关标准，广泛征求城市规划和建设主管部门、建设单位、施工单位、设计单位、信息化领域专家等有关方面意见，组织进行专题研讨，最终完成了该标准。

该标准的主要技术内容是：1. 总则；2. 术语；3. 基本规定；4. 三维数字化竣工验收交付要求；5. 三维数字化竣工验收交付内容；6. 竣工验收交付物数据组织。

（9）《广州市竣工验收资料挂接指引》

为方便交付人员进行竣工验收信息模型与工程图纸、其他文件等竣工验收资料在竣工验收管理系统上的挂接，配套《三维数字化竣工验收模型交付标准》实施，促进竣工验收交付物的三维数字化交付，特制定《广州市竣工验收资料挂接指

图1.3-16　广州市住房和城乡建设局印发《房屋建筑工程三维数字化竣工验收模型交付标准（1.0版）》

引》。该指引涵盖竣工验收信息模型、工程图纸、其他文件等三维数字化竣工验收交付物的资料挂接。该指引适用于竣工验收信息模型制作人员（BIM建模员）、竣工验收资料交付人员（资料员）、竣工验收管理系统开发人员。

（10）《广州市建筑工程试行智能电子规划报批告知承诺制的工作指引》

为贯彻落实党中央、国务院关于深化"放管服"改革和优化营商环境的部署要求，提高工程建设项目审批的效率和质量，根据《国务院办公厅关于全面开展工程建设项目审批制度改革的实施意见》《广州市工程建设项目审批制度改革试点实施方案》《工程建设项目审批告知承诺制试行方案》等相关要求，特制定《广州市建筑工程试行智能电子规划报批告知承诺制的工作指引》。

该指引的工作目标：建筑工程从总平面设计阶段开始，在建筑规划设计中鼓励推广使用二维智能化审批工具技术，试行告知承诺制。规划和自然资源部门梳理审核要点，建立审查清单。针对不同类别项目实行差异化管理，通过二维智能化审批工具对主要经济技术指标及公建配套实行计算机机审，其余规划管理控制要求以告知承诺制代替人工审查。

（11）《广州市建设工程规划报批信息模型交付技术指引》《广州市建设工程规划报批信息模型应用指南》《建设工程规划报批二维电子数据成果入库指引》《建筑工程规划报批信息模型电子数据成果入库指引》

为进一步加快推进广州市建筑信息模型（BIM）技术应用发展，根据《国务院办公厅关于促进建筑业持续健康发展的意见》《住房和城乡建设部办公厅关于开展城市信息模型（CIM）平台建设试点工作的函》和《广州市城市信息模型（CIM）平台建设试点工作联席会议办公室关于进一步加快推进我市建筑信息模型（BIM）技术应用的通知》等有关要求，组织开发了广州市建筑工程设计方案BIM报批系统，实行建筑工程三维（BIM）规划电子报批辅助审查，如图1.3-17所示。

1.3.6 技术指引

规划编制了16项基于城市信息模型基础平台的应用技术指引，强化技术支撑，如表1.3-2所示。

1.《基于城市信息模型的智慧社区建设、运营及评价技术指引（试行）》

为推动基于城市信息模型的智慧社区建设和运营的标准化，引导智慧社区的发展方向，提升社区管理、服务及治理水平提供技术指引，形成可推广的示范工程，推动行业规模化发展，广州市新型城市基础设施建设试点工作联席会议办公室编制了《基于城市信息模型的智慧社区建设、运营及评价技术指引（试行）》（以下简称《智慧社区技术指引》），如图1.3-18所示。

第1章 概述

广州市人民政府　　首页　政务公开　政务服务　互动交流　营商环境　魅力广州　　搜索

当前位置：首页 > 通知公告

广州市规划和自然资源局关于试行建筑工程三维（BIM）规划电子报批辅助审查工作的通知

2020-07-23　来源：广州市规划和自然资源局　　　　　　　　　　1942次

各有关单位及个人：

为进一步加快推进我市建筑信息模型（BIM）技术应用发展，根据《国务院办公厅关于促进建筑业持续健康发展的意见》（国办发〔2017〕19号）、《住房和城乡建设部办公厅关于开展城市信息模型（CIM）平台建设试点工作的函》和《广州市城市信息模型（CIM）平台建设试点工作联席会议办公室关于进一步加快推进我市建筑信息模型（BIM）技术应用的通知》（穗建CIM〔2019〕3号，以下简称《通知》）等有关要求，我局组织开发了广州市建筑工程设计方案BIM报批系统（以下简称"BIM报批系统"），将试行建筑工程三维（BIM）规划电子报批辅助审查（以下简称"BIM报批"）。现将有关事项通知如下：

一、实施范围

根据《通知》要求，下列范围内的项目应进行BIM报批：

（一）政府投资单体建筑面积2万平方米以上的大型房屋建筑工程（建设规模标准详见《工程设计资质标准》建市〔2007〕86号）；

（二）装配式建筑工程；

（三）海珠区琶洲互联网创新集聚区、荔湾区白鹅潭中心商务区、天河区国际金融城、天河智慧城、天河智谷片区、黄埔区中新广州知识城、番禺区汽车城核心区、南沙区明珠湾起步区区块、南沙枢纽、庆盛枢纽区块、花都区中轴线及北站核心区等重点发展区域大型建筑工程项目。

除以上应用范围外，鼓励其他建筑工程项目开展BIM报批。

图1.3-17　广州市规划和自然资源局试行建筑工程三维（BIM）规划电子报批辅助审查工作

基于城市信息模型基础平台的应用技术指引汇总表　　表1.3-2

序号	标准名称	序号	标准名称
1	《基于城市信息模型的应用规范（第1部分：总则）》	9	《基于城市信息模型的建筑产业互联网技术标准》
2	《基于城市信息模型的智慧社区建设、运营及评价技术指引》	10	《基于城市信息模型的建筑幕墙监测数据标准》
3	《基于城市信息模型的智慧园区建设、运营及评价技术指引》	11	《基于城市信息模型的建设工程检测数据标准》
4	《基于城市信息模型的住房城乡建设行业数据标准》	12	《基于城市信息模型的建设工程监测数据标准》
5	《基于城市信息模型的智慧楼宇建设、运营和评价标准》	13	《基于城市信息模型的建设工程档案技术标准》
6	《基于城市信息模型的智慧工地建设技术标准》	14	《基于城市信息模型的智慧水务建设、运营和评价标准》
7	《基于城市信息模型的车城网建设、运营和评价标准》	15	《基于城市信息模型的轨道交通建设、运营和评价标准》
8	《基于城市信息模型的智慧城市基础设施建设、运营和评价标准》	16	《基于城市信息模型的智慧城管建设、运营和评价标准》

图1.3-18　广州市新型城市基础设施建设试点工作联席会议办公室印发《基于城市信息模型的智慧社区建设、运营及评价技术指引（试行）》

（1）《智慧社区技术指引》的主要内容

1）总则。对技术指引编制的目的和适用范围进行说明。

2）术语。针对基于CIM的智慧社区的相关术语进行定义说明。

3）基于CIM的智慧社区总体框架。确定基于CIM的智慧社区应包含物理社区、静态模型、动态管理、自动感知和智慧应用五个层次，以及综合评价指标。

4）信息与智能化基础设施。确立了社区基础硬件及设施建设的准则，对社区基础硬件及设施的建设原则进行了详尽说明。

5）智慧社区模型和数据。确立了基于CIM的智慧社区建筑、设施及设备模型分级为CIM1、CIM2、CIM3、CIM4四个级别，并对涉及的建筑、设备设施、智慧社区业务管理进行了规定。

6）智慧社区综合信息服务系统。确立了智慧社区综合信息服务系统（含运营）建设要求。

7）安全保障。提出了智慧社区的安全保障要求。

8）运维保障。提出了智慧社区的运维保障要求。

9）智慧社区等级评价。提出评价标准，明确了评价细则及详细评分条文。

（2）《智慧社区技术指引》的主要创新点

亮点一：提出了基于CIM的智慧社区总体框架，明确了构成智慧社区的五个层次及其综合评价指标。

《智慧社区技术指引》以CIM为核心，首次明确了基于CIM的智慧社区应包含物理社区、静态模型、动态管理、自动感知和智慧应用五个层次，分级建立建筑、设施和智能化设备模型，数字孪生构建社区静态模型，形成社区CIM1至CIM4级的数字底板，动态管理社区人员、单位和车辆，实时自动感知社区信息，支撑社区管理、社区服务和社区治理的各项智慧应用。《技术指引》将为广州市基于CIM的智慧社区建设提供重要参考依据。

亮点二：明确了基于CIM的智慧社区建设路径。

《智慧社区技术指引》明确了基于物理社区构建数字孪生，应用物联感知技术实时感知、汇聚数据信息，通过综合信息服务系统应用加强社区管理和监控运维效率，提升社区治理和便民服务水平的总体建设路径。

亮点三：细化了基于CIM的智慧社区信息与智能化基础设施建设的内容和要求。

《智慧社区技术指引》细化了智慧社区基础设施智能化和网络与计算存储设备建设的主要内容、总体建设目标和具体要求，推进社区治理和小区管理现代化，促进公共服务和便民利民服务智能化，建设以人为本、惠民利民、智慧宜居的智慧社区。

亮点四：形成基于CIM的智慧社区可量化、可操作的评价指标体系。

《智慧社区技术指引》聚焦社区管理、社区服务、社区治理等智慧应用内容，从基础设施、模型与数据、信息服务系统、安全保障、运营保障等方面，构建五维度三层次的评价体系，形成可量化、可操作的评价指标，规范广州市基于CIM的智慧社区建设和运营，引导智慧社区的发展方向。

（3）实施后可能产生的影响及措施

《智慧社区技术指引》的实施将进一步规范广州市基于CIM的智慧社区建设工作，有效提升广州市智慧社区的管理、治理和服务水平，促进相关行业的良性发展。

《智慧社区技术指引》的实施将进一步拓展广州市CIM平台的应用场景，为CIM平台持续完善和丰富基于CIM平台的各项应用提供双向支撑。

《智慧社区技术指引》的实施将形成统一的基于CIM的智慧社区建设、运营和评价方法，一定程度上降低智慧社区建设的摸索和试错成本，有助于形成具示范性的建设项目，推动广州市智慧社区建设高质量发展。

2.《基于城市信息模型的智慧园区建设、运营及评价技术指引（试行）》

为加快推进广州市智慧园区建设，广州市新型城市基础设施建设试点工作联席会议办公室编制了《基于城市信息模型的智慧园区建设、运营及评价技术指引（试行）》（以下简称《智慧园区技术指引》），在指导广州市智慧园区建设、运营及评价的基础上，力争推动编制成为市标、省标、国标，进一步促进智慧园区建设、运营及评价工作规范化，如图1.3-19所示。

（1）《智慧园区技术指引》的主要内容

1）总则。对《智慧园区技术指引》的内容和适用范围作了描述；

2）术语。对《智慧园区技术指引》中的术语作了定义；

3）基于CIM的智慧园区总体框架。基于CIM的智慧园区应包含物理园区、静态模型、动态管理、自动感知和智慧应用五个层次，以及综合评价指标，并对其建设路径和系统对接关系作了说明；

4）基础设施建设。基础设施建设应包含园区基础设施智能化、网络与计算存

图1.3-19　广州市新型城市基础设施建设试点工作联席会议办公室印发《基于城市信息模型的智慧园区建设、运营及评价技术指引（试行）》

储设备，对其基本的指标量化参数作了要求，即规范智慧园区建设要素，为其建设提供指导，规范智慧园区建设过程，为其建设管理提供依据；

5）智慧园区模型和数据。结合智慧园区的框架要求，对相应静态模型和动态管理数据特征及属性提出相关要求，同时为适应园区未来的发展趋势和要求，也对园区业务管理数据作了规定，即可依据园区管理现状进行汇交，不作强制要求；

6）智慧园区综合信息服务系统。从一般规定、系统基本功能、智慧应用、应用终端以及系统的运维保障方面作出相关规定，指导智慧园区综合信息服务系统的建设和运营；

7）智慧园区等级评价。智慧园区等级评价包括评价对象及等级和指标评价及权重；

8）附录。针对智慧园区模型和数据作出具体的规定和要求，针对评价指标作出相应的评价细则。

（2）《智慧园区技术指引》的主要创新点

亮点一：提出基于CIM的智慧园区概念框架，明确园区分级模型特征。

《智慧园区技术指引》以CIM模型为核心，首次提出基于CIM的智慧园区概念框架，从物理园区、静态模型、动态管理、自动感知和智慧应用五个层次进行阐述，对建筑、设施和智能化系统及设备建立分级模型，并明确园区分级模型特征，形成园区CIM1至CIM4级的数字底板。《智慧园区技术指引》将为广州市乃至全国的智慧园区建设提供重要参考依据。

亮点二：细化园区基础设施智能化建设要求。

《智慧园区技术指引》细化园区基础设施建设要求，包括基础设施智能化、网络与计算存储设备，整合园区各个关键环节的资源，打通园区智能化建设的完整链条，满足园区个性化需求，为园区企业创造一个绿色、和谐的发展环境，提供高效、便捷、个性化的发展空间。

亮点三：提炼三大共性应用、规范智慧园区建设运营。

《智慧园区技术指引》面向公众、园区企业、服务者和管理部门各类角色，提供针对性的智慧化应用，包含综合管理、智能运营、智慧服务三大类共性业务应用，指引智慧园区建设运营，有助于实现园区管理的高效化，园区运营的可视化和精准化，园区决策的智慧化。

亮点四：可量化、实用的评价指标体系。

《智慧园区技术指引》从设施设备智能化建设、智慧园区软件应用、模型数据汇交和智慧园区运营成效四个方面进行量化评价，并细化到三级指标，指标明确，评分细化，形成可量化、实用的评价指标体系，对于基于CIM的智慧园区建设、运营评价具体落地实施具有较强的指导性。

（3）实施后可能产生的影响及措施

《智慧园区技术指引》的实施将进一步推动广州市建立标准化的CIM智慧园区应用平台。

《智慧园区技术指引》的实施将规范和指导广州市智慧园区建设，提升园区管理和服务水平，有利于广州市智能化设备和系统相关行业的良性发展。

《智慧园区技术指引》的实施将统一智慧园区认定评价方法，一定程度上降低智慧园区建设的摸索和试错成本，有助于广州市智慧园区高质量发展。

1.3.7 理论支撑

1. 未来城市理论研究和实践探索

基于广州市的城市发展实际情况，在当前智慧城市研究基础上，从理论研究和实践案例两方面分析国内外未来城市建设，围绕未来城市目标开展研究分析，结合广州市新城建工作中一批具有代表性的实践示范项目实践分析，提出回应未来城市建设的发展目标、关键内容和关键要素，探索提出广州市面向未来城市建设的发力方向及可行性的保障机制和政策建议。具体研究内容包括：①国内外未来城市建设理论及实践探索研究；②广州市未来城市建设总体思路探索研究；③未来城市建设理论指导下的广州市新城建工作探索研究；④广州市未来城市建设实证项目探索研究；⑤广州市未来城市建设运营机制与保障政策研究。

2. "老城市新活力"示范区总体策划与实施研究（环荔湾湖示范区）

为落实广州市委市政府的工作部署，按照《深化老城市新活力、"四个出新彩"理论研究与实践探索工作方案》中关于城市规划建设专项工作小组的相关要求，广州市住房和城乡建设局启动《"老城市新活力"示范区总体策划与实施研究》课题研究，划定环荔湾湖为"老城市新活力"示范区，以点带面探索"老城市新活力"经验，编制示范片区策划方案与试点项目实施方案。

"老城市新活力"的目标愿景包括展现历史文化魅力、提升人居环境活力、激发产业经济动能、提升城市治理高度四个维度。通过梳理广州老城区的价值资源和迫切需要改造的对象，研判发展机遇，划定环荔湾湖示范区范围。基于现状分析与推演，衔接荔湾区现有更新改造工作，谋划系统综合提升，实现示范区内空间织补与工作统筹。

3. 新型城市基础设施建设产业发展研究

根据《关于加快推进广州市新型城市基础设施建设的实施方案》（穗府办函〔2020〕99号）、《住房和城乡建设部办公厅关于同意创建"新城建"产业与应用示范基地的函》，广州市作为住房和城乡建设部第一批新型城市基础设施建设试点城市和新城建产业与应用示范基地创建城市，将以抓好新城建重大战略部署在城市建设领域落地见效为契机，加快推进基于数字化、网络化、智能化的新型城市基础设施建设，全面提升城市管理水平和社会治理能力，形成"政府引导、社会参与、拓展场景、智慧提升、产业发展、促进经济"的新城建工作格局。在此背景下，本书结合广州实际，聚焦住建领域相关业务，针对新城建工作任务中的CIM、车城网、智慧社区、智能建造开展研究，为推动新城建产业发展提供政策建议。

4. 推进广州市新型建筑工业化发展研究

标准化及建筑信息模型（BIM）技术是推进新型建筑工业化发展工作的两项重要抓手，其中标准化是建筑工业化的基础，BIM技术是推进建筑工业化的重要技术手段。结合广州实际，本书将研究符合广州本地区新型建筑工业化发展思路和标准化模式的广州市图模一致标准，并对图模一致检查工具进行研发，基于实际项目进行成果验证和研究总结。

5. 广州市新型物业管理服务模式（新物管）研究

通过对国内外新型物业管理模式的主要经验总结归纳，结合广州实际，通过开展广州市新型物业管理服务模式课题调研，研究对象包括城中村、失管失养老旧小区、保障性住房小区、商品房小区、智慧化改造后的老旧小区，总结广州市新型物业管理服务模式探索实践中的问题，并进行分析研究，为广州市新型物业管理服务模式构建策略和方案，具体内容包括：①城市基础建设管理、城市服务思维模式转换与专业化物业管理模式推广研究；②支持不同类型社区治理善治目标实现的物业服务管理模式探索研究；③探讨物业管理专业价值向社区和城市服务领域延伸，提升城市治理效能和服务管理水平；④共建共治共享的新型城市社区治理机制建设研究。

1.3.8 宣传推广

1. 数字展厅

为配合CIM平台的宣传推广，广州市建设了CIM数字展厅，作为对外宣传的窗口，如图1.3-20所示。从概念科普、成果展示、应用展望等多个角度对CIM平台进行全面介绍。展厅建成之后，前来参观的团队络绎不绝，先后接待了全国各地几十个考察团，涵盖了省部级、市州级、区县级不同层次的政府团体和高校、企业、媒体等社会团体，对CIM平台的宣传推广起到积极的推动作用。

2. 专著

根据城市信息模型CIM试点及新城建试点工作出版了《CIM基础平台应用研究与探索》《城市信息模型（CIM）技术研究与应用》等专著，如图1.3-21所示。

图1.3-20 广州市CIM数字展厅

图1.3-21 广州市城市信息模型相关专著

3. 白皮书

编制了《2021广州城市信息模型（CIM）白皮书》，如图1.3-22所示，通过对当前CIM平台建设的相关政策、研究成果、CIM+应用推进情况进行归纳总结，结合广州新城建工作内容，推进广州CIM平台的总体建设，深度赋能广州市新城建工作，为我国其他城市的CIM平台建设提供"广州经验"。

第1章 概述

图1.3-22 广州市新型城市基础设施建设试点工作联席会议办公室发布《2021广州城市信息模型（CIM）白皮书》

4. 媒体报道

加强宣传引导，积极通过多种形式向全社会广泛宣传实施"新城建"的重大意义和重要举措，引导全社会积极参与。积极参加数字中国建设峰会、数字政府建设峰会等交流活动，主动和各地分享广州"新城建"经验。定期编制"新城建"工作专刊，邀请专家学者解读政策，多篇"新城建"工作信息在市政府《穗府信息》《每天快报》报送，不断提升"新城建"引导力影响力。广州市CIM平台建设、"新城建"试点、"双智"试点等工作成效，被中央电视台、新华网、中国新闻网、"学习强国"APP、中国建设报、《城乡建设》期刊、南方日报、广州电视台等国内多家主流媒体积极报道，如图1.3-23、图1.3-24所示。

图1.3-23　CCTV2：新城建　更"智慧"——广州：城市信息模型平台　让城市更"智慧"

图1.3-24　中国建设信息化：广州"新城建"试点工作迈出坚实步伐

第2章　CIM平台建设

2.1　CIM平台概念

CIM的概念最早由吴志强院士在上海世博园的建设过程中提出，当时的"C"指的是"Campus"，后来逐步延伸到"City"。2017年起，城市规划行业经历了从建筑信息模型（Building Information Modeling，BIM）走向城市信息模型（City Information Modeling，CIM），走向城市规划、建造、运营、管理全生命周期的智能化过程。

在住房和城乡建设部2020年发布的《城市信息模型（CIM）基础平台技术导则》中，对CIM的概念给出了明确的定义，城市信息模型是以建筑信息模型（BIM）、地理信息系统（GIS）、物联网（IoT）等技术为基础，整合城市地上地下、室内室外、历史现状未来的多维多尺度信息模型数据和城市感知数据等，构建起三维数字空间的城市信息综合体。从范围上讲是大场景的GIS数据+小场景的BIM数据+物联网的有机结合。CIM平台从广义上来说包括CIM基础平台、CIM中间支撑平台及"CIM+"应用平台等。其中，CIM基础平台是管理和表达城市立体空间、建筑物和基础设施等三维数字模型，支撑城市规划、建设、管理、运行工作的基础性操作平台，是智慧城市的基础性和关键性信息基础设施。

经过十余年的发展，BIM技术因具备可视性、协同性、模拟性、可追溯性和可出图性，现在许多城市的BIM数据已经达到了一定规模。而城市规划、城市设计、工程建设项目审批业务协同、BIM报建、施工图审查等工作需要我们将关注尺度从单体建筑扩大到建筑及周边环境乃至整个城市和区域，构建基于三维GIS和BIM等技术集成的CIM平台，支持大场景三维模型和BIM模型的存储管理和高性能查询展示，满足"规、设、建、管"等应用，推动工程建设项目审批制度改革从行政审批提效向新技术辅助技术审查提速转变，实现"多规合一"智能化、空间管控精准化、项目审批协同化、实施监督动态化，发挥信息化在创新规划理念、改革规划方式、完善规划体系中的重要作用。

当下，基于BIM、物联网等新一代信息技术集成应用基础上的智慧体系正在逐步形成，如BIM+3D扫描技术、BIM+云计算技术、BIM+物联网系统、BIM+数字化加工技术，这些技术的研究和发展支撑着CIM平台的建设，进而推动智慧城市、数字中国的建设。

2.2 广州市CIM平台建设情况

2019年6月，住房和城乡建设部决定将广州作为全国首批城市信息模型（CIM）平台建设试点城市。广州建立了广州市CIM平台建设试点工作联席会议制度，制定了试点工作方案，由广州市住房和城乡建设局、广州市规划和自然资源局、广州市政务服务数据管理局牵头，广州市21个市直部门和大型国企共同参与形成合力，确保任务落实到位。

2.2.1 立标准，指引平台上层应用建设

构建了涵盖CIM平台建设、数据汇交、施工图审查、竣工验收备案的多类别多层次CIM标准体系。主导编制了国内第一部CIM基础平台技术文件《城市信息模型（CIM）基础平台技术导则》，编制了CIM基础平台技术标准、数据标准及适用于立项用地规划审查、规划设计模型审查、施工图模型审查、竣工验收模型备案的BIM交付标准，形成行业、省级、市级及项目标准。当前已形成的CIM标准体系框架，由总体标准、平台建设与运维标准、数据标准、应用标准、评价标准、安全标准组成，如图2.2-1所示。

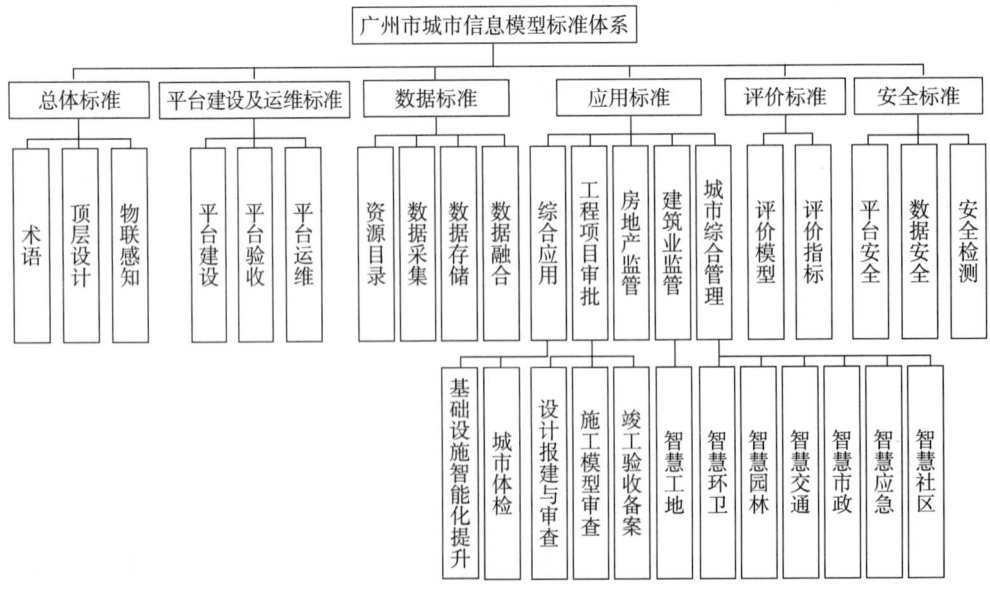

图2.2-1 广州市城市信息模型标准体系

研究编制了《广州市基于CIM的智慧城建"十四五"规划》,对广州市智慧城建的指导思想、基本原则、发展目标、战略定位进行顶层设计,提出了重点领域发展规划、产业建设内容、推进产业发展举措和智慧城建的重大改革措施,以及相应的保障机制,指导"十四五"期间广州市基于CIM的智慧城建的建设与发展。

2.2.2 搭平台,建立智慧城市体系框架

广州CIM平台建设了BIM模型轻量化功能、CIM数据引擎、数据管理子系统、数据集成网关、数据驱动引擎、数据模拟与分析子系统、数据交换与定制开发子系统、移动应用子系统、运维管理子系统共9个子系统,包括海量数据的高效渲染、模拟仿真、物联设备接入能力、二次开发支撑能力、三维模型与信息的全集成、可视化分析等核心能力,有力支撑了平台的各项业务运行以及各类CIM+应用的拓展。

2.2.3 汇数据,夯实城市数字底板基础

广州CIM平台构建了从地表模型到零件级模型的7级CIM分级数据体系,研发多源异构数据汇聚、融合与存储技术,实现了CIM数据的高效融合、加工存储和共享应用,从而打造出一个多源、多尺度、全空间的超大城市数字底板。该数字底板包括广州全市域7434km^2的测绘影像数据与三维地形地貌,1300km^2的城市重点区域现状精细三维模型,917个BIM单体模型,30万路公共治安视频,1.5亿余条的"四标四实"数据,形成全市一张"三维数字底图",并向部级CIM平台共享了20大项35小项的数据。研发施工图三维数字化智能审查技术,实现BIM智能化审查并汇聚至CIM基础平台,实现CIM数据的可持续增长,为CIM平台建设和CIM+应用开展奠定了坚实的数据基础。

2.2.4 助审批,不断优化营商环境改革

广州CIM平台围绕CIM基础平台,以工程建设项目审批改革为切入点,构建了四个阶段的二维、三维辅助审查应用:①规划审查阶段,实现了计算机辅助合规性审查,实现容积率等12项规划指标自动提取和计算机辅助生成"规划条件",减少了人为计核误差和人工复核时间;②建筑设计方案审查阶段,实现从设计自检、规划指标一键提取、表单数据自动化填报、指标审核的全链条覆盖;③施工图三维数字化审查阶段,实现建筑、结构、给水排水、暖通、电气五大专业,以及消防、人防、节能三大专项247条国家规范标准条文的计算机辅助审查;④竣工验收阶段,汇集三维建筑模型,推动三维建筑模型与工程质量验收、测绘验收、消防验收、人防验收等信息挂接,辅助三维数字化竣工验收备案。

2.2.5 建应用，搭建城市精细管理场景

广州CIM平台开展了基于CIM基础平台的城市管理多业务和多场景的应用。在城市规划、建设、管理和运维等方面提供CIM+应用服务与开发定制，构建CIM+智能应用体系，推动CIM+应用生态的建设。广州CIM基础平台支持向全市各单位的平台提供统一丰富的开发接口，方便其定制符合其业务特点的CIM+应用，适应多场景的开发需求，支撑智慧城市管理业务，实现城市管理的智慧化建设。

2.3 CIM+各类应用

2.3.1 华南理工大学广州国际校区项目基于BIM应用探索实践智慧工地全流程管理

1. 基本情况

华南理工大学广州国际校区位于大学城南侧，广州国际创新城南岸地区，东临暨大校区。距离广州地铁7号线板桥站约1.3km，距离地铁4号线新造站约1.4km，交通区位较为良好。未来规划的12号线支线将站点设在校区东北角的预留发展用地附近。西临市新路，南临兴业大道。项目占地面积110.6万m^2（1659亩），总建筑面积109万m^2，其中一期总建筑面积50万m^2，二期总建筑面积59万m^2。二期单体组团包括图书馆、档案馆、学生文化中心、体育馆、校区服务中心、教学楼、小学幼儿园、后勤综合楼、人才公寓、教师公寓、学生宿舍、学院楼。

2. 建设内容及亮点

该项目为教育部、广东省政府、广州市政府和华南理工大学四方共建的重点工程，分两个批次建设。第一批次建设的F1F3地块、A4A5地块、E3E5地块以及G5地块的主体施工已经基本完成，第二批次建设的G123地块、F5地块以及A5b地块预计在2023年6月30日前完成竣备。

项目推进过程中充分结合新城建试点工作要求，将建筑BIM模型数据与广州CIM基础平台对接融合，探索工程建设项目审批四阶段的三维数字化辅助报审等应用，主要创新亮点如下：

（1）三维数字化辅助报审

CIM平台已实现规划、方案、施工、竣工备案四个阶段的二维、三维数字化辅助审查，如图2.3-1所示。

以施工图审查为例，包括建筑、结构、给水排水、暖通空调、电气五大专业，消防、节能、人防三大专项等相关标准条文进行筛选、实现对247条国家规范标准条文的计算机辅助审查，对审查出来的问题构件可以自动定位并查看分析结果，支持自动生成审查报告，进一步提升审查效率和审查质量，如图2.3-2所示。

在工程竣工验收备案阶段，通过对接项目的质量安全、文明施工监管过程数据，推动消防验收、人防验收等环节的信息共享。

以质量验收为例，实现了模型与资料的关联，在竣工验收阶段可以对模型关联的验收资料分部分项进行查看，将建设单位的竣工验收模型与竣工图纸对应关联，

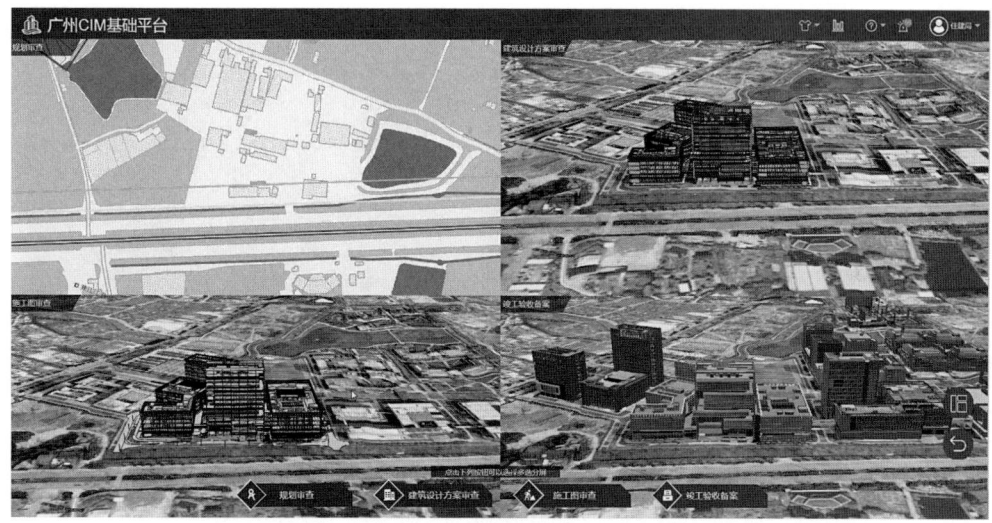

图2.3-1　二维、三维数字化辅助审查示意图

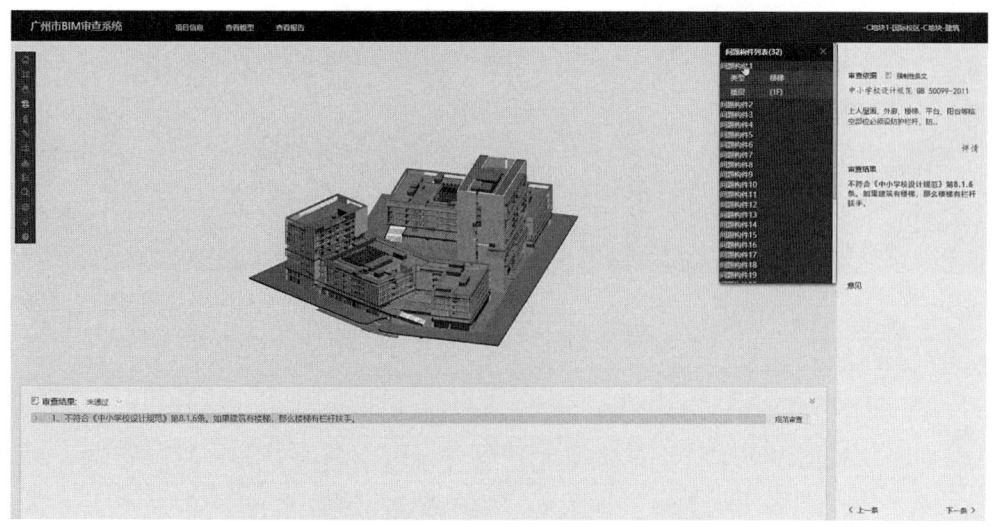

图2.3-2　施工图计算机辅助审查示意图

指导竣工验收，如图2.3-3所示。

通过施工图模型和竣工模型两个版本模型的对比后，将发生变化的部分进行特殊标记显示，显示变更部分的类型，定位显示差异，辅助按图验收审查，如图2.3-4所示。

（2）智慧文明施工

项目全流程建模，搭建BIM平台推进应用。为确保建筑工程施工的安全管理状况，利用BIM技术建立三维模型，包括物理信息以及功能信息。以这些信息为参数对施工现场进行布置，可以有效规避建筑过程中可能存在的危险，同时让设备达到

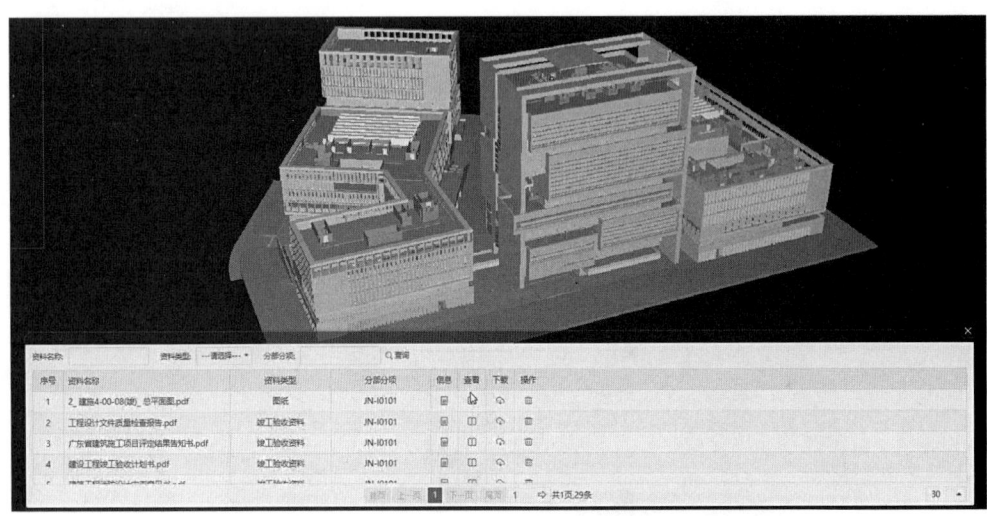

图2.3-3　竣工验收模型与竣工图纸对应关联示意图

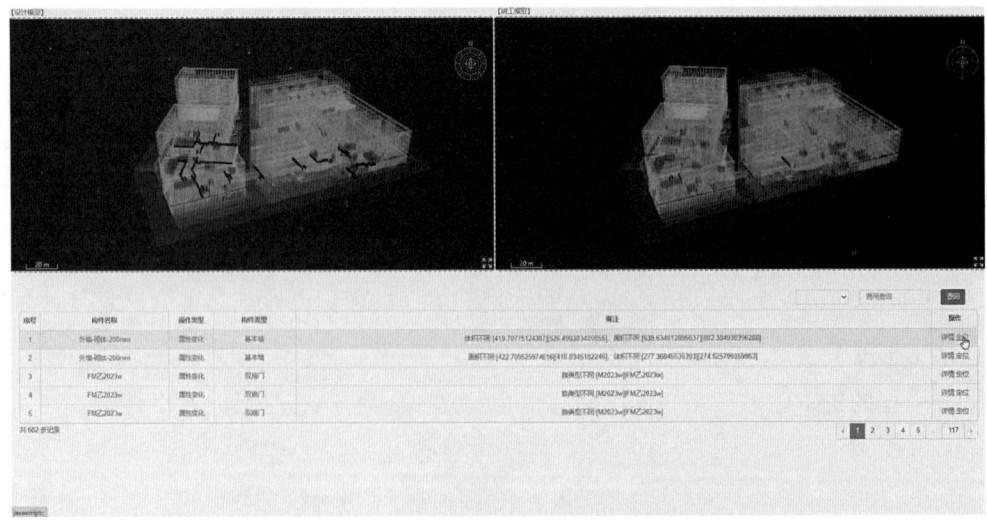

图2.3-4　施工图模型和竣工模型比对示意图

其最大效用。

为提升辅助项目安全管理工作水平，项目运用CPS集成应用、无人机技术、BIM平台搭建起了智慧文明施工管理工具平台。CPS集成应用——建立"作战指挥室"：将整改单体模块集中管理，指挥室统筹管理。人员管理信息中心、现场安防系统、BIM应用中心、环保监控中心、工程模拟中心等多种高科技管理技术相互结合，推动建筑领域安全管理新方法、新手段。

（3）CPS智慧工地系统

本工程建筑规模达42万m^2，包含13个地块、20余栋单体建筑，总工期为532d，建成后将成为华南地区校园标杆。其中A4、G5地块为装配式建筑，装配率达到60%以上，E3、D6地块是图书馆和体育馆，图书馆是中国建筑工程鲁班奖。庞大的建筑规模、复杂的建筑形式为EPC总承包管理带来了挑战。为了应对挑战，基于各类智能化技术，集成应用了CPS智慧工地系统。

1）系统特点

①数字孪生管理体系

数字孪生管理体系，是指系统所展示的BIM数字模型与施工现场的实际状态是实时同步的，例如绿色代表正在施工的部位，混凝土本色代表已经施工完成的部位，关键楼栋的塔式起重机及大型机械设备的状态与现场实现了数据同步。让管理决策人员在指挥中心能够"看数据，做决策，下指令"，开展远程对称实时管控。

②微信便捷应用端

管理系统只有基层人员操作便捷，落地使用，才能真正提高效率和品质。传统的管理系统基于APP或电脑端，操作复杂，基层人员学习成本高，难以落地。所以，CPS智慧工地系统基于微信端开发，把日常琐碎的管理活动从线下纸质版升级到微信端管理系统，操作简便，数据可靠，自动生成表单及报表分析，让基层管理人员的工作更加便捷高效。

③区块链追溯体系

系统对所有的过程数据基于区块链技术进行加密锁定，采用微信实名制记录，确保每一个整改或验收数据的唯一性可靠性，实现可靠的质量溯源。

2）系统模块

①进度管理板块

工程的进度管理挑战，很大部分来自于装配式建筑的跨组织、跨部门协调。A4、G5地块装配式建筑预制率高，共有3个工厂同时在为现场供应建筑构件，设计、生产、物流、吊装各个环节都需要工厂和现场实时保持工作联动，工厂和现场如果信息不对称，将会造成工期延误或成本浪费，甚至质量缺陷。一般的工程都需要指派专人驻场协调，消耗大量的沟通成本，效果并不理想。传统的信息化系统，工厂跟工地是独立分割的，数据不互通。为了应对这一挑战，研发团队同时开发部署了工厂管理系统和现场管理系统，并且打通了业务流和数据流。工厂或现场管理人员，只需要用微信扫描构件二维码（展示二维码模型），就能便捷地同步构件状态，节约了大量数据上报和跟进工作。

②质量管理板块

a. 质量检查整改

在施工过程中，场内施工作业人员达到2000余人，劳务班组达到40余个，质量安全的过程监管较为复杂，传统管理模式下，需要管理人员发现问题后回到办公室打印整改单，手工方式送达确认，同时要耗费大量人力进行数据统计和分析。一般的整改管理软件，大多基于APP或电脑端，操作较为复杂，需要手工录入数据，不但没有提高效率，反而增加了工作量，导致难以落地。基于便捷的微信端应用，现场工程师发现问题直接在微信端拍照记录，微信实名制推送消息提醒送达，确保了数据的有效性和真实性。不仅让工作更加便捷，更重要的是能够自动化实时进行数据统计分析。在指挥中心，能够实时看见每一个隐患的位置及整改情况，绿色代表已经整改完成，红色代表正在整改过程中，在数据面板，能够实时分析质量问题的分类及分布情况，成为管理决策的重要依据。

b. 远程智能测量

为了确保工程质量的高标准交付，过程实测实量需耗费大量的人力物力，而且数据难以确保有效的对比分析。基于远程高清视频，在现场可以进行远程高精度实测实量，不仅仅节约大量的人力，还能够确保数据的准确性和有效性。

③安全管理板块

a. 消防数字演习

施工阶段现场布置复杂，需要提前制定各种应急预案，并且定期进行演习演练，反复核查方案的科学性、有效性。传统方式下，人力物力成本较高，并且也难以做到方案调整后随时进行演习演练。为此智能化团队开发了BIM数字环境中的数字化应急演练功能。可以在系统中随机输入演习的人员及火情位置，按照应急方案的疏散路线，让虚拟人员自动寻路疏散，经过虚拟疏散，判断应急方案疏散路线的科学性、有效性，如果发生拥堵，在模拟过程中就能及时发现并调整。当危险真的到来时，能够确保及时疏散，降低生命财产的损失。

b. 塔式起重机安全监测

塔式起重机的安全状态，是施工期安全管控的重点对象，现场施工高峰期共有32台塔式起重机同时作业，如何有效监管塔式起重机的运行状态以及塔式起重机司机的驾驶行为,成为安全管控的难点。行业内一般的塔式起重机监测设备,仅具备设备监测及报警功能,与塔式起重机司机的安全驾驶行为未产生关联,导致难以对塔式起重机司机的驾驶行为进行监督管控。系统在现场的重点区域部署了塔式起重机安全监控设备,实时监测塔式起重机的运行数据,并且把塔式起重机的运行数据与司机的工作状态进行联动分析,当发生大臂急停、超载等危险驾驶行为时,系统能够自动生成报警并对塔式起重机司机驾驶记录扣分,当扣分低于预警值时,系统将自动通知安全管理人员进行及时采取培训或处罚措施,确保塔式起重机的安全驾驶。

c. AI智能联防

本项目占地范围广,作业人员多,如何有效监管作业人员的安全防护措施,成为一项难点。传统模式下只能靠人员巡查监管,效率低下。通过AI人工智能图像分析,能够自动抓拍违章人员,包括未佩戴安全帽、未着装反光衣等。

d. 劳务实名制及人员定位

对于现场人员的安全管控,尤其是人员位置的识别,一直是建设施工阶段的难点,如果发生工程人员误闯危险区域,或在封闭时间有人员误闯越界,将造成大量安全隐患。一般的劳务实名制系统能够统计分析进退场人员,以及通过门禁闸机记录每日出入工地的人员,但难以分析作业面工作人员是否在适当的时间出现在适当的位置。通过实名制系统和人员定位系统的联动开发,实现了作业面管理人员位置轨迹分析。通过佩戴定位标签安全帽,并且部署侦测基站,能够实时掌握人员位置信息,判断人员的安全状态。能够对作业面人员进行数据统计,回溯行进轨迹,进行安全轨迹记录分析,实时在CPS指挥中心进行可视化表现。

3. 未来展望

项目将继续汇聚工程全方位信息,对接做好BIM数据与CIM平台的深入融合应用,发挥CIM平台良好的支撑能力,实现工地的智慧化监管新突破。

2.3.2 CIM融合应用赋能环市东商圈改造项目

1. 基本情况

环市东商圈改造片区CIM数字化管理平台是片区城市更新前期策划阶段的创新应用。环市东商圈改造项目启动区的改造范围为$16hm^2$,现状168栋建筑,共计5300户,建筑面积达50.7万m^2,通过对该片区建立CIM模型,涵盖地上、地面、地下建构筑物、市政管线等信息模型;逐步建立CIM户籍管理平台,并结合基础数据调查将地籍、户籍查册数据关联至不同层级的CIM模型,实现数据的可视化查询、统计;同时将意愿征询的动态数据录入CIM模型,形成建筑产权信息、产权人信息、拆补人信息等不同维度的数据库，辅助片区更新的前期工作效能提速，并为后续方案设计、拆迁安置、智慧建造、智慧城市运营管理等工作奠定基础，主要技术架构如图2.3-5所示。

2．技术创新

（1）基于CIM模型的户籍数据可视化

传统户籍相关作业均为表格形式，不直观。该项目将其与CIM模型相挂接，实现数模联动及数据的可视化，户籍数据与地址、楼栋、楼层相对应，直观与便利程度大大提升，如图2.3-6所示。

（2）通过栋、户两级体量模型记录不同层次信息

由于改造工作既关联到每栋建筑，又关联到每户居民，两者的信息既有关联，又有层次区别，两者并不完全对应，如何跟CIM模型相关联是个难题。该项目通过栋、户两级体量模型，分别记录不同层次的信息，互相之间的包络关系、楼层标高关系又跟实际的信息逻辑一致，因此可以较好地解决这个难题，如图2.3-7所示。

（3）系统对各类型原始查册数据做了兼容处理，同时制定了数据录入标准，便于后期应用及推广

原始查册数据经历多个版本更替，来源也不统一，导致表格形式、参数名称等

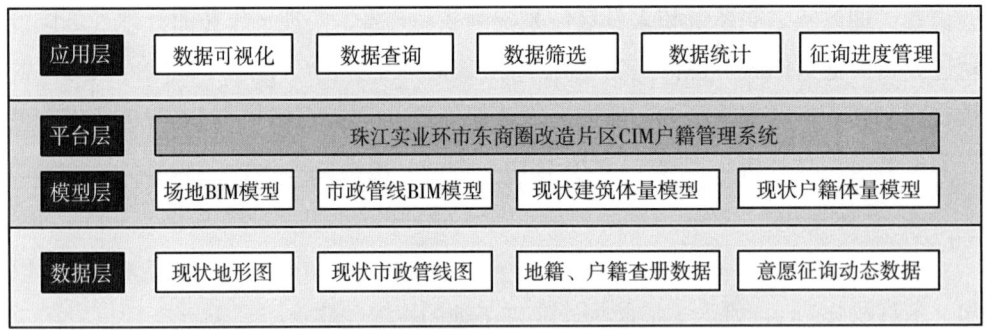

图2.3-5　环市东商圈改造片区CIM户籍管理系统架构图

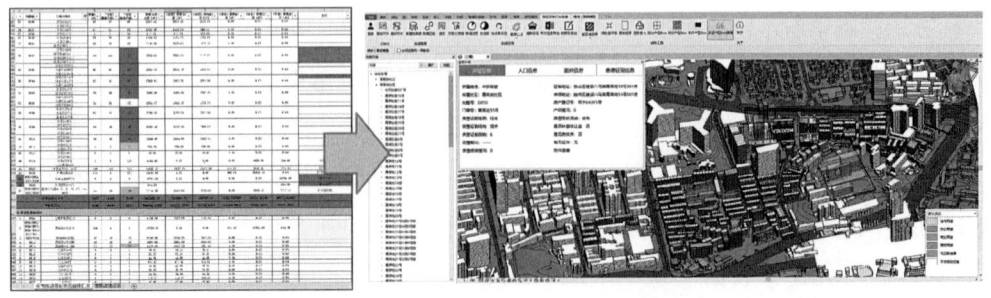

图2.3-6　环市东商圈改造片区CIM户籍与BIM模型挂接联动示意图

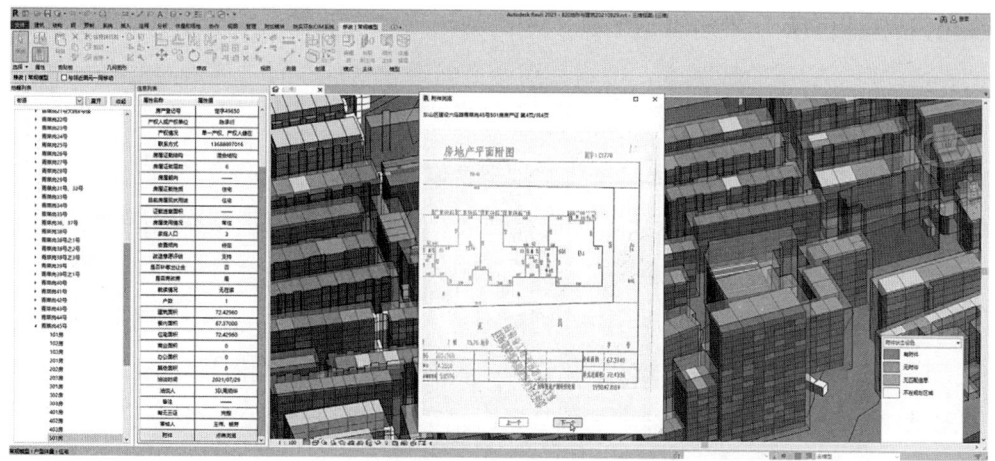

图2.3-7　环市东商圈改造片区栋户两级模型联动示意图

均不统一，同时还存在多栋多户对应一个门牌号、多户共用大产权、大产权与小产权混编等特殊情况，系统均做了细致的梳理，对各种情况均做了兼容处理，同时根据《基础数据调查和管理办法》的要求，制定了数据录入标准及样板，为更大范围的应用打下基础。

3. 应用成效

（1）数据多版本误差识别、提示，确保基础数据准确性

综合查册数据、证载数据、实测数据等多版本，环市东商圈改造片区CIM数字化管理平台现状建筑数据已100%覆盖；平台实现了多版数据的误差识别、提示、校验，目前环市东商圈改造项目基础数据已通过第三方核查，项目基础数据误差小于2%，满足项目审批要求。

（2）工作进度可视化，建立"分组竞赛"机制，大幅提高工作效率

东启动区改造意愿征询期间（8~10月），按周统计各工作组进度，结合项目管理需要建立"竞赛、督办"工作机制。入户人员可以在平台上实时了解当前的入户情况，合理制定工作计划，大大提高了改造意愿征询的工作效率以及积极性。截至2021年10月29日，环市东商圈改造片区累计完成投票5300户，改造意愿征询入户率99%，同意率93%。

（3）规划方案与现状信息可视化对比，高效支撑拆补工作

环市东商圈改造项目已完成改造意愿征询、基础数据调查和片区策划方案审批工作，目前尚未进入实施阶段。CIM平台已预留规划方案与现状信息的对照功能，高效支撑改造方案推演，实现征拆需求与安置方案的动态平衡。可根据政府批复的拆迁补偿标准和物业具体情况，实现"法定数据—法定标准—法定权益"的直观可

视化,大幅提高动迁工作沟通效率。

(4)衔接实施阶段需求,按规划用地边界进行智能统计,实现敏感项、风险项、决策项提示

环市东商圈改造片区CIM数字化管理平台以"达到供地条件"的目标为导向,按规划用地边界进行智能统计,实现"地块—楼栋—户"三个层次敏感项、风险项、决策项排查,为项目实施奠定坚实的基础。

4. 创新水平和业务前景

环市东商圈改造片区CIM数字化管理平台在城市更新前期阶段,有效推进BIM正向设计,突破BIM正向设计全国性难题,奠定了CIM数据源头;实现了城市核心区更新改造项目数据摸查和前期设计阶段的"模实一致",为实现设计、施工、运维模型贯通应用和"图模实一致"奠定了基础;为建设未来智慧城市建立了CIM数据底座,对广州市城市更新项目,尤其是权属复杂地区,具有示范意义。未来可对接广州市住房和城乡建设局及相关城建管理部门进行技术对接和推广应用,进一步规范广州市城市更新基础数据,提高数据完整性、准确性、可追溯性。

5. 未来探索展望

未来珠江实业集团将联合国内顶尖智库,依托环市东商圈改造片区CIM数字化管理平台,开展城市更新单元专项体检的探索,建立"片区CIM数字底座+城市更新单元专项体检+片区有机更新方案"的新模式,作为广州城市更新扎实整改的行动之一,打造超大城市有机更新示范,如图2.3-8所示。

同时,珠江实业集团将进一步对接新城建相关部门,做好数据与广州CIM平台的深度融合应用,按照片区改造进度,定时动态更新起步时点、规划、实际进展三个时序信息模型;为实现环市东商圈改造项目BIM方案报建、BIM施工图审查、

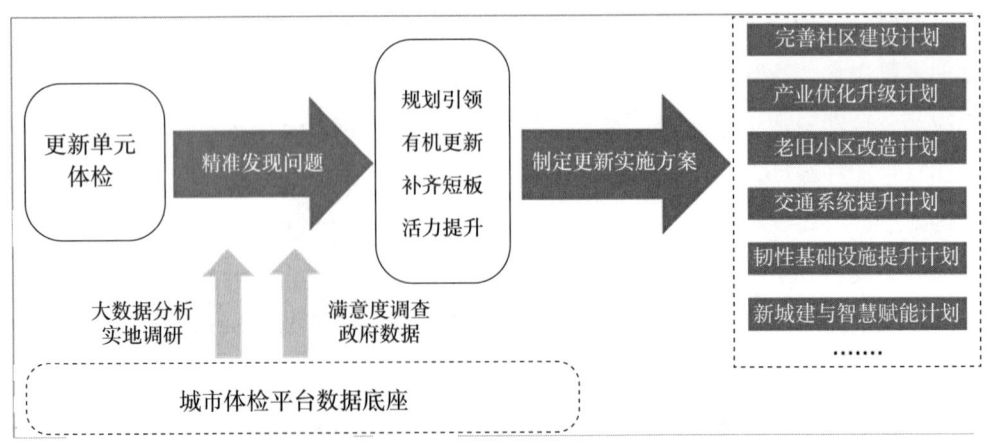

图2.3-8　片区CIM数字底座+城市更新单元专项体检+片区有机更新方案

BIM竣工验收备案示范应用；为智慧公安、智慧交通、智慧水务、智慧电力等城市运营功能提供空间和项目数据。同时，对接广州市政务服务数据管理局，参与构建广州市城市建设一张图，综合运用CIM/建筑信息模型（BIM）、云计算、大数据、物联网等先进技术手段，为政府宏观决策提供数据支撑。

2.3.3 数字化交付技术助力LNG气源智能化管理

1. 基本情况

广州LNG应急调峰气源站项目是广州燃气集团为落实国家天然气保障要求的重大民生项目，也是落实《粤港澳大湾区发展规划纲要》中能源规划的重要组成部分，被列为国家、省、市三级"十三五"能源发展专项规划以及省、市两级供给侧结构性改革"补短板"重点项目，是广州市重点建设项目。

该项目由广州燃气集团下属粤海（番禺）石油化工储运开发有限公司承担建设，由储气库区和配套码头组成，为保障广州市燃气的安全供应并满足用气调峰需求而新建，计划于2023年建成投产。

LNG智能化气源站的交付成果，除了实体LNG储罐及配套公辅区域之外，最重要的部分莫过于数字化的工程交付。数字化交付能够满足广州燃气集团采用现代化的手段，从上游获得结构化数据，从而顺利开展LNG接收、储存、外输等一系列运维工作。LNG气源站数字化交付平台技术，是在紧密围绕工程数字化交付和运维工作开展过程中经过研究和实践而得到的。研究成果提供了工程及运维阶段数字化解决方案，在EPC总承包方工程建设及企业日常运营的全生命周期中不断优化升级。

2. 数字化交付平台设计及实施

通过该项目工程信息模型的建立、移植、传递，以三维正向设计的三维模型为基础，将工厂模型Digital Plant、建筑信息模型BIM进行整合，建立数字化三维应用场景及数字孪生辅助模型。依托数字化交付技术要求及建模范围，将不同类型的模型与数据进行整合，并结合工程管理的业务需求，创新建成了可视化的工程管理平台——"数字化建设工程管理平台"。

平台拥有基于石油化工行业领先的"5+10"核心功能，即五大三维场景功能和十大数字孪生业务功能，具体包括：模型整合云端渲染轻量化功能：平台内置三维引擎可集成多种三维设计软件生成的三维模型、数据的能力；在保证图形和数据完整的情况下，可将常见的三维设计工具生成的三维模型格式轻量化转化成自主开发的模型格式，实现模型轻量、数据传递、格式统一。

（1）在线模型碰撞检查功能

基于平台内置三维引擎，嵌套入模型在线碰撞检查功能，包括第一视角漫游检查及碰撞分析功能。用户可选择检查对象、设置检查规则，通过后台算法分析出物理碰撞点，平台自动碰撞检查并输出结果，形成碰撞检查报告。

（2）实时净空净高分析功能

基于平台内置三维引擎，将国标净空限制要求、常见人员通行空间、车辆运输空间等规则写入算法中，通过对通行路线的规划设置并结合净空净高进行计算，自动规划出重点区域的竖向空间检测分析报告，同时空间允许对容差值进行设置，保障计算分析的真实性。

（3）基于VR+AR技术的虚拟仿真漫游功能

可设定漫游路径并进行路径管理，该漫游路径应正确反映建（构）筑物、设备设施、管道、结构的整体布局，主要空间布置等。通过漫游进行虚拟巡检。该功能在本项目中充分运用于方案设计阶段、初步设计阶段、施工图设计阶段等，利用该功能项目组根据工艺巡检要求及施工实施要求指定的漫游路线制作建筑物内外部虚拟动画，便于相关人员直观感受建筑物三维空间，辅助设计评审、优化设计方案。

（4）危险源综合管理功能

平台根据爆炸危险源分布图及设计中确定的其他危险源分布图，导入三维场景中建立工艺危险源区块划分，在模型中直观体现。针对特定部位和区域进行火灾模拟，为选择最佳疏散路线提供参考。

以三维应用场景为基础的危险源识别体系，按照相关危险源辨识标准的相关规定，找出施工过程中的所有危险源并进行标识。对施工过程中的危险源进行辨识、分析和评价，快速找出现场存在的危险源施工点并且进行标识与统计，同时输出安全分析报告，对施工现场重要生产要素的状态进行绘制和控制，对施工现场进行科学化安全管理，实现危险源的辨识和动态管理。

（5）工程项目全生命周期形象展示功能

平台首页以数字化大屏的形式，对项目全生命周期形象进行全要素展示，包括建立以图片、视频、新闻稿件等方式体现项目进度和重大事件的平台栏目，通过工程视频、新闻、图片等展示项目最新的动态信息及现场最新的施工动态。

（6）建设期进度4D可视化管理功能

平台基于数字化孪生场景，开发五大进度管理功能。为三维场景加上时间线的维度，实现进度4D可视化管理功能，具体包括：①进度展示，以柱状图、饼图等直观形式在平台展示各阶段进度情况；②实际施工进度填报，将现场实际施工进度录入平台，使用多种模式快速采集施工进度，包括但不限于浏览器端模型选取、Excel导入等；③进度信息查询，点击模型构件查询重点工序的进度信息；④进度对比分析，通过将实际进度和计划进度进行对比，确定各工序完成情况（滞后、按时或提前），以便调整工作计划；⑤统计分析项目施工进度的整体完成情况，包括形象进度、计划与实际的比对，包括提前施工、按期施工、滞后施工的占比分析，项目整体里程碑节点推送及计划比对分析。模型中已完成的工序和未完成的工序通过进度分析，在视觉上能直观体现。

（7）建设期5D安全管理功能

平台基于数字化孪生场景，开发四大安全管理功能。在三维场景中加上时间线维度、安全管理成本维度，实现5D安全管理功能，具体包括：①安全问题填报及处理，以流程的形式将现场安全问题录入平台，通过三维场景查看所有问题及处理状态；②安全问题分析，按问题类型、时间、负责人、目前状态等因素对安全问题进行分析，提供饼图统计和展示模式；③视频监控集成，对接全厂视频监控系统，通过平台快捷、准确地调取实时监控录像；④人员和特种设备管理，提取项目人员和设备的管理数据，实现施工现场人员和特种施工机具的管理信息录入。组织协调相关单位利用平台对施工人员进行安全教育，提高施工人员的自我保护意识。

（8）建设期5D质量管理功能

平台基于数字化孪生场景，开发四大安全管理功能：在三维场景中加上时间线维度、质量管理成本维度，实现5D质量管理功能，具体包括：①质量问题填报及处理，现场质量问题录入平台，通过平台查看所有问题及处理状态；②第三方检测，将第三方检测结果录入平台，重点部位检测结果与模型关联；③焊接管理，采集管道、储罐等永久性工程焊接信息，建立焊缝数据库，与模型进行关联；④质量问题分析，按问题类型、时间、负责人、目前状态等因素对质量问题进行分析，提供饼图统计和展示模式。

（9）重大技术方案在线评审管理功能

平台基于数字化孪生场景，开发四大技术方案在线评审管理功能，具体包括：①重大方案管理，将设计或施工重点区域的重大方案录入平台，供各相关方调取、执行；②变更管理，将变更信息录入平台，附加文字说明、现场照片、位置信息等，以验证变更的真实性与准确性；③勘察管理，各阶段勘察数据资料录入平台；④技术资料，建立与项目相关的知识库和信息库，包括各专业设计文件、询价文件、供应商返回资料等全部技术存档资料。

（10）可视化采购管理功能

平台基于数字化孪生场景，开发可视化采购管理功能，具体包括：采购计划录入平台，与模型进行关联。收集采购进度，线上录入，将进度情况与计划比对分析。

平台展示如图2.3-9～图2.3-11所示。

图2.3-9　广州LNG数字化管理平台示意图

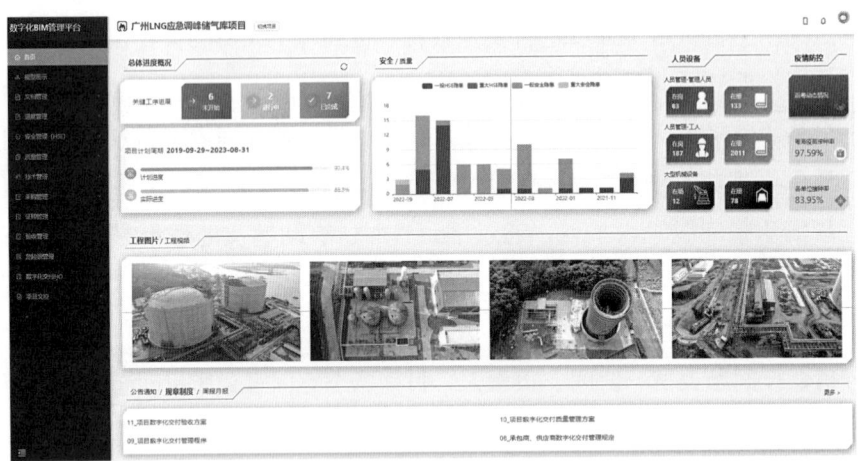

图2.3-10　气源站工程建设数字化管理示意图

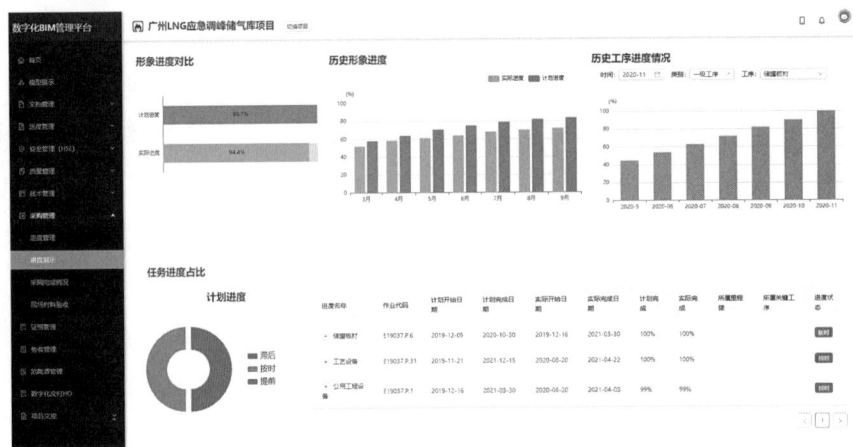

图2.3-11　气源站工程可视化采购管理示意图

第2章　CIM平台建设

3. 当前进展及取得成效

目前，数字化交付平台经过建设单位、监理单位及平台设计单位的反复测试及审查后，已经正式上线。各参建单位依托平台进行项目管理，各阶段各类数据实现有序上传。通过平台，建设单位可以与监理单位及总承包单位等多方连接起来，通过与三维模型关联的方式，打通三维模型、属性信息、文档资料、管理行为之间的数据链孤岛，实现了一键直达、环环相扣、高效直接的管理效果。如图2.3-12～图2.3-15所示。

图2.3-12　"阿凡达"巡检示意图

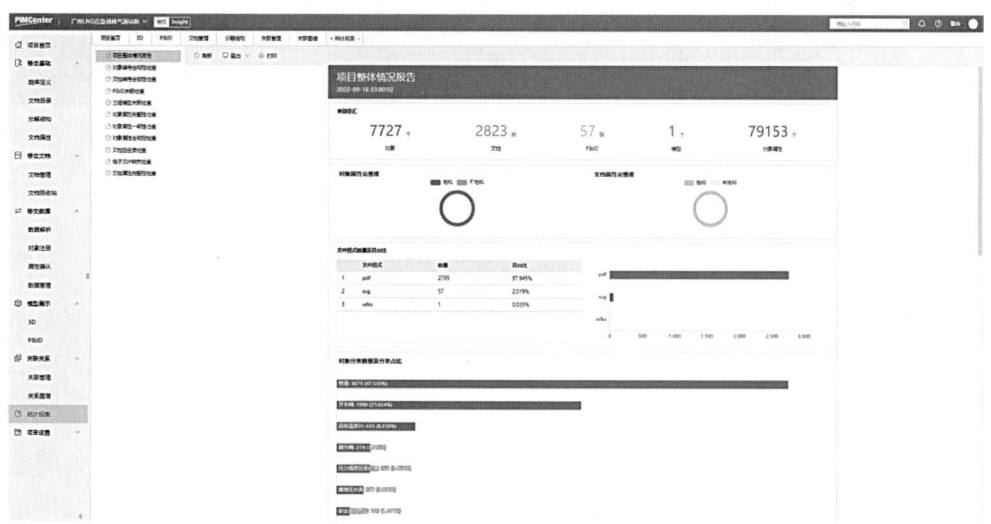

图2.3-13　项目整体情况统计图

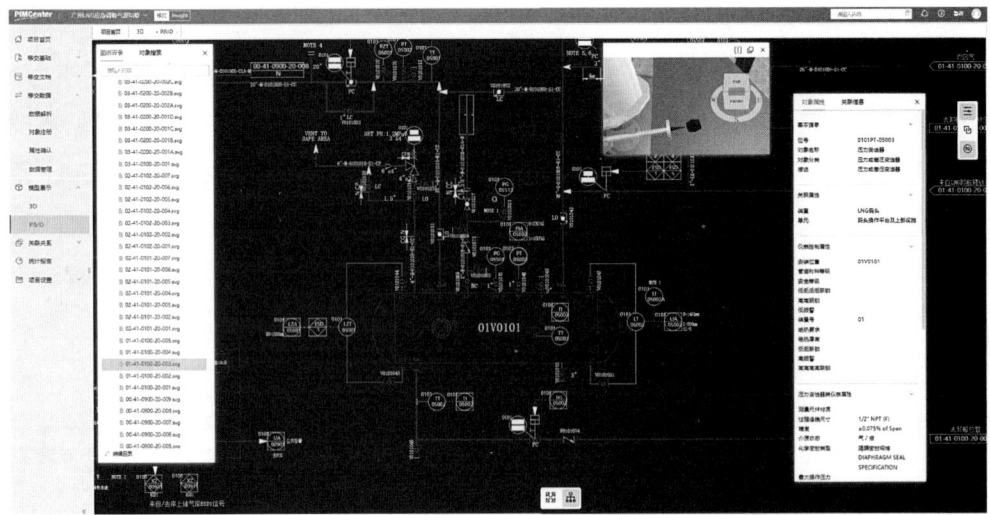

图2.3-14 二维、三维联动展示图

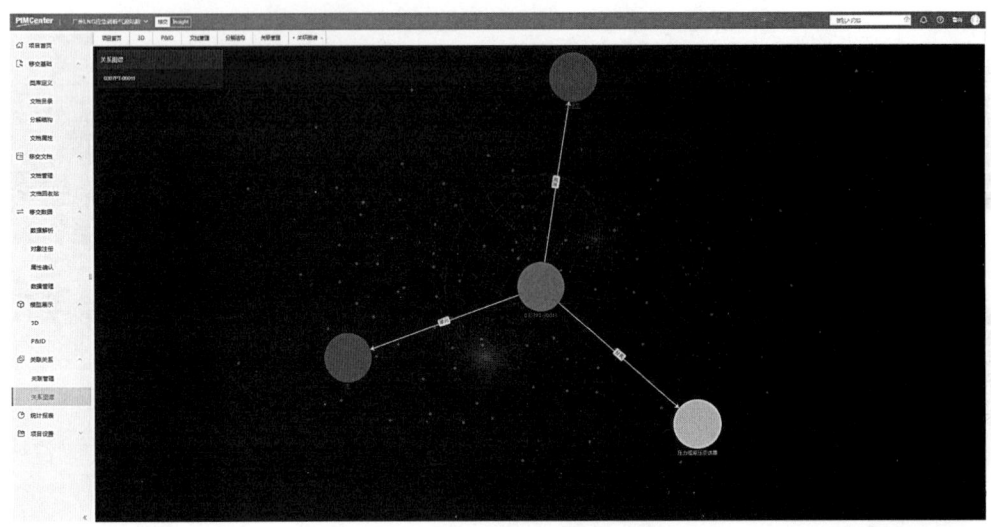

图2.3-15 对象关联关系示意图

平台上线前，普遍使用的线下纸质流程由于建设管理期的文档过于繁杂，易产生数据孤岛现象，对于项目事件的跟踪深度较低。平台上线后，通过无纸化线上流程、高效的事件跟踪机制，打通了纸质流程的数据孤岛现象，极大地加强了项目的管理深度。截至2022年8月底，平台共产生业务数据7000余条，操作日志70000余条，平台内事件数近300件；通过线上流程的跟踪机制，总承包单位对于事件的整改效率有显著提升，截至2022年8月底，线上事件数量较线下纸质流程数量相比多出近5倍，而总承包单位的及时回复率大于80%，累计回复率为100%，整体管理效率提升超过300%，体现出了平台针对项目建设期管理的颗粒度细化程度，真正做到了高效管理。

平台将工程管理领域的知识、经验以及数字化交付手段进行了深度融合，促进了项目参建各方之间的连接，使施工过程各个方面看得更清、管得更好、控得更佳，同时还为智慧工厂运维服务打下了坚实的数据基础。

作为行业内率先应用数字化交付技术的大型LNG气源站，平台的上线标志着粤海公司在创新探索数字化、智慧化管理的道路上迈出了重要的关键一步，标志着项目由开发阶段全面进入具体实施阶段。随着项目的进一步推进，将全面提高气源站工程建设管理的数字化、信息化水平，打造LNG气源站领域的数字生态，让数字化技术更好地为行业赋能。

4. 可推广经验总结

数字化交付技术是LNG智能化气源站工程建设从设计、施工、管理转向运维支持的基础。该项目为LNG智能化气源站工程数据集成管理、数据交付标准制定、二维、三维联动展示、交付运维一体化等提供可靠、扎实的基础，为气源站运维提供了相关信息，同时可为调试检修、安全审查、管网调峰等提供重要依据，有效提高工程数据使用的合理性，降低运营失误的概率，降低设备与备品备件的损耗，最终成为具备项目各参建方一体化数字化交付功能的技术和应用中心，从而提高LNG气源站运营的安全性和可靠性。平台的建成和应用有效提升了LNG智能化气源站的效益及核心竞争力，为达到行业领先水平做出积极的探索。

5. 未来应用展望

未来通过对接广州市政务服务数据管理局，参与构建广州市城市建设一张图，综合运用CIM/建筑信息模型（BIM）、云计算、大数据、物联网等先进技术手段，为政府宏观决策提供数据支撑。

第3章 智能化市政基础设施建设和改造

3.1 智慧水务

3.1.1 建设背景

广州市智慧水务是以党的十九届四中全会提出的推进数字政府建设要求为统领，根据广东省委省政府、广州市委市政府相关部署要求，统筹考虑广州市海绵城市建设、黑臭水体治理、城市排水防涝、污水系统提质增效等治水重点工作要求和排水行业管理诉求，通过排水设施基础数据融合建库、动态物联监测体系建设，排水综合业务应用体系建设、水旱灾害防御综合应用体系建设和探索排水管理的大数据分析和模型应用，构建"户（源）—网—厂—河"一体化管理、水旱灾害防御的"汛前—汛中—汛后"全周期的管理新模式。

广州市"智慧排水"建设将统筹考虑海绵城市建设、黑臭水体治理、城市排水防涝、污水系统提质增效等治水重点工作要求和排水行业的日常管理诉求系统性梳理污水源头（排水户）、排水设施（管网、窨井、泵闸站等）、污水处理厂（含一体化设施）、排放和受纳水体等业务管理对象在摸查、管理、巡检、养护、监督、考核、调度等方面的信息化管理需求，构建"户（源）—网—厂—河"一体化管理的新模式，开发具备业务联动、实时监控、预警预报和辅助决策功能的排水综合管理系统，为广州市排水行业的日常管理业务和应急指挥决策提供信息化支撑，达到"排水设施全覆盖管理、排水业务全协同联动、设施运行全时效监控、行业痛点由智慧辅助"的建设目标，有效提升排水行业管理的规范化、精细化、高效化、智能化水平，打造"智慧排水"建设和管理典范。

广州市水旱灾害防御综合应用体系建设以信息采集为基础、通信网络为支撑、信息管理与决策支持为核心，构建覆盖"预警预防、应急响应、善后处置、保障措施"四个方面的水旱灾害防御业务应用，协助市级水务部门汛前全面掌握全市水雨情信息、水文气象信息、工程设施信息、预报分析结果，汛中掌握监测预警信息、执行指挥调度，汛后实现灾害上报统计，同时能够对水旱灾害防御日常业务进行管理，并基于综合数字大屏总览各应用场景下全市水旱灾害的防御情况。全面支撑广州市水旱灾害防御向科学决策与提升效率效能方向快速发展，以信息化带动广州市水旱灾害防御的现代化。

3.1.2 主要做法

广州市水务信息化建设需求主要集中以下两个方面：

1. 需提升信息化支撑

广州市需进一步推进黑臭水体治理的工作，"加强智慧排水信息化平台及系统建设，在现有排水信息化系统的基础上，融合互联网+，构建'排水户—污水接驳井—污水收集转输系统—污水处理设施—污水达标排放'全流程实时监控管理系统，以及公共排水设施'一张图'管理系统，建立全覆盖、可追溯的信息化管理体系"。

需进一步统筹考虑排水行业的日常管理和各项专项工作等方面的要求，面对污水源头、排水设施、污水处理厂、排放和末端水体等业务管理对象在摸查、管理、巡检、养护、监督、考核、调度等方面的信息化管理需求，开发具备业务联动、实时监控、预警预报和辅助决策等功能的排水综合管理系统，以"平战结合"的应用模式为广州市排水管理和决策提供信息化支撑，有效提升排水行业的管理水平。

2. 需完善水旱灾害防御信息机制

市级水利水旱灾害防御部门在已有的"汛工风旱涝灾险患等信息汇聚与应用、市区水务部门和水管单位可视会商、各水务部门数据共享与协同处置、应急调度指令传达与公众预警预防信息发布"的基础上进一步升级；需建设完善"信息采集规范智能、数据传输准确及时、应急保障响应迅速、预警预报及时可靠、指挥调度科学高效以及指令传递快捷无误"的体系机制；提高广州市水旱灾害防御应急保障和调度能力，全面支撑广州市水旱灾害防御向科学决策与提升效率效能方向快速发展，以信息化带动广州市水旱灾害防御的现代化。

广州智慧水务建设内容解决方案包括标准规范建设、物联监测体系建设、视频整合平台建设、可视会商指挥建设、数据融合建库、模型分析和应用建设、业务软件体系建设、基础设施建设（包括云资源租赁）等分项内容，通过统筹建设形成"9+2"成果，其关联关系如图3.1-1所示，其中深灰色方框为"9+2"成果。

基于统一的标准规范，借助广州市政务云平台，在广州市水务局初步建成的水务一体化平台的基础上，新建物联网平台、视频整合平台、模型管理平台，升级水务数据中心、应用支撑平台，更新水务一张图服务，形成新的一体化平台，并以此构建相互协同的"智慧排水"应用体系和水旱灾害防御综合应用体系；同时对广州市水务局现有的视频会商平台进行升级改造，实现在水旱灾害防御和防内涝应急场景下的视频会商需求,从而形成"9+2"成果,这些成果将在具体各分项小组的建设内容中实现,其对应关系如图3.1-2所示。

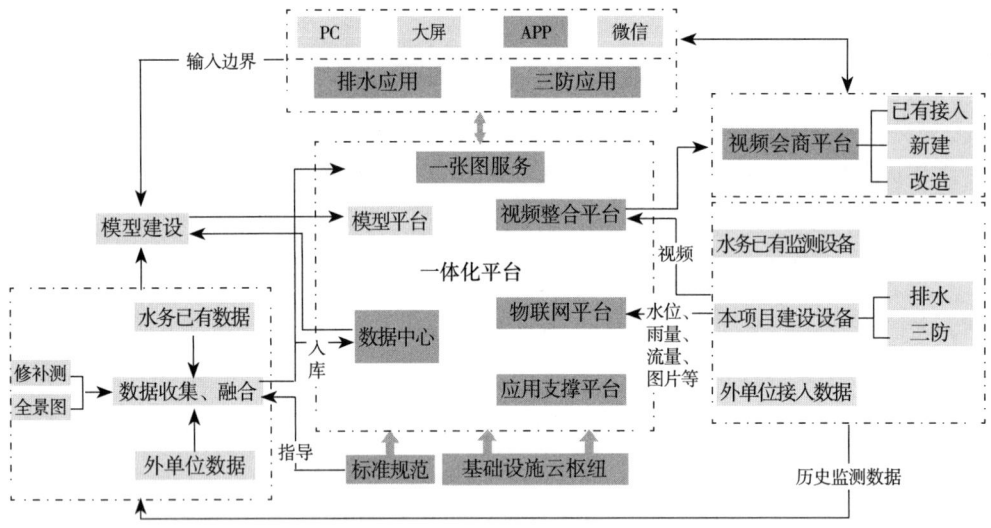

图3.1-1 "9+2"关联关系示意图

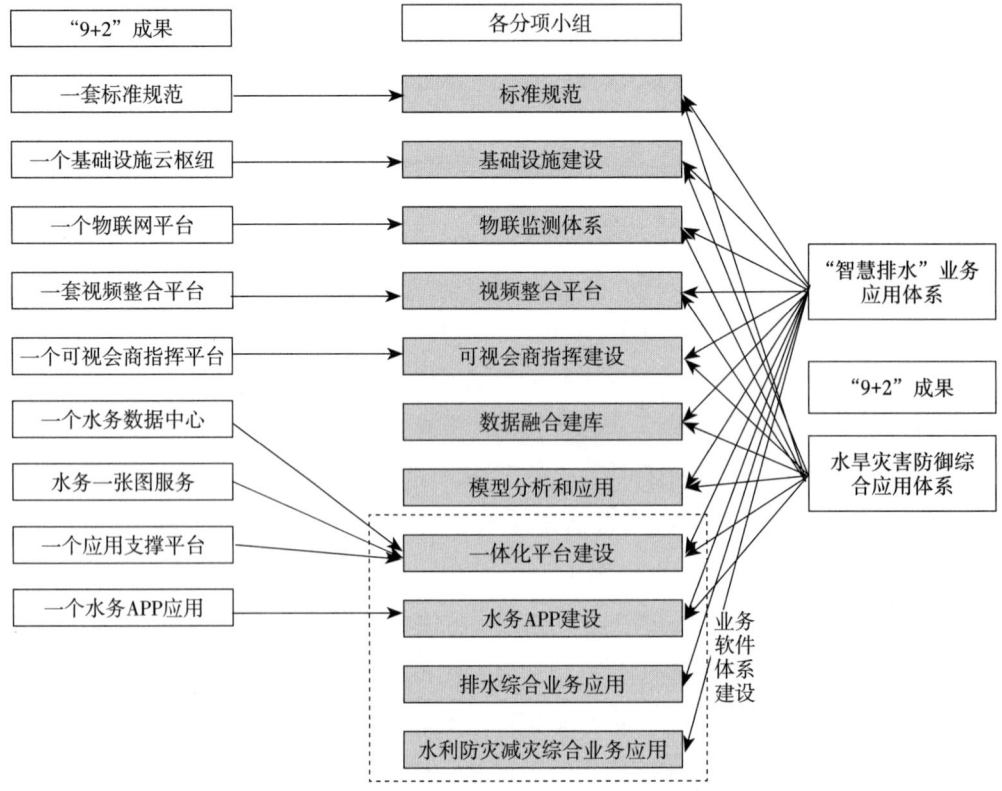

图3.1-2 "9+2"成果与各分项小组的建设内容关系

3.1.3　工作亮点

智慧水务的主要建设目标包括：借助广州市水务局初步建成的水务一体化平台，通过统筹建设三大项目，整合形成"九个一"成果：即一套标准规范、一个基础设施云枢纽、一个物联网平台、一个水务数据中心、水务一张图服务、一个应用支撑平台、一套视频整合平台、一个可视会商指挥平台、一个水务APP应用，以及两套互联协同的应用体系，即一套"智慧排水"应用体系与一套水旱灾害防御综合应用体系（"九个一"成果以及两套互联协同的应用体系，后文简称"9+2"）。

1. 构建一套标准规范

遵循水利、排水、软件开发、物联网、测绘、信息安全等专业的国家相关标准、行业标准、地方标准或者其他相关标准与规范，从技术和管理两个维度，统一构建一套标准规范，以统一指导项目建设、系统运行管理和升级维护。

2. 构建一个基础设施云平台

依托广州市电子政务云，对信息化基础设施资源进行集约化建设，将电子政务云资源纳入水务一体化平台统筹管理，提高利用效率。加强网络、基础设施的整合和统一管理，建立水务统一网络、统一信息化基础设施资源池，为水务信息化建设提供基础支撑。通过网络融合，形成对外连接广东省水利信息网、广州市电子政务外网、广州市视频专网、互联网和物联网，对内连接广州市水务会商专网、水务基层单位的网络架构，基于广州市电子政务云，逐步形成一个水务基础设施"大枢纽"，集约化管理和使用计算、存储、网络和安管等各类设施。

3. 构建一个物联网平台

物联网平台基于一体化平台以服务接口方式，实现物联监测资源的共享共用，为广州市的水务信息化系统的感知终端设备改扩建提供接入服务，并实现设备状态监控管理、指令下发等功能，以及实现物联监测数据的采集、存储、分析、查询、统计和可视化管理功能。

物联网平台需要共同遵循广州市防洪、排水的物联数据标准及接入技术规范要求，实现设备的即插即用和物联网平台的开放接入，同时结合物联网和大数据等技术，实现对终端设备、监测数据进行统一管理。

4. 构建一个水务数据中心

根据"一数一源"的建设原则，采取集中与分布相结合的方式，实现海量异构数据资源的有效整合，将广州市水务的核心业务数据，纳入广州市水务一体化平台进行统一管理，共同组成数据中心的主体，形成统一的数据共享机制，逐步建成统一开放、共享共用、持续更新的"水务数据中心"。

5. 构建水务一张图服务

以"建设广州市权威的、唯一的、标准的水务地理信息数据库,提供统一地图服务"为总体目标,构建广州市权威的、唯一的、标准的水务地理信息数据库,为水务业务系统提供统一的"水务一张图"地理信息服务,并在"水务一张图"上汇聚整合多源多类信息,根据实际业务需求绘制统一样式标准的专题图,统一对外提供服务,并实现专题数据的综合查询展示。

6. 构建一个应用支撑平台

基于云计算技术,结合物联网、移动互联、地理信息、城市信息模型(CIM)和大数据等新兴技术,构建"一个应用支撑平台",为"智慧排水"和"水旱灾害防御"专题应用及未来新建业务系统提供统一技术架构和服务支撑。技术架构和服务支撑主要包括各类业务系统的开发,从而实现平台服务组件的相关功能,如地图服务、单点登录、统一用户管理、短信服务、即时通信等。

7. 构建一套视频整合平台

视频整合平台集成到水务一体化平台统一管理,并基于一体化平台以服务接口方式实现视频资源的共享共用,便于排水和水旱灾害防御专题业务场景进行应用。

8. 构建一个可视会商指挥平台

视频会商指挥平台是满足广州市水务管理单位纵向与横向全覆盖、集中控制、高清会商以及融合指挥的工作平台,以高效满足市、区两级水务局在"智慧排水"和"三防指挥"专题业务场景中的应急指挥、组织及协调日常管理的会商要求。

9. 构建一个水务APP应用

按照"统一规划、统一标准、统一入口、统一用户体验、统一技术路线"的原则,形成广州市水务APP的总体技术框架,统一集成排水、三防及其他相关业务移动应用,实现广州市水务APP的大整合。

10. 构建两套互联协同的应用体系

"智慧排水"综合应用体系将统筹考虑排水行业的日常管理和各项专项工作等方面的要求,面向污水源头、排水设施、污水处理厂、排放和末端水体等业务管理对象在摸查、管理、巡检、养护、监督、考核、调度等方面的信息化管理需求,开发具备业务联动、实时监测、预警预报和辅助决策等功能的排水综合管理应用体系;广州市水旱灾害防御综合应用体系结合广州市水旱灾害防御工作的现状,系统梳理广州市水旱灾害防御零散的信息化系统,围绕各水管单位水旱灾害防御信息化需求,建设以提高广州市水旱灾害防御及水利工程信息化管理进程为目标的、能够支撑广州市水旱灾害防御工作调度的水旱灾害防御综合应用体系。

3.1.4 工作展望

1. 统一标准、统一打造广州市水务物联网平台

按照"市局统筹、各区补充、分批建设"的思路,由广州市水务局统一制定排水物联接入标准,统一打造广州市水务物联网平台,建立广州市统一的排水物联监测体系。

2. 通过采购数据服务方式建设排水物联监测设备

为保障广州市"智慧排水"建设实效,考虑到排水物联监测环境的复杂性和排水物联监测设备的长期可用性,项目通过采购数据服务的方式以解决"一锤子买卖"和固定资产管理等问题,以此促进服务提供商创新产品,提高性价比和提升服务保障能力,解决排水复杂环境下的设备安装部署、升级换代和运维管理等一系列技术和管理问题。

3. 为提高数据传输安全性,对物联设备与物联网平台之间传输报文进行加密

为进一步保证物联监测数据的安全性,广州市水务局提高了报文在传输过程中的安全性,在报文传输过程中进行加密。

4. 通过项目一体化打造,依托可视会商指挥平台打造智慧调度指挥系统

通过项目一体化打造,依托可视会商平台打造智慧调度指挥系统,接入广州市云平台的视频资源,一方面可以通过视频实时查看现场的详情,另一方面也可以通过视频AI自动识别和发现内涝点,提高防内涝抢险的响应速度。

5. 按照"轻重缓急"原则,以"单行本"形式优先出具排水基础数据标准及水雨情标准

排水基础设施数量众多,为有效提升基础数据标准水平,按照"轻重缓急"原则,以"单行本"形式优先出具排水基础数据标准及水雨情标准。

6. 共享视频资源及时发现内涝

由市区调度各区统筹排水公司、专属道路单位、施工项目管理单位、属地街镇开展排水防涝工作,确保排水安全,显著提升强降雨时城市排水系统管理调度、统筹协调、防灾避险能力。

7. 升级排水系统监测能力、提高业务分析处理水平

在广州市合理布设不同类型的在线监测设备,通过新一代物联网技术和移动通信技术升级排水系统监测能力,扩展管理部门的感知范围,改善数据传递的时效性,提高广州市排水管理业务分析的处理水平。

8. 提升部门扁平化管理与联动水平

通过从全局视角打造统一的"智慧排水"信息平台,有效提升现有业务在数据传递、信息共享、业务协同、部门联动等方面的管理水平，实现扁平化管理和规范化协作，全面提升排水管理的软硬实力和科学水平，有效支撑广州市排水系统近远期的管理工作需求。

3.2 智慧电力

3.2.1 建设背景

广州在20世纪80年代开始经济飞速发展后，电力需求不断攀升，广州电网用电负荷在2009年突破1000万kW，并于2021年7月首次突破2000万kW，随后再创历史新高，最高达2078.3万kW。随着城镇化进程的加快，对城市现代化建设的重要基础设施特别是供电设施建设提出了更高要求。

为充分满足广州社会经济发展需要，不断提升广州超大型城市的现代化治理能力，广州市供电局以"全面建设安全、可靠、绿色、高效、智能的现代化电网，构建具有更强新能源消纳能力的新型电力系统"为目标，为用户提供智慧的用能服务。全面承接广州市政府新型城市基础设施建设的工作要求，落实广州市供电局服务新型城市基础设施建设的工作。

3.2.2 主要做法

1. 电网企业融入广州市CIM平台建设

（1）配合政府推进、融入广州市CIM平台建设。结合广州市供电局的数字配电网建设，积极配合政府推进CIM平台建设，并按照政府建设进度，与CIM平台开展对接。

（2）推进数字配电网与数字政府对接。配合政府将招商引资、规划、"三证"等政务信息平台与广州市供电局的业务系统互联共享，建立负荷提前获取机制，推进电网建设关口前移，优化电源建设时序、项目、管廊建设等安排，充分满足客户用电需求。

2. 实施智能化市政基础设施建设和改造

（1）推动供电扩容、智慧电力建设。配合政府"新城建"工作开展供电扩容建设，开展配网电缆管廊的GIS应用信息化项目建设。

（2）积极拓展智慧能源新业务。推进四网融合、三表集抄新业务，继续推进南方电网"大型城市能源互联网资源共享协同关键技术与示范工程"等项目的推广应用。

（3）配合政府推进地下管线信息动态更新及共建共享，建设智慧综合管廊。

1）按照政府需求，配合完成电力地下管线补测补绘工作。配合政府完成有关历史管线补测补绘工作，配合完成地下综合管线与电力数据共享交换标准等工作。

2）加强电力管线安全隐患整治。全面排查管线存在的安全隐患和危险源，排查线路存在的火灾隐患，完成隐患整治，为保供电任务提供有力保障。

（4）配合政府推进智慧灯杆改造和建设。积极落实《广州市人民政府办公厅关于印发广州市智慧灯杆建设管理工作方案的通知》等一系列政策文件要求，全力支持智慧灯杆建设，建立用电报装优化机制，做好电力供应保障。

3. 配合推进充电基础设施建设，提供供电保障

广州市供电局全面承接和落实服务广州市新型城市基础设施建设工作，上述工作均融入广州市供电局日常工作中，并持续有序开展。

3.2.3　工作亮点

1. 应用"云大物移智"等一系列新技术，支撑智慧电力、数字电网建设

制定广州数字配电网建设方案，通过建设电网态势全面感知，内外部数据全面连接，以数字配电网示范区为依托，推动构建新一代运维体系，促进生产管理高度数字化和安防能力提升，推进技术先进的"一体化、标准化、模块化"的智能设备应用，计划2022年年底前实现琶洲总部商务区示范区智能电房覆盖率等指标实现"7个100%"（10kV可转供电率、低压联络率、电压合格率、智能电房覆盖率、智能台区覆盖率、自愈覆盖率、站房光纤覆盖率均达到100%），白云大源村智能台区覆盖率达到100%，具备条件的电力架空线路无人机巡视比例达到100%，人均单兵智能装备覆盖率不低于20%，5G+新一代高级量测体系覆盖不少于2万户，初步建成全覆盖、配网全域立体智能化监控体系。数字配电网框架如图3.2-1所示。

2. 利用电力数据支撑"散乱污"治理

为打赢"蓝天保卫战"，广州市政府在2018年正式启动"散乱污"场所治理工作，广州市供电局配合广州市工业和信息化局利用电力数据建设"散乱污"系统，为广州市环境保护作出贡献，留住青山绿水。"散乱污"系统自上线运行以来，广州全市已累计完成新一轮排查场所53.04万个，其中，认定"散乱污"场所共计64371个。

3. 基于用电数据配合政府城中村治理

依托广州市信息共享平台，基于人口、气象、用电负荷、用户投诉等因子构建分析模型，为城中村综合治理提供解决方案，辅助支撑广州市政法委开展城中村综合治理工作。

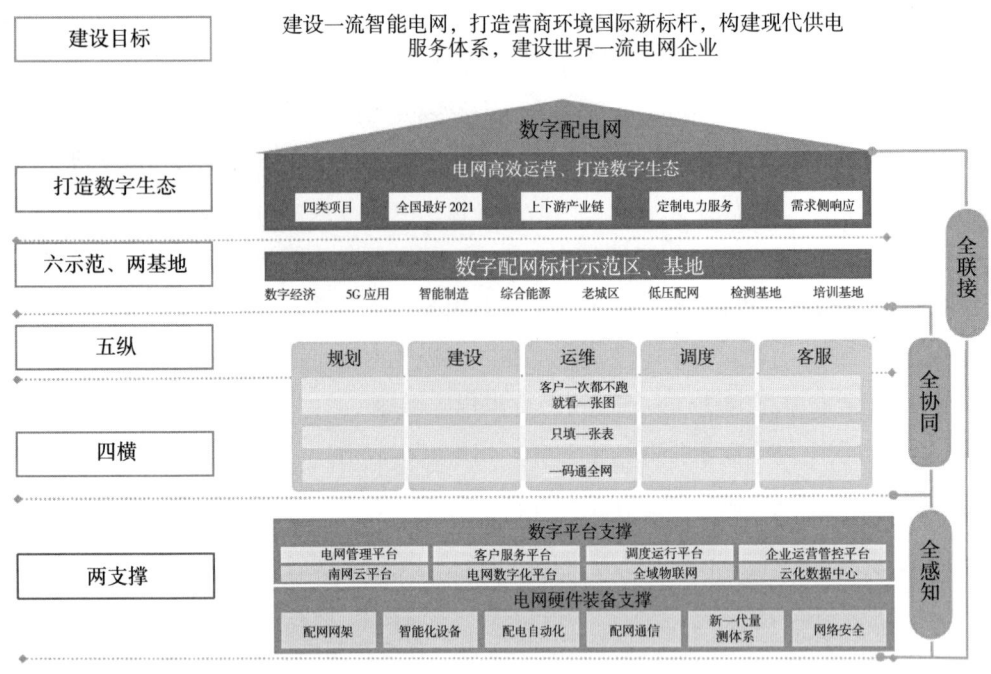

图3.2-1 数字配电网框架

基于全市685个城中村，17193台公用变压器，结合台区频繁停电数、电压质量投诉、日最大负载率、日最高负荷、温度值，以城中村为维度进行统计分析，形成城中村负荷分析报告，为城中村治理提供参考。

建成"大源村"低压数字配电网示范区，基于营配2.0和智能台区，形成低压差异化运维和低压主动抢修模式，实现跳闸台区数量及供电可靠类投诉同比减少20%。

4. 配合政府加快推动"新电气化"进程，灵活调节用户用能，大力开展需求侧、电能替代示范项目建设

组织各区属供电局结合地域用能特点，建设有行业用能特色的示范项目。目前，已协助完成广船智慧空压站综合节能改造项目、广州图书馆综合节能改造项目、广州港南沙一期码头高压岸电示范项目及能源费用托管项目、广州增城联增发展有限公司分布式光伏项目等需求侧节能示范项目建设。推动了一批涵盖热泵、电蓄冷空调、电窑炉、电炉、港口岸电、电磁厨房的电能替代示范项目的建设投产。

5. 利用大数据，为用户提供增值服务，体现智慧能源价值

（1）客户能效服务工作常态化开展包括两方面：一是通过95598供电服务热线、网上营业厅、现场服务等多渠道受理客户的节能咨询及相关需求；二是对功率因素低于考核标准10个百分点和负载率低于30%的客户100%进行书面告知，提出节能建议。推广"临电租赁共享"、节能降耗管理、电能质量提升等全过程综合能

源特色服务。

（2）通过对接"数字政府"，扩展互联网服务平台，为用户提供丰富线上渠道，互联网业务办理比例99.98%。深度参与线上智慧营业厅建设，对接综合能源服务等新兴业务，创新平台各方的交易和交互方式，以"场景化"精准构建业务场景，打造敏捷数字前台。互联网渠道更新发布功能81个、优化升级各项功能117次。

（3）创新实现"零证办电""刷脸签约"。通过对接"数字政府"，实现在线获取电子证照和应用电子签章，全国率先上线"零证办电""刷脸签约"，累计零证办电9225宗，刷脸签约13665宗，综合应用率达69%。

（4）探索"智慧养老"新模式，打造低碳服务新业态。配合广州市民政局，利用电力数据为独居老人建立用电异常预警机制，政企联动、各司其职，构筑紧急状况预警生态体系，发挥大数据分析在构筑基本民生安全网、维护社会和谐稳定与公平正义、促进全面深化改革等方面重要作用。

6. 试点园区综合能源系统项目建设，实现智慧电力智慧能源多元用户互动，多方共赢

建设了"工业园区多元用户互动的配用电系统关键技术研究与示范"从化明珠工业园区综合能源与智能配用电系统示范工程。项目以国内普遍建设的工业园区为对象，通过园区综合能源系统一体化规划、互动、协调控制与智能调度，提高了工业园区能源综合利用效率；通过园区多元主体分布式资源的整合，与上级电网实现良性互动，提高电网资产利用率；实现能源产业供应、传输、消费各环节的多方共赢（图3.2-2）。

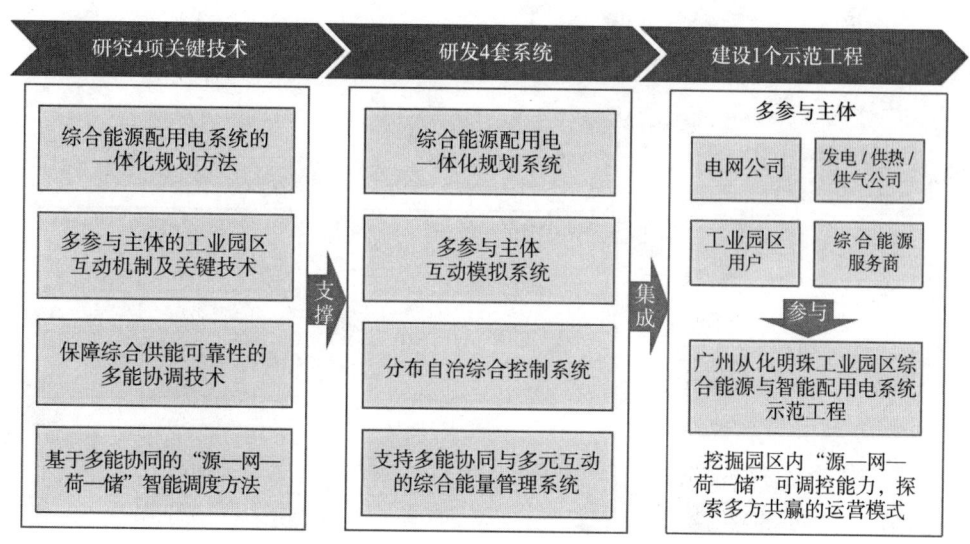

图3.2-2 总体技术方案体系框架

7. 建设全面感知、操作可达的智能变电站

（1）如图3.2-3所示是110kV猎桥智能变电站。该变电站是一座从功能性、公共性和科普性进行设计的变电站，以打造三种桥梁为目标：一是打造连接电网和城市的桥梁，成为支撑城市发展的能量枢纽；二是打造工业建筑与城市环境的桥梁，成为融入城市CBD的特色景观；三是打造连接行业与市民的桥梁，成为市民愿意亲近、乐于接受、共建共享的公共空间。广州市供电局精心策划，将猎桥变电站打造成中国南方电网（以下简称南网）首个实现碳达峰的变电站、南网首批新一代智能化试点的变电站、南网首个实现"LEED国际绿色建筑认证金级和国标绿色建筑认证三级"双认证建设的绿色变电站，南网首个全过程数字化建设的变电站、南网首个设置对外开放电力科普基地的变电站、广州市首个"身边项目大师做"的试点变电站，广州首个"超静音"和"海绵式城市技术"变电站。猎桥变电站背靠珠江新城摩天楼群，与南岸广州塔隔江相望；建筑外立面以圆润、轻盈、洁白的形象融入珠江景观带，尤其夜间景观效果恰是一个月光宝盒，市民可以登高望塔，欣赏珠江美景，成为可读可赏的城市景观，如图3.2-4所示。

智能变电站具备一次设备智能化、二次设备网络化、信息一体化和高级应用普遍化及环境友好型等特征，实现设备状况一目了然、风险管控一线贯穿、生产操作一键可达、决策指挥一体作战，易扩展、易升级、易改造、易维护，如图3.2-5所示。

图3.2-3　110kV猎桥智能变电站

第3章 智能化市政基础设施建设和改造

图3.2-4 猎桥变电站景观效果

图3.2-5 智能变电站内部空间

（2）变电站、充换电站、储能站、数据中心、5G基站、北斗基站等"多站合一"规划建设。以变电站为载体，将变电站、充电站、分布式IDC设施等集约化建设，在提供综合用能服务的同时，最大化集约用地，减少数据中心等配套建设的电网资源，保障电网安全运行，提高电网调节能力和新能源消纳能力等。

8. 打造具备自愈功能的高效智能电网

数字技术与电网业务深度融合，渗透到发、输、变、配、售、用各环节，成为电网数字化运营与增值的重要驱动力，未来配电自动化将向配电网故障自愈、广域策略控制保护技术的方向发展。2021年，广州市已完成10kV馈线基本水平（1+1）的三遥全覆盖建设，实现具备条件的所有公用馈线自愈全覆盖，建成全国最大规模自愈配电网。自愈功能投入后，实现故障区域的快速隔离和非故障区域的快速复电，其中非故障区域的复电时间平均不大于2min。预计到2030年、2035年前后，配电自动化技术广泛部署，馈线自动化（FA）、网络拓扑自适应校验、状态估计（ES）、无功优化、用户互动等模块软件与装备示范全面推广。预计到2050年，配电自动化全覆盖，建成配电网下一代智能自愈运行控制平台；未来将形成结构一体化、功能模块化、接口标准化、性能稳定、安全可靠的一二次融合设备；优化调度与协同控制技术是保障未来双高电力系统安全、稳定、高效、智能运行的关键技术发展方向。

3.2.4 工作展望

1. 加快"数字电网"建设，支撑大湾区建设

全面建设安全、可靠、绿色、高效、智能的现代化电网，构建以新能源为主体的新型电力系统，加快打造连接、协同、智能、高效的数字电网，持续提升服务水平与效率、优化营商环境，增强群众和企业获得感，全力支撑粤港澳大湾区建设。数字电网框架如图3.2-6所示。

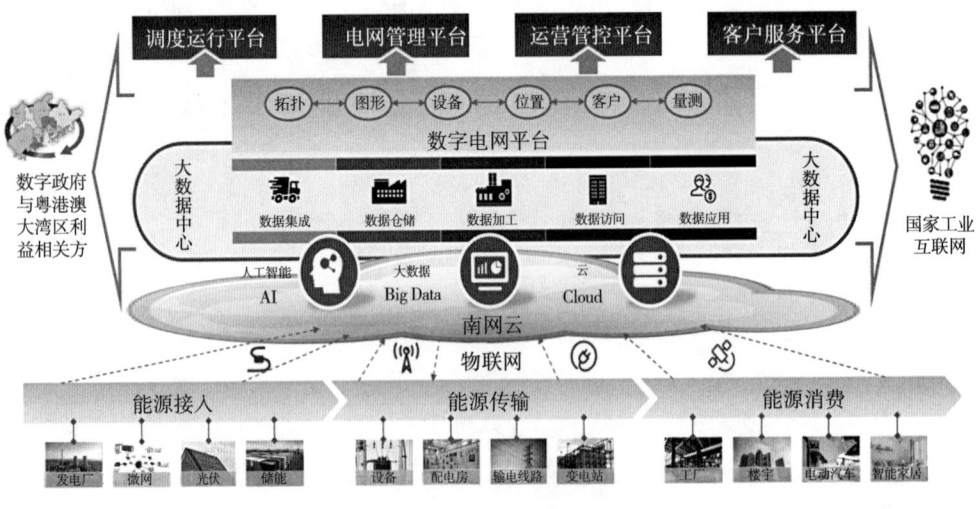

图3.2-6 数字电网框架

2. 与"数字政府"结合,构建全感知、全场景、全联接的"数字配电网"

数字电网与"数字政府"结合,通过融合、应用,提升联合审批流程的高效性、电网规划科学性,提高获得电力指数和供电可靠性。辅助政府管理更全面、顶层设计更科学,进而提升公共服务水平机制评价,推进"数字政府建设"实现新跨越。

以优化营商环境为目标,与"数字政府"对接,运用新一代数字技术、人工智能技术,发挥数据的核心生产要素作用,构建一个全感知、全场景、全联接的数字电网(图3.2-7),提升电网运营管理水平和辅助城市治理能力现代化。政企合力,打造广州国际金融城数字配电网示范区,贯彻落实广州市委打造"一江两岸三片区"人工智能与数字经济试验区的建设目标,助力广州"出新出彩"。

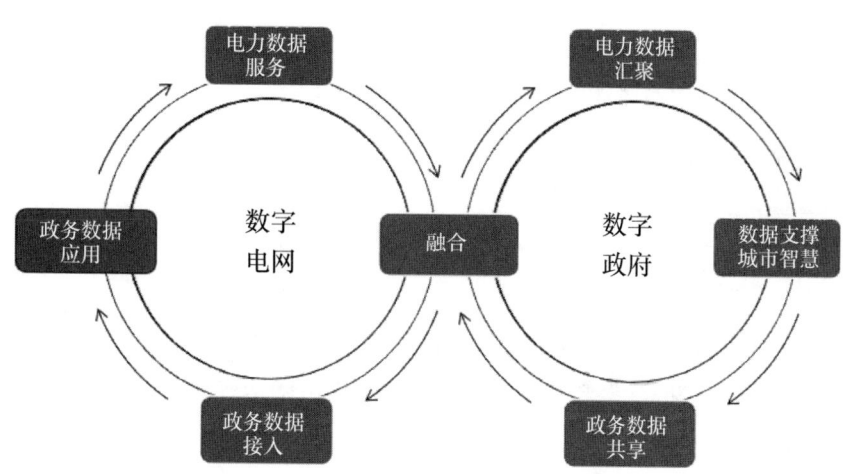

图3.2-7 数字电网与"数字政府"融合

3. 深度参与"穗智管"等"数字政府"重点建设

现阶段,广州市供电局与"穗智管""穗好办""市工程联合审批平台""信息共享平台"等政务网进行对接,优化业务流程。其中"穗智管"作为广州城市运行管理核心中枢(图3.2-8),汇聚了"应急管理""经济运行""营商环境""民生服务"等20个主题,基本建立了城市运行体征指标体系和运行图。下一步将计划开展政务数据安全保护工作,与"数字政府"部门共同提升数据安全性和数据服务能力;深度参与"穗智管"城市运行管理中枢建设,利用电力资源丰富"穗智管"应用场景;与"穗智管"建立数据共享机制,进一步发挥电力数据价值,支撑"穗智管"核心中枢地位。

图3.2-8 "穗智管"城市运行管理中枢

3.3 智慧燃气

3.3.1 建设背景

广州燃气集团作为广州市城市燃气高压管网建设及天然气购销的唯一主体，统筹广州市燃气高压管网建设和上游气源购销，经营范围主要涉及天然气贸易、燃气管网及设施的设计、工程、建设、输配和管理，天然气项目的投资、设计、施工、经营和相关技术咨询，天然气加气等。除供应广州市其他燃气公司外，广州燃气集团自主经营区域遍及广州中心城区和南沙、增城、花都等区域，截至2021年年底，拥有包括商业用户、工业用户、公共福利用户及居民用户等213万户，燃气输配管网达6235km。

广州燃气集团的信息化建设自20世纪90年代开始，历经数字市政、互联网+燃气、物联网+燃气、数字化转型等阶段，当前正在生产运营、客户服务、工程管理三大核心领域全力开展智慧燃气建设，截至2021年，累计已在广州市投放物联网智能燃气表近160万台，广州已成为全国率先实现物联网智能表规模化普及应用覆盖率最广的智慧燃气城市。近年来，生产运营领域作为广州燃气集团数字化转型的重要发力点，围绕基于GIS的生产运营综合管理平台的建设，取得了长足的进度，带来了崭新的面貌。

3.3.2 主要做法

1. 创新项目建设体系

（1）计划"平准化"

项目建设周期分解到月，月计划均衡到每天。

（2）管理"矩阵化"

为增强总体管控职能，下设项目管控、业务管控，技术管控。

（3）责任"明确化"

项目实施各个阶段所要承担的职责任务具体到每个人。

（4）决策"层级化"

采用项目群管理模式，各项目组织负责项目对应的规则及标准的制定、执行及管理、项目内部的沟通协调及项目问题决策等。

（5）培训"系列化"

针对不同的培训对象采用不同的培训策略。

（6）应用"场景化"

结合实际业务场景中对系统应用进行开发、优化、使用和提炼。

（7）考核"数字化"

将已经线上化的业务，根据业务线上化过程中产生的工作数据，对业务工作成效进行数字化考核，真正地将管理考核落实到系统应用中，以管理办法促进各级人员对系统的应用，以应用推进对公司各业务职能人员的管理。

2. 探索总体推进思路

生产运营综合管理平台建设过程中，总体遵循"统筹规划、资源整合""解放思想、突破创新""分步实施、务实重效"的三大基本原则。

（1）统筹规划、资源整合

要立足行业、企业发展，以规划引领，统筹安排，系统设计。

（2）解放思想、突破创新

要充分利用大数据、物联网和互联网等最新科技成果来解决现有问题，在规划、设计上有突破，有创新。

（3）分步实施、务实重效

生产运营综合管理平台建设与广州燃气的管理模式是相互作用的关系。平台建设要在企业规范指导下进行，实现和广州燃气管理模式之间的良性互动。系统架构及功能扩展规划简图、平台分子系统结构图如图3.3-1、图3.3-2所示。

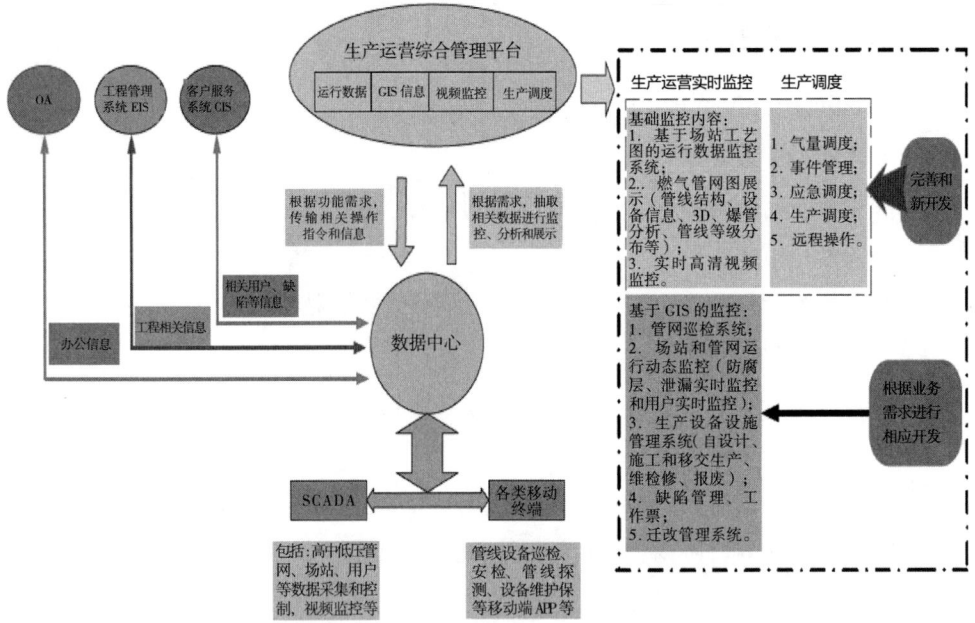

图3.3-1 系统架构及功能扩展规划简图

图3.3-2 平台分子系统结构图

3.3.3 工作亮点

搭建以GIS为基础的生产运营综合管理平台，对现有系统平台进行升级，对功能进行补充完善，对应用效能进行提升，完善生产业务功能系统，并实现有机融合，以满足当前燃气生产的业务需求，为广州燃气集团的生产决策提供数据基础和意见支撑，加快集团生产运营自动化、信息化建设进程，有效提升集团的生产管理智能化水平。

1. 燃气管网巡检系统

以地理信息系统平台为基础，结合北斗精准定位系统，建设以GIS系统为基础底图平台的燃气管网巡检系统，包含监控中心、巡检计划管理、缺陷管理、施工管理、考勤管理等功能模块，实现对巡检员和巡检车辆的实时定位、历史轨迹查询，并可通过区域规划和线路规划向巡检员指派巡检任务，实现巡检工作的量化和质化，通过该系统可更加科学有效地管理缺陷、第三方施工工地等内容，保障燃气管网运行的安全性，如图3.3-3～图3.3-5所示。

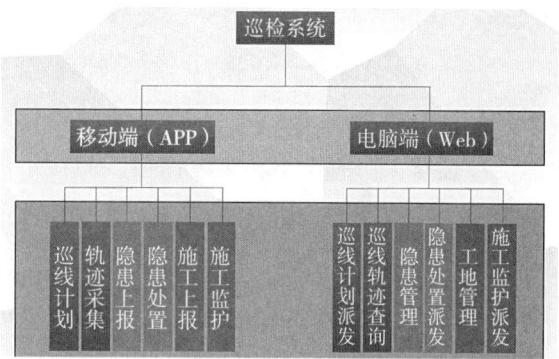

图3.3-3　燃气管网巡检系统功能模块图

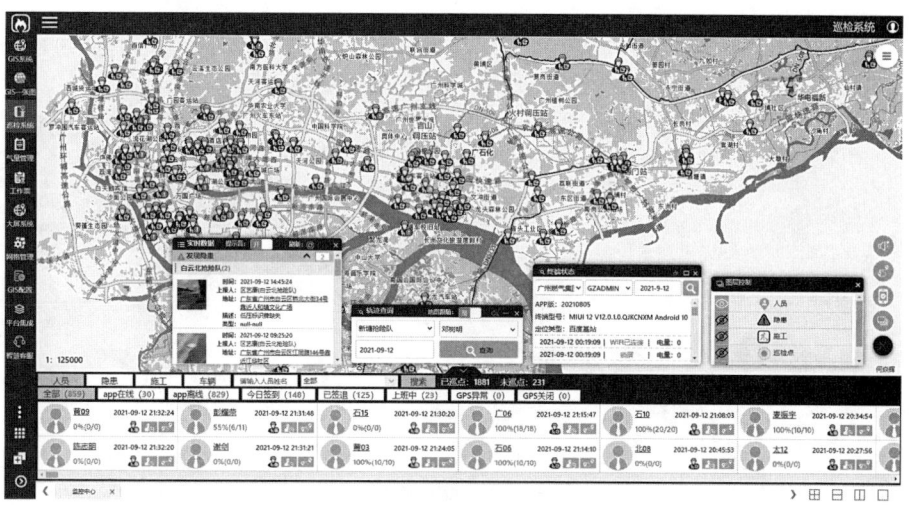

图3.3-4　燃气管网巡检系统监控中心

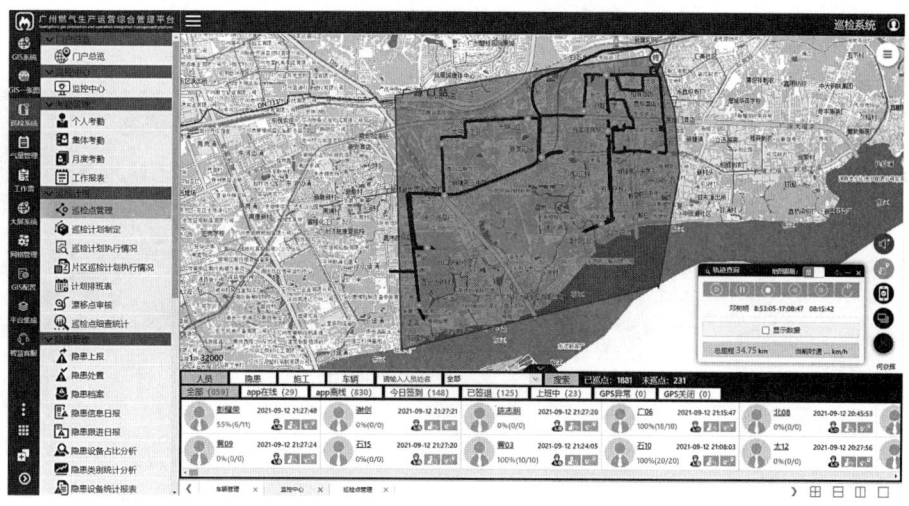

图3.3-5　燃气管网巡检系统轨迹查询

2. 大屏可视化系统

大屏可视化系统，也称为"综合管理驾驶舱""沙盘"，是利用基于GIS建立起的主数据关系和已经融合的燃气业务数据，开展由浅入深的数据分析和挖掘，构建生产运营大数据（不在于数据量，而在于数据的广度、准确度、精细化程度）可视化集成展现与分析决策平台，通过对生产运营全业务、全要素数据的建模和融合分析，实现多业务、多层级、多维度、多形态的信息组织、关联分析与趋势预测，为日常生产运营各要素、资源、事件的科学管理及重要事件（如应急、冬季高峰供气）的高效组织指挥、决策提供重要的信息支撑，如图3.3-6、图3.3-7所示。

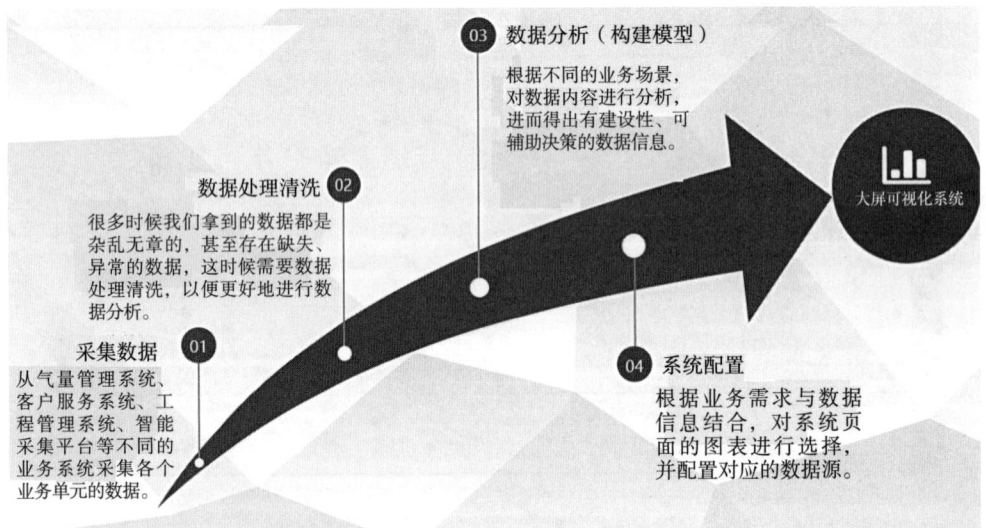

图3.3-6　大屏可视化系统结构图

图3.3-7　大屏可视化系统

3. 生产调度应急管理系统

生产调度应急管理系统（图3.3-8～图3.3-12）是以应急预案管理与GIS管网拓扑结构为基础，结合实际应急情况采用适用的级别和措施的应急预案，根据疑似燃气泄漏位置通过爆管分析得出相应的关阀方案、影响的片区和用户，并可将处置步骤、关阀方案、调度指令等信息以APP工单、企业微信/短信提醒等形式推送给位置所属的抢险队或者应急预案预设的应急团队人员。未来还可以根据管网泄漏监测系统的监测数据自动生成应急工单、根据事件发生位置的相关资源（抢险队员、抢险车）自动派单，实现生产调度的自动化管理。

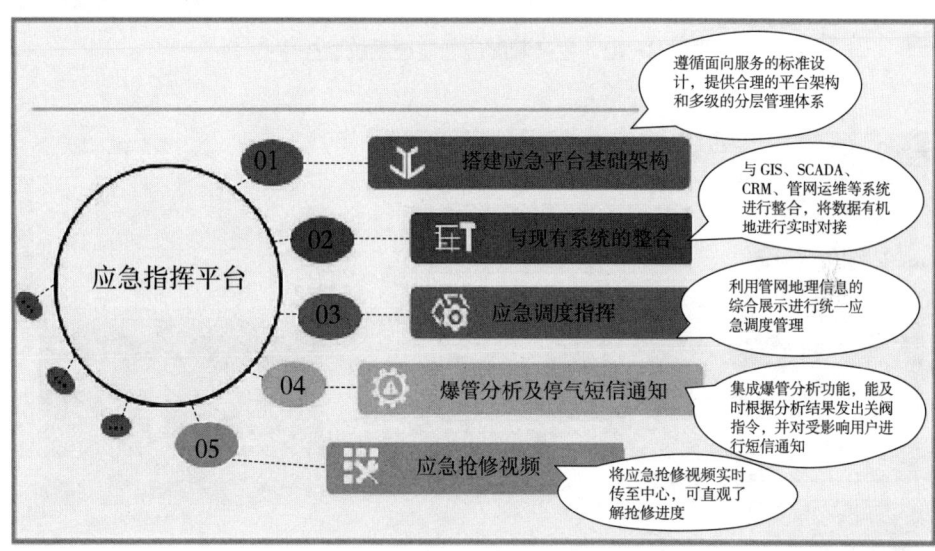

图3.3-8　生产调度应急管理系统架构图

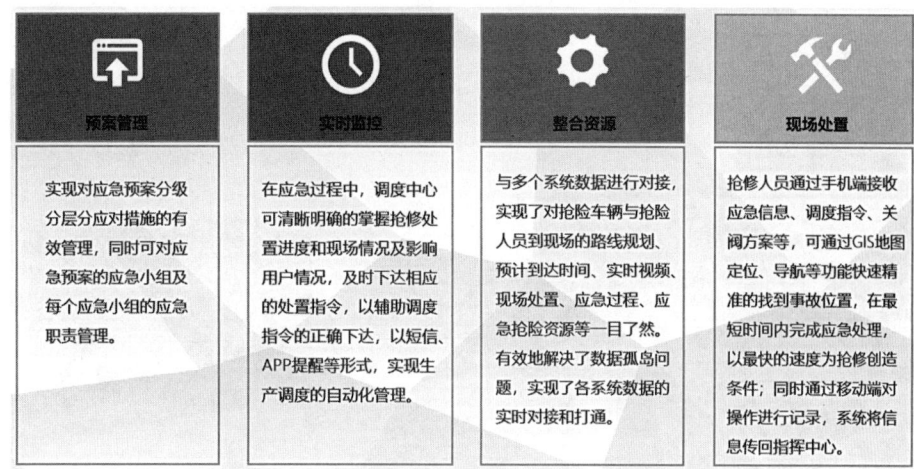

图3.3-9　生产调度应急管理系统建设目标示意图

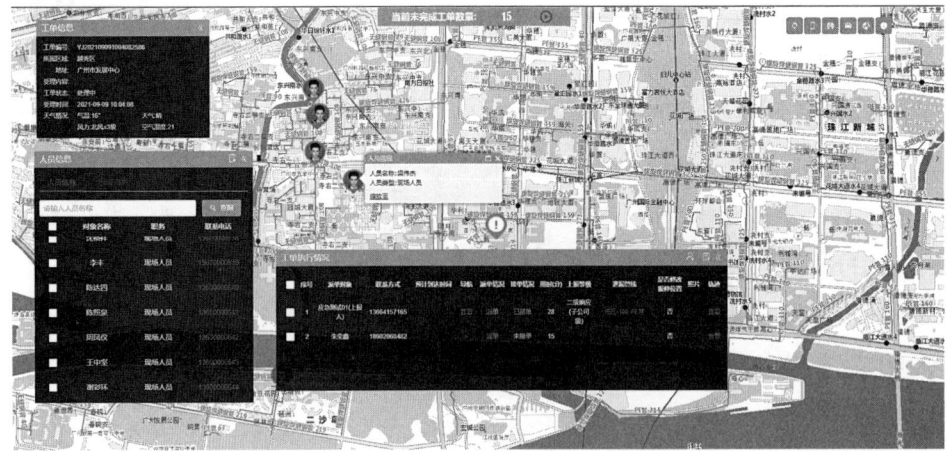

图3.3-10　生产调度应急管理系统监控中心

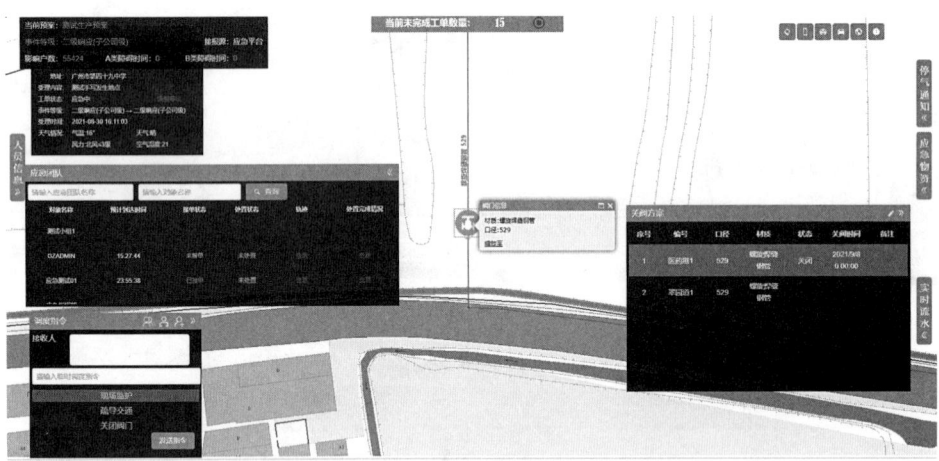

图3.3-11　生产调度应急管理系统应急处置

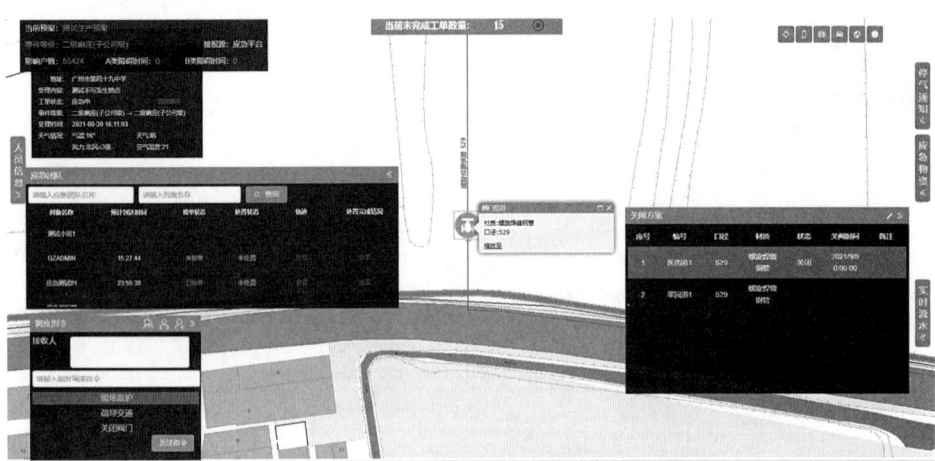

图3.3-12　生产调度应急管理系统应急处置

生产调度应急管理系统为调度指挥与应急抢险提供了可视化看板，实现了将人（队员）、车（生产用车）、物（管线与附属设备）、移（APP）、像（智能安全帽）、数（各业务系统数据）等各种资源在GIS地图上一目了然地综合应用，以及从应急预案到现场处置再到报告生成的一站式管理，有效地解决了数据孤岛问题，实现了各系统数据的实时对接和打通，实现了调度中心对现场的实时通话与实时视频监控，丰富了对现场的指挥手段、增强了对现场的掌控能力。

启动应急响应后，当现场情况不明确时，调度员可以执行派单操作，抢险队员接收到消息提示后根据APP工单去核实情况；应急团队列表中的数据会根据团内成员的实时状态刷新（包括接单状态、处置完成情况）。同时地图上也会展示通过爆管分析得出的关阀方案、影响用户及简明扼要的用户信息，同步随APP工单推送给抢险队员，并可通过调用客服系统的接口将停气/复气通知发送给相关用户。而调度指令用于辅助调度人员对现场人员快速下发执行内容以及一并通知急预案预设的其他应急团队人员。应急报告（应急处置记录）可在应急处置过程中随时动态生成。调度指挥人员还可以通过现场人员佩戴的智能安全帽进行实时对话以及远程视频监视/指挥。

可以查看工单编号、所属区域、地址、受理内容等详细信息，同时地图会自动定位到工单位置，并以此位置为中心点放大展示地图。

当现场情况不明确时可以执行派单操作，现场人员接收到消息提示根据工单去核实情况。

启动应急响应后，应急团队列表中的数据会根据团内成员的实时状态刷新（包括接单状态、处置完成情况）。调度指令用于辅助调度人员快速下发执行内容。结束应急处置后，会生成应急报告可导出用以留存。

4. 生产作业管理系统

生产作业管理系统（图3.3-13）即停气作业管理模块，是基于GIS系统、客服系统开发实现停气/复气业务的功能模块，包括停气作业申请、停气作业审核、停气作业报表和推送停气/复气信息（在客服系统中可生成停气/复气通知）等功能，通过爆管分析判断需关闭的阀门以及因此而受影响的调压设备和用户。

系统可进行计划性停气作业申请审批等业务，亦可在非计划/紧急情况下参

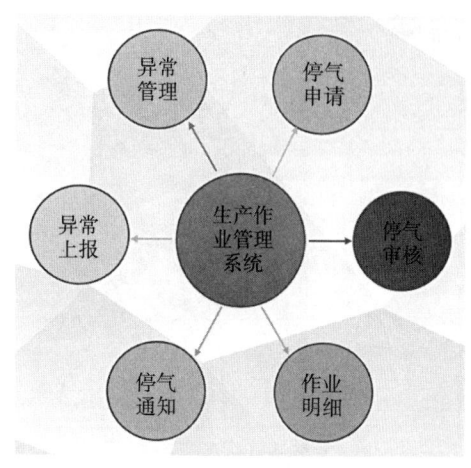

图3.3-13 生产作业管理系统功能模块图

照计划性停气管理的流程触发生成停气申请。

同时，还可以实现与客服系统联动获取影响用户数，计算影响用户数时，可自动填入停气申请表单，如图3.3-14所示。

审核停气申请时，可以查看该停气申请的影响用户及用户地址详情。核实并修改停气申请信息。进而对该停气申请进行审核通过、退回等处理操作，如图3.3-15所示。

图3.3-14　地图与表单结合实现停气申请示意图

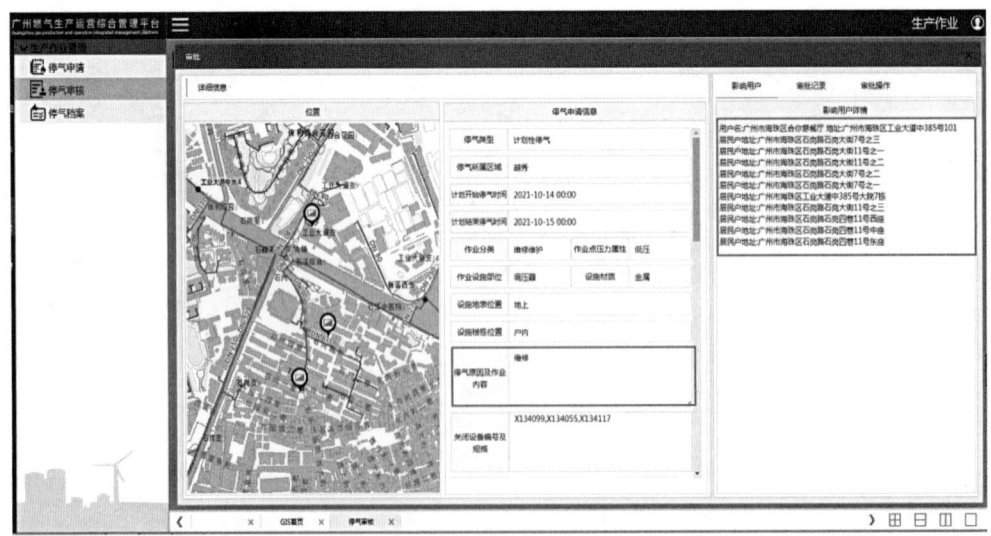

图3.3-15　停气申请审核界面图

5. 生产设备设施运维管理系统

设备管理以设备运行历史及台账为基础，建立设备档案，拟定设备所在位置。通过多种手段检测设备的运行状况，记录设备维修情况确保设备安全稳定运行，减少设备故障带来的隐患，记录设备到货安装、调试、验收、移交、投产、维护保养、维修消缺、技改/更换、报废等全生命周期管理，如图3.3-16～图3.3-18所示。

管理人员可以实时介入检查过程，根据检查结果分析设备运行产生故障原因，做到问题早发现、早处理，通过检修工单、维保工单记录设备检修、维保的全过程。

通过设备运行管理的历史信息资料识别故障多发设备，分析故障原因为维保任务的制定提供参考；实现设备维保检修到期预警，可设置到期提醒期限，维保即将到期的设备优先安排检修计划。

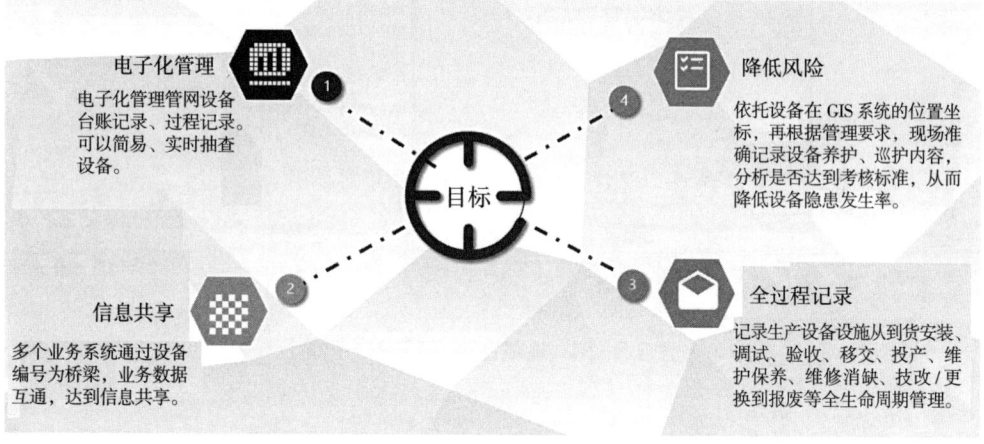

图3.3-16　生产设备设施运维管理系统建设目标图

图3.3-17　设备台账（Web端）图

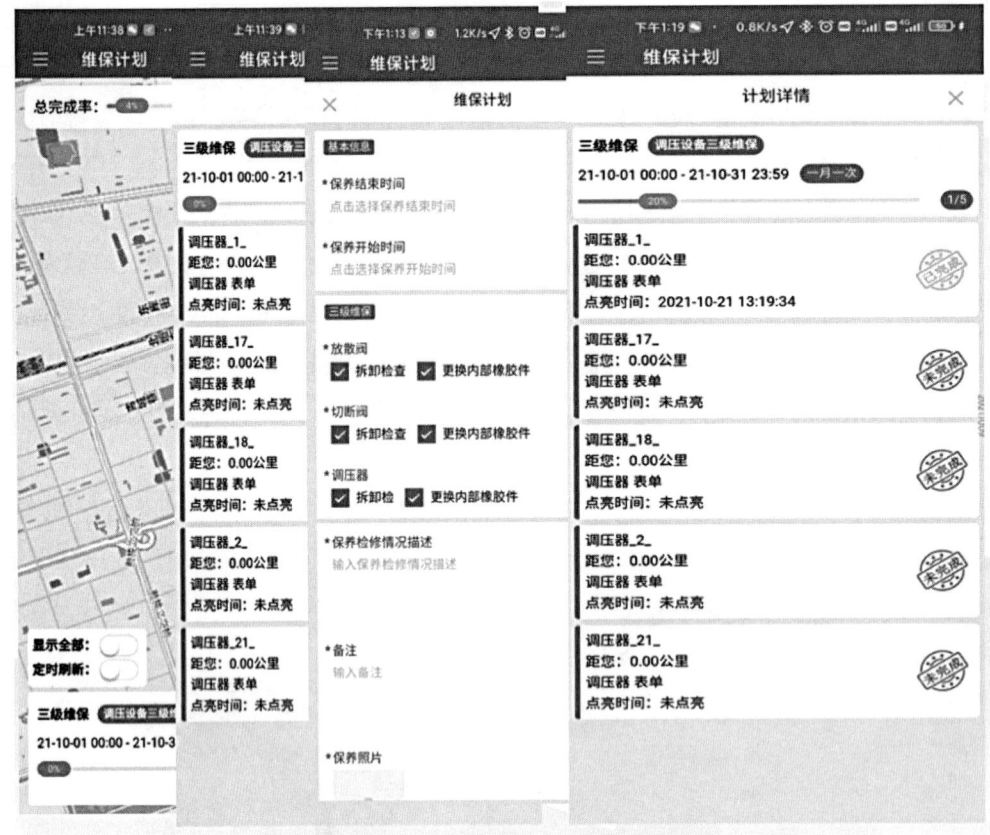

图3.3-18 设备台账（APP端）图

6. 燃气精准定位服务管理系统

燃气精准定位服务管理系统（图3.3-19、图3.3-20）是一款基于广州燃气集团自建服务器的定制版B/S模式定位追踪平台，依托全球定位系统、GIS系统、移动通信系统，支持市面上所有兼容部标通信协议的车载定位终端（GPS、北斗双模），除了复刻专业的车辆管理监控系统的常见功能之外［包括车辆与车载定位终端的基础信息管理、实现对车辆状态——位置（经纬度/地址描述）、速度、方向的实时监控、轨迹优化与轨迹回放，以及经后台软件系统分析处理衍生出的各种异常情况报警、数据统计等功能］，还根据纪检审计的需要，加入生产用车的预约申请、审批、结束（填写实际用车情况）等功能。

实际上，该系统支持对安装了定位器及设备的车辆/人/物等目标的移动状况进行实时追踪，获取目标的实时状态数据，通过坐标转换（WGS84坐标转换成广州本地坐标）在GIS图上展示，从而实现对车辆/人/物的全面定位、监控、调度和管理，可作为共享服务发布并提供给其他业务系统使用。

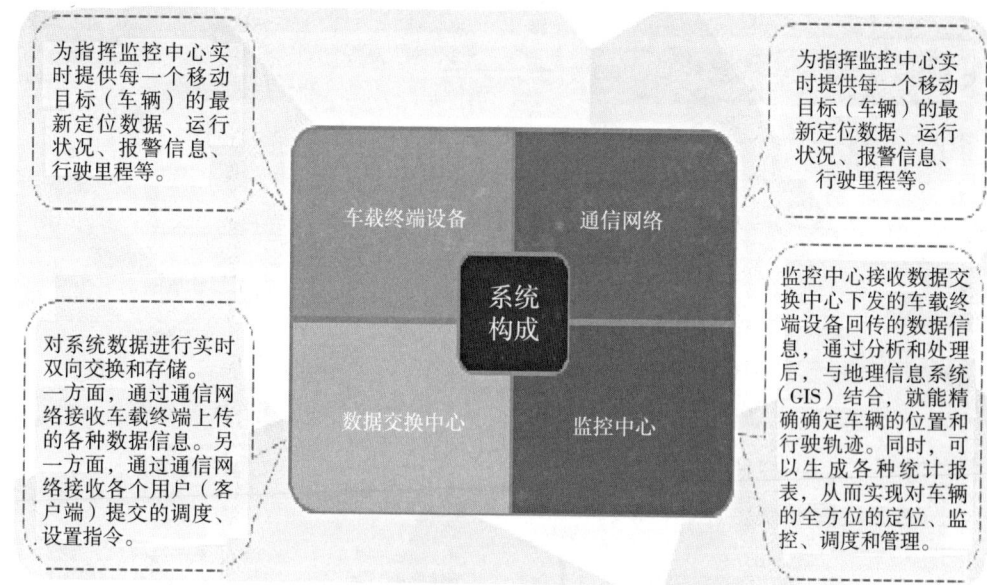

图3.3-19 燃气精准定位服务管理系统构成图

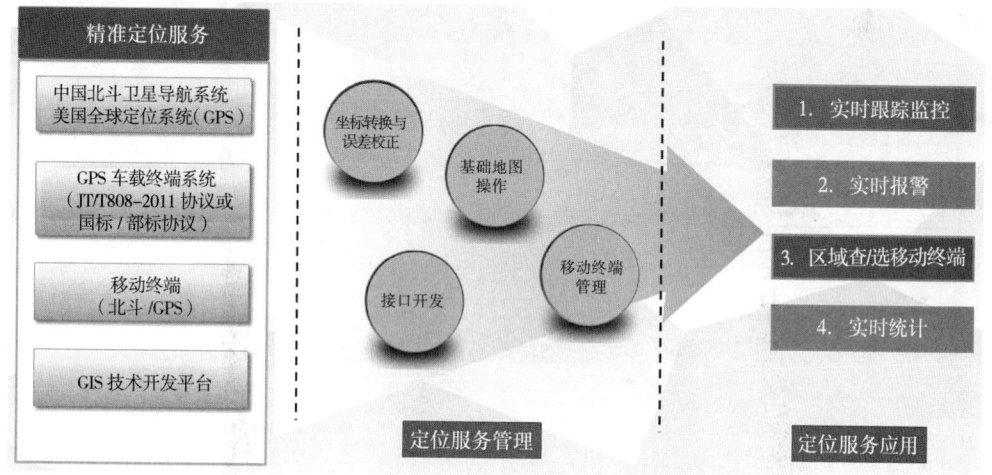

图3.3-20 燃气精准定位服务管理系统建设目标

通过门户总览功能，可以查看在线车辆实时位置、车辆上线统计、车辆报警统计、行驶里程统计，并显示当前车辆总数、在线车辆数、今日总行驶里程数等数据，如图3.3-21所示。

监控中心的主要功能是，监控车辆的实时位置，查询车辆历史轨迹，查看车辆轨迹数据，并可以对历史轨迹进行轨迹播放，以及对具体的车辆进行定位搜索，如图3.3-22所示。

通过查询统计功能，其中包括车辆报警统计、车辆里程统计，对车辆在不同状

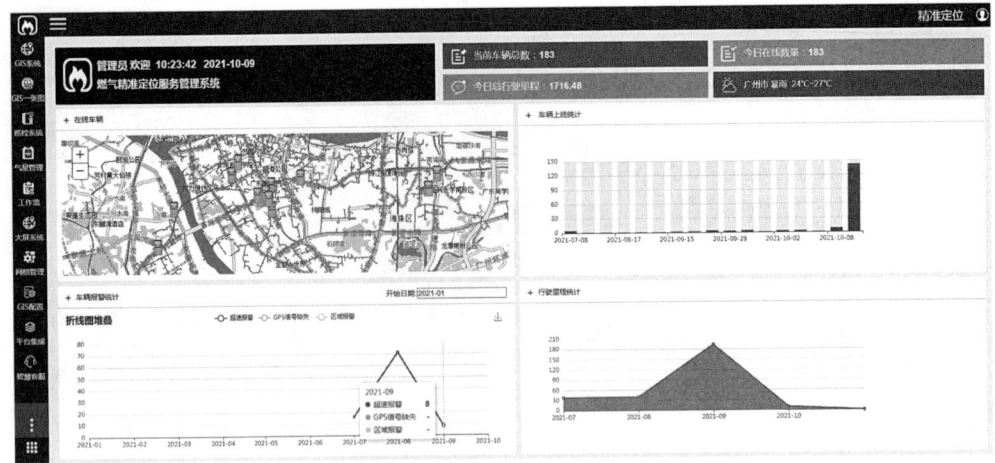

图3.3-21　门户总览功能示意图

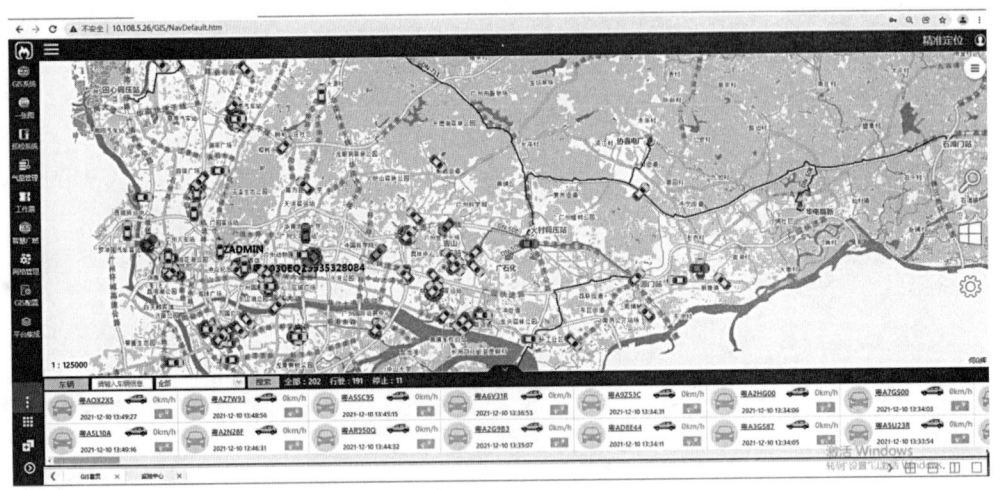

图3.3-22　监控中心车辆实时动态图

态下产生的报警信息进行统计分析,对车辆的里程数进行统计分析,最终形成数据列表,如图3.3-23所示。

通过区域范围设定功能,在GIS地图上进行网格绘制,设定电子围栏边界,将围栏信息保存,为出/入通行证区域提示、偏航报警、停车区域、敏感区域等相关区域设置,提供区域范围管理,如图3.3-24所示。

主要成效包括以下几个方面:

(1) 燃气信息集成化

实现集团燃气信息的综合集成,在燃气管网地图上直观展现实时监测的气量气压信息、燃气管网改扩建工程进度、外业人员位置(巡检、抢险、安检、抄表等人员位置)、车辆实时位置(工程车辆、抢险车辆等)、安全隐患、第三方施工、管

第3章 智能化市政基础设施建设和改造

图3.3-23 查询统计功能示意图

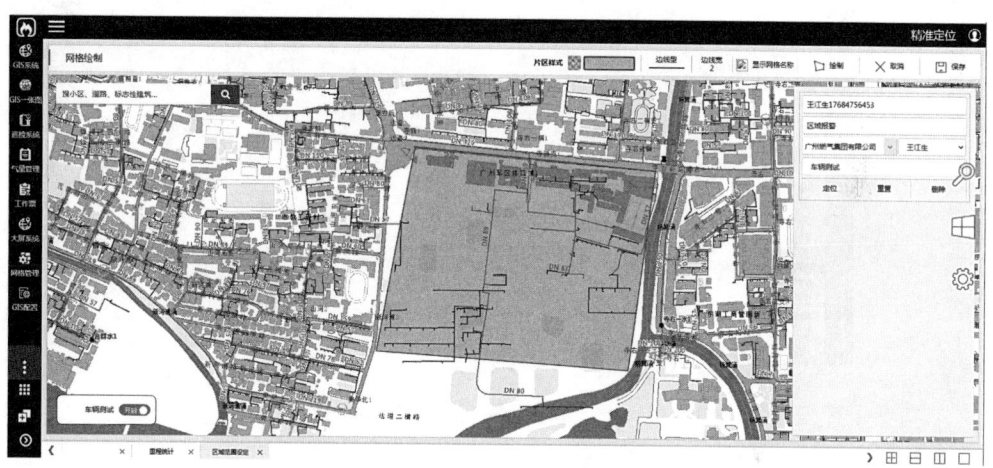

图3.3-24 电子围栏功能示意图

网抢修情况等，为全面准确地掌握燃气系统的运行状况提供有力支持。

（2）燃气管网全生命周期数字化

依靠现有及正在积极建设完善的燃气管网全生命周期数据库，实现从门站到用户的燃气管网相关资料的统一信息化管理，如管网、调压器、阀门等GIS静态数据以及相关联的巡检、缺陷、施工、维修等动态数据。

（3）燃气管网可视化

实现燃气管网及相关资料在电子地图上的可视化查询，为燃气管网的规划、设计、改扩建、维修提供准确翔实的管网资料。

（4）决策支持智能化

当发生爆管、泄漏等不安全事件时，可准确、快速地定位到事件发生地点，并提供科学、准确的应急预案，配合专家资料库，辅助及时排除故障，将事故影响程度降低到最小。

（5）统一的企业信息化集成平台

提供统一的企业信息化集成平台，支持Web端和APP端，针对不同业务系统经过开发整合到企业信息化集成平台中，今后用户在使用平台时可跨应用、跨部门、跨业务使用不同的资源，也就是在电脑登录一个Web网页，在手机上打开一个APP程序，就可以使用不同的业务系统功能，如图3.3-25、图3.3-26所示。

该平台是一个整合、接入生产运营体系各业务系统、工具的大平台，也是生产运营体系自下而上的数据传送通道、上行下达的管理流程通道的具体实现手段（工

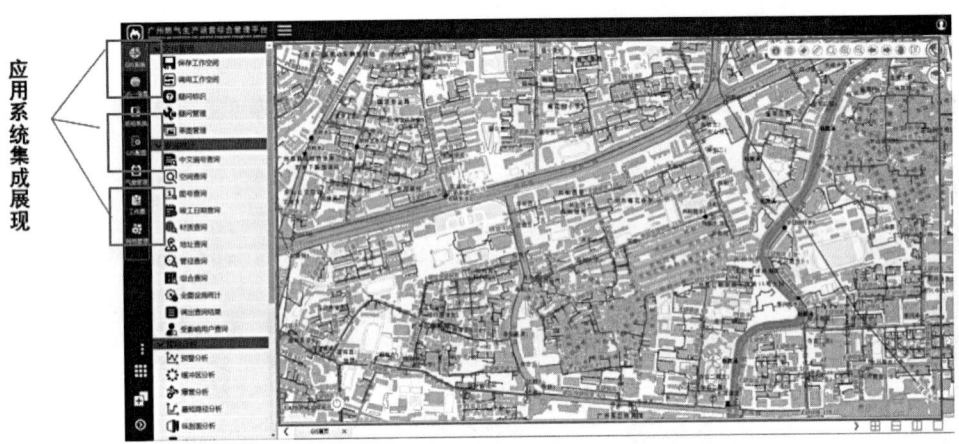

图3.3-25　多系统集成展现（Web端）

图3.3-26　企业集成平台（APP端）

具或界面），通过这个统一的平台收集、整理，来实现同一类数据、同一份数据只从一个入口进行采集，同一个业务、同一个流程只从一个渠道进行流转的目标。

在配备专业的GIS技术平台、更新广州底图数据的基础上，建设开发GIS地理信息系统、SCADA系统、生产调度应急管理系统、燃气管网巡检系统、生产设备设施运维管理系统、生产作业管理系统、燃气精准定位服务管理系统、缺陷管理系统、工作票管理系统以及客户服务系统、工程管理系统等数据通道，实现各系统之间数据的互联互通，进而实现信息的大统一、广关联，利用业务模型进行数据的分析和挖掘。

在该平台中，每位员工都有自己的用户名和口令，通过平台与各子系统之间可同步的组织架构设置，提供单点登录与个性化交互管理的服务，使得不同的用户所能查询/编辑的信息内容和风格不尽相同，但又只能办理其权限范围之内的所有数据和业务。

7. 高效协同的生产运营管理系统

（1）应用软件开发，实现功能提升

在基于GIS、实现数据互联互通基础上，结合生产需求进行GIS技术平台及生产调度系统等相关业务软件开发，实现业务功能增强和扩展，主要包括高版本GIS应用功能开发、现有生产调度指挥资源管理的升级开发等，同时建立与相关拟开发业务系统之间的联系。

1）结合集团自建的北斗精准定位系统（地基增强系统），开展新建工程及管线技改、维修、抢修等过程中的管线数据测量收集工作，以及燃气生产设备设施的数据测量，实现智慧测量，并可直接入图，提升生产数据的精细化水平。

2）结合燃气管网巡检系统开发，优化管网抢维修站点布局、人员配备，抢险车辆及人员准确定位，规划抢修、巡检最佳路径，提升管线巡检和应急抢险抢修的时效性、合理性。同时，加强燃气管线巡检的实时监控。

3）对接客户服务系统，实现客户服务和管网运行数据资源的互通共享，同时为优化入户安检、抄表、客户服务等提供支撑。

4）结合燃气生产设备设施运维管理系统，实现生产设备设施属性参数的汇集，实现设备设施全生命周期内的全过程管理，实现资产以及管网设备设施信息的双向、多向调用，为管网技改、换管、新铺设管线规划的经济性考量等生产决策提供重要的数据支撑和依据。

5）结合缺陷管理系统，加强燃气管网泄漏、施工破坏、设备性能不良、设备运行参数超限、用户隐患等生产运营缺陷（隐患）闭环管理，提升缺陷处理效能。

6）实现GIS系统与工业、民用用户的挂接，利用用户与管线的挂接关系，了解用户的用气状况，为燃气具销售挖掘潜在用户提供数据支撑等。

（2）经济效益与社会效益：

1）经济效益

平台的建成，给广州燃气集团带来的不仅是信息化水平的提升，更重要的是增强了企业生产运行管控能力、决策能力，提升了广州燃气集团的企业形象和日常工作效率。直接体现在以下几个方面：

①设备成本减少

通过有效的设备维护、备品备件的管理，避免设备运行故障、故障次数使故障率降低8%、减少大修次数、延长设备生命周期，设备重复利用率提高15%。

通过合理的管网巡检维修以及改扩建，优化的调度指挥，能够有效地减少管网的漏损、爆管事故，减少气损。

通过优化管网巡检、设备维修、作业流程等，应用智能调压技术，优化管网运行方式，调整运行参数等，有效地减少管网气损，一年减少约10万m^3。

②人工成本减少

通过信息系统的支持，现有岗位上的人员能承担更多的工作，人员利用率提高5%，从而减少不必要的人工成本，扩大收益。通过信息系统，数据一经产生不需人工处理，完全由系统自动计算与传输，可以减少各部门的数据统计校对工作量。

③运行费用减少

通过信息系统的建设，通过逐步实现对门站、调压站、管网等优化调控，降低供气系统的运能电耗等，总电耗减少5%，从而减少管网的运行费用。

④气源调配经济性提升

通过科学合理地应用气量管理等信息技术，针对不同气源、不同气价等精准调度，提升气源供应经济性。

2）社会效益

本项目的建设和应用具有重要的现实意义和长久的社会意义，所产生的社会效益是巨大的，影响是持久和深远的。

广州燃气集团生产运营综合管理平台的建设，是通过与现代网络、生产运营管理理论、通信媒介及计算机技术等信息化技术的结合，有力地促进了广州市供气管理水平的提高，使管理方式由人工经验型向科学智能型转变，从而有效保障供气安全，为促进社会稳定、保障和谐社会建设作出贡献。

智慧供气是体现城市管理智慧化水平的标志之一，也是保障民生的技术支撑手段。智慧供气是对供气信息化进程的梳理和高度凝练，项目的建成对于政府的决策、行业可持续发展、民生保障都有着极为重要的意义。

3.3.4 工作展望

展望未来,广州燃气集团将对智慧燃气运营体系进行持续优化与迭代建设,并实现智慧燃气运营体系及智慧燃气服务体系的打通,主要包括以下几个方面:

1. 构筑二维、三维一体化全业务化GIS+多品类IoT的数字化气网(图3.3-27)

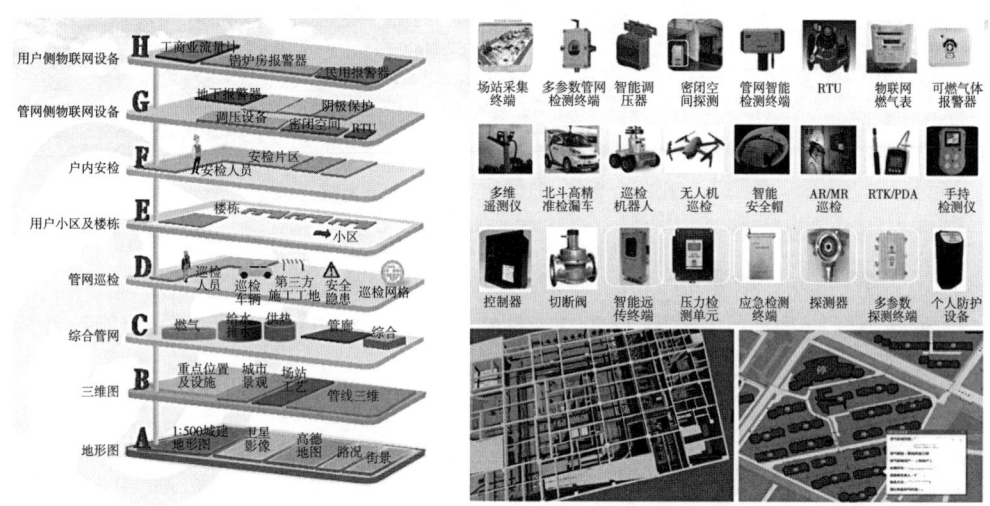

图3.3-27 二维、三维一体化全业务化GIS+多品类IoT的数字化气网

2. 构建生态多样化(异构多维)的时空数据湖(图3.3-28)

图3.3-28 生态多样化(异构多维)的时空数据湖

3. 练就AI辅助可视化决策大脑(图3.3-29)

图3.3-29 AI辅助可视化决策大脑

4. 建设气量调配系统、管网仿真系统

通过科学合理地应用气量管理等信息技术，针对不同气源、不同气价等精准调度，提升气源供应的经济性。

3.4 建筑节能改造

3.4.1 建设背景

城市耗能是中国能源消耗的主体，我国城市基础设施能耗在全国能源消耗消费中占比超过20%，大型公用建筑在我国推进节能减排、建设资源节约型、环境友好型社会以及建设美丽中国的进程中，具有义不容辞的责任，应该提升自身公信力和节能监管能力。

实现"十四五"能耗降低目标首先取决于城市基础设施的节能改造。随着国家绿色低碳转型的步伐明显加快，超低能耗节能建筑成为未来减少碳排放的重要抓手。超低能耗建筑的规模化推广，将对我国"2030碳达峰、2060碳中和"目标的实现起到重要的支撑作用。长期以来，我国城镇化进程快速推进，居民的生活水平得到了很大的提高。与此同时，城乡建设领域碳排放总量和占比持续加大。我国幅员辽阔，南北跨越多个气候带，各地域建筑总量及建筑能耗节节攀升。2021年3月，《"十四五"规划和2035年远景目标纲要》明确提出，要开展近零能耗建筑、近零碳排放等重大项目示范。在国家政策的大力倡导下，建筑与基础设施节能改造成为必然选择。

广州、深圳、北京、上海等地各类大型公共建筑能耗和使用状况的长期调研结果表明,建筑能耗主要由空调、照明、锅炉、插座、动力、专用设备耗电等系统组成,其中耗电占比最大的是空调系统。当前公用建筑亟须解决的能耗问题主要归因如下:

1. 空调系统

中央空调系统耗能量占建筑用能的30%~40%,系统能耗占比较大。具体问题如下:

(1)系统冗余量过大

办公楼宇空调系统在设计选型时,大多预留了20%左右的余量,但正常运行时空调很少在满负荷状态下运行。

(2)设备老旧

中央空调系统设备老旧,维保不佳。

(3)冷冻泵工频运行

无法实现"多用多送,少用少送",冷冻泵能耗高。

(4)冷却效果不佳,冷却水温居高不下

冷却水回水温度对于主机的效率影响十分明显,冷却水温度过高会导致主机能效降低,冷却水水温每升高1℃,主机能效降低3%。

(5)管理落后

管理较为不佳,空调系统开机时间不规律,长于用能所需要的实际时间,或者存在空调主机夜间24h开机(因为个别区域需要)。

(6)冷热需求并存

部分内外区供冷或者有供冷热水需求的楼宇,供冷供热系统冗余、杂乱。

(7)水力失调

末端阀门老化往往会导致建筑水系统末端水力失调,进而导致冷热分布不均。

(8)新风负荷过大

未利用排风进行预冷处理。

(9)开门开窗现象严重

缺乏节约意识以及可靠的管理节能机制。

2. 动力系统

楼宇中的动力系统(如新风机、排风机、开水器等)由于控制方式大多是人工控制,手动启停,存在由于人工控制带来的很多问题,达不到需求精度。

3. 插座系统

当前大部分楼宇的插座系统大多采用传统插座,无法实现智能控制的目的。

4. 建筑结构

建筑物围护结构的能量损失主要来自三个部分：外墙、门窗和屋顶。某些重点区域由于没有考虑围护结构的隔热性能导致空调负荷增大。

5. 建筑能效监测系统

大型公共建筑节能的目标是在保证服务品质的基础上降低实际运行过程中的能源消耗。要实现这个目标，需要有准确翔实的能源数据作为能耗分析、统计、诊断的基础。当前大部分的楼宇中没有二级分项计量系统，更没有一套可以对电能实施在线监测分析的软件系统。

只有根据用能系统的性质和所归属的管理运行方，对各用能子系统的用能情况进行分项计量，才能了解各用能子系统的真实能耗状况。

6. 管理节能

由于技术上没有做到跟进与配套，不知道电能的主要消耗方向，不明白电能浪费的漏洞以及需要改善的地方、如何改善，再加上对能源管理方式过于简单，只从保障设备安全的角度对电能进行管理，而没有从效率、成本和电气设备使用寿命的角度对电能进行精益管理。

3.4.2 主要做法

公共建筑的用能系统所消耗的能源种类根据建筑内用能系统的不同有所差别，一般以电、天然气、煤、蒸汽、市政热水为主。学校、机关企事业单位、大型商业综合体等城市基础设施的公共建筑能耗占全国建筑总能耗的38%，是城市基础设施中比例最高的一部分。

1. 学校节能改造

（1）用能特点

学校建筑功能多样，用能点多面广，用能管理制度根据院校重视程度的不同存在差异，单位面积能耗相对于其他高能耗基础设施中等偏下。其中，中小学校学生照明健康要求较高，学校节能减排需求及培养学生养成节约型意识需求迫切。典型绿色学校用能构成图如图3.4-1所示。

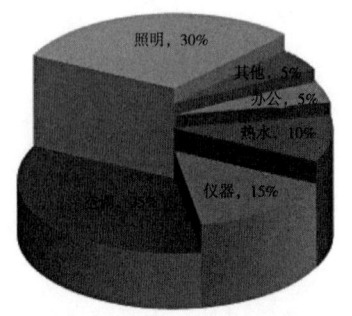

图3.4-1 典型绿色学校用能构成图

此外，配电、暖通、照明用能系统负荷随学校教学安排、学生作息呈规律性变化，季节性强，部分时段下负荷集中。

（2）改造内容

为进一步增强学校影响力，降低运营成本，响应绿色、节能、环保的精神，学校对空调、供暖及热水系统有了更高的要求，要求能耗更低、自动化程度更高。针对学校的用能特点，绿色学校节能改造内容如表3.4-1所示。

绿色学校节能改造内容　　　　　表3.4-1

序号	改造类型	改造项目	工作内容
1	暖通	空调	• 系统诊断与调试； • 高效机房系统（含控制）； • 余热回收系统； • 高效冰（水）蓄冷系统； • 空调末端智能控制
		热水	• 太阳能+高效空气源热泵系统； • 蓄热电锅炉； • 空调余热回收系统
		通风	• 自然通风系统； • 通风系统优化控制； • 送排风系统优化改造
		燃气锅炉	• 锅炉冷凝余热回收； • 锅炉烟气余热回收
2	照明	—	• 自然采光； • LED绿色照明； • 照明智能控制系统
3	厨房	—	• 电磁厨房； • 厨房送排风系统优化改造； • 餐厨垃圾一体化绿色处理
4	管理节能	节水	• 节水型器具； • 雨水回收系统； • 给水系统在线监测
		围护结构	• 窗户限位器； • 建筑遮阳； • 玻璃节能隔热膜
		办公节能	• 办公智能插座； • 定时控制； • 成立节能管理小组； • 优化节能管理机制

续表

序号	改造类型	改造项目	工作内容
5	智慧校园	智慧教室	● 通风换气系统； ● 空调控制系统； ● 灯光控制系统； ● 视频监控系统； ● 门窗监视系统
		智慧管理	● 建筑能效在线分析系统； ● 智慧能源管理系统； ● 智慧运维管理系统

2. 机关企事业单位节能改造

（1）用能特点

机关企事业单位等公共机构主要为办公类建筑，用能可靠性要求高，用能管理制度基本完善，单位面积能耗中等偏下，但是数量多、整体能耗大，对节能减排重视，要求改造效果具备一定的示范性，创建节约型公共机构需求迫切。典型节约型公共机构用能构成图如图3.4-2所示。

此外，配电、暖通、照明用能系统负荷随公共机构工作作息呈规律性变化，总体负荷相对其他类型公共建筑较稳定。

（2）改造内容

机关企事业单位在我国推进节能减排、建设资源节约型、环境友好型社会以及建设美丽中国的进程中，具有义不容辞的责任。公共机构只有带头节约能源资源、保护环境，提升自身公信力和节能监管能力，才能有效对其他社会主体在节能环保方面进行监督管理，在全社会发挥表率作用，引导全体国民提高节能和保护环境意识，在全社会形成良好的节能环保氛围。

针对机关企事业单位的用能特点，节约型机关企事业单位节能改造内容如表3.4-2所示。

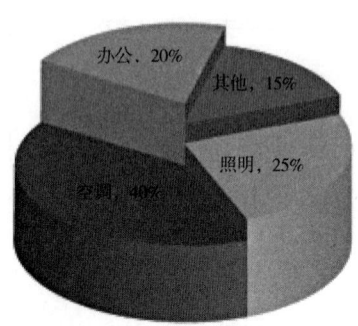

图3.4-2 典型节约型公共机构用能构成图

节约型机关企事业单位节能改造内容　　　　表3.4-2

序号	改造类型	改造项目	工作内容
1	暖通	空调	• 系统诊断与调试； • 高效机房系统（含控制）； • 地（水）源热泵系统； • 余热回收系统； • 高效冰（水）蓄冷系统； • 空调末端智能控制
		通风	• 自然通风系统； • 通风系统优化控制； • 送排风系统优化改造
2	照明	—	• 自然采光； • LED绿色照明； • 照明智能控制系统
3	厨房	—	• 电磁厨房； • 厨房送排风系统优化改造； • 餐厨垃圾一体化绿色处理
4	电动车充电系统	充电桩	• 按照快充与慢充相结合的原则，建设电动汽车充电系统，满足安全用电、远程监控和智能化管理等需求
5	管理节能	节水	• 节水型器具； • 雨水回收系统； • 给水系统在线监测
		围护结构	• 窗户限位器； • 建筑遮阳； • 玻璃节能隔热膜
		办公节能	• 办公智能插座； • 定时控制
		智慧管理	• 建筑能效在线分析系统； • 智慧能源管理系统； • 智慧运维管理系统

3. 大型商业综合体节能改造

（1）用能特点

大型商业综合体功能多，用能系统复杂多样，单位面积能耗、整体建筑能耗均较高，且顾客舒适性要求高，用能体验要求高，能源费用降本增效需求迫切。典型大型商业综合体用能构成图如图3.4-3所示。

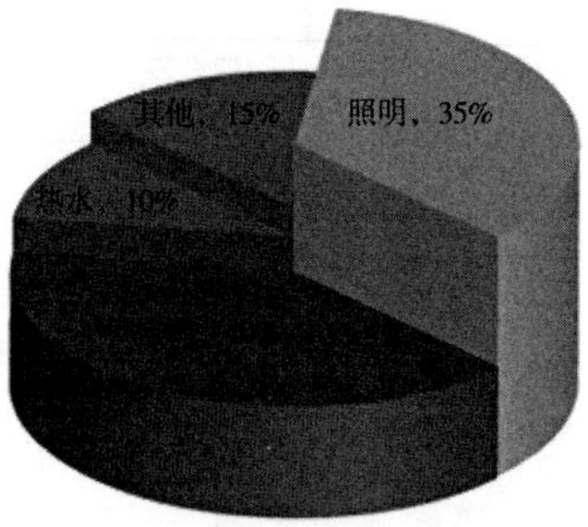

此外，大型商业综合体配电、空调、照明负荷随经营情况以及不定期商业活动呈现较大变化，负荷预测难度较大，不同区域负荷特性也存在较大差异。

（2）改造内容

为了进一步增强竞争力，降低运营成本，响应绿色、环保的精神，大型商业综合体对能源系统提出了更高的要求，要求能耗更低、自动化程度更高。针对大型商业综合体的用能特点，节能改造内容如表3.4-3所示。

图3.4-3 典型大型商业综合体用能构成图

大型商业综合体节能改造内容　　　　表3.4-3

序号	改造类型	改造项目	工作内容
1	暖通	空调	● 系统诊断与调试； ● 高效机房系统（含控制）； ● 地（水）源热泵系统； ● 余热回收系统； ● 高效冰（水）蓄冷系统； ● 空调末端智能控制
		热水	● 太阳能+高效空气源热泵系统； ● 蓄热电锅炉； ● 空调余热回收系统
		通风	● 自然通风系统； ● 通风系统优化控制； ● 送排风系统优化改造
2	照明	—	● 自然采光； ● LED绿色照明； ● 照明智能控制系统
3	管理节能	办公节能	● 办公智能插座； ● 定时控制
		智慧管理	● 建筑能效在线分析系统； ● 智慧能源管理系统； ● 智慧运维管理系统

4. 节能改造案例

2016年6月，国家机关事务管理局会同国家发展改革委印发《公共机构节约能源资源"十三五"规划》，按照"十三五"规划要求，运用市场化机制，激发公共机构节能服务市场需求，推广应用新技术、新工艺和新产品，积极探索合同能源管理、合同节水管理、政府与社会资本合作等新模式，公共机构节能市场化、专业化程度进一步提升。自"十三五"规划下达以来，截至2020年6月，全国实施综合节能改造项目约3000个，推进重点用能设备改造项目7000多个。其中，多个学校、机关企事业单位、大型商业综合体等高能耗城市基础设施的示范项目已落地，并取得了显著的节能成效，为全社会形成良好的节能环保氛围奠定了坚实基础。在广州落地的典型学校、事业单位、大型商业综合体节能改造案例如下：

（1）广东外语外贸大学北校区综合能源服务项目

1）项目概况：

广东外语外贸大学北校区位于广州市白云区白云大道北2号，是教育部直属的36所大学之一，校区占地面积939亩。广东外语外贸大学综合节能改造项目概况如图3.4-4所示。

2）改造内容：

①通风空调、照明、配电等系统综合诊断及调试；

②高效机房建设；

③图书馆空调系统优化升级；

④空调机房BA群控系统建设；

⑤通风系统优化控制；

⑥LED绿色照明；

⑦无负压恒压变频供水；

⑧电热水器优化控制；

图3.4-4　广东外语外贸大学综合节能改造项目概况

⑨智慧教室；

⑩电磁厨房；

⑪配电系统升级及增容改造；

⑫建筑能效在线分析系统建设等。

3）商务模式：电费托管型合同能源管理模式。

4）项目进展：项目已落地完工。经过该项目的节能改造，进一步增强了学校影响力，降低了运营成本，响应了绿色、节能、环保的政策要求，将广州外语外贸大学打造成为华南地区标杆性的绿色节能高校。

（2）广州图书馆节能升级改造项目

1）项目概况：

广州图书馆新馆位于广州市天河区珠江东路4号，新馆地上10层（部分8层），地下2层（其中地下一层设一层夹层），总建筑面积97998m^2。广州图书馆节能升级改造项目概况如图3.4-5所示。

2）改造内容：

①通风空调、照明、配电等系统综合诊断及调试；

②中央空调风系统节能改造；

③中央空调系统运行节能改造；

④自有冷源系统节能改造；

图3.4-5　广州图书馆节能升级改造项目概况

⑤照明和节水系统改造；

⑥太阳能光伏发电系统；

⑦建筑能效在线分析系统建设等。

3）商务模式：节能效益分享型合同能源管理模式

4）项目进展：项目已落地完工。经过该项目的节能改造，进一步提升了广州图书馆作为事业单位的公信力和影响力，引导了社会的节能和环保意识，发挥了省会图书馆带头节能改造的表率作用，打造了节约型事业单位的典范。

（3）美林M·LIVE天地A馆综合节能改造项目

1）项目概况：

美林M·LIVE天地A馆位于广州市天河区黄埔大道东663号地铁5号线上盖，是集时尚购物、时尚餐饮、观影娱乐、文创阅读、儿童成长、艺术展览以及潮流体验为一体的超大规模的商业综合体，总建筑面积约250000m²。美林M·LIVE天地A馆综合节能改造项目概况如图3.4-6所示。

2）改造内容：

①通风空调、照明、配电等系统综合诊断及调试；

②LED绿色照明改造；

③末端设备管网建设；

④高效机房建设；

⑤建筑能效在线分析系统建设等。

3）商务模式：能源综合供应型合同能源管理模式。

4）项目进展：项目已落地完工。经过该项目的节能改造，满足了美林M·LIVE

图3.4-6　美林M·LIVE天地A馆综合节能改造项目概况

天地A馆新业态的经营需求，降低了美林M·LIVE天地A馆的运营成本，强化了顾客的舒适性体验，进一步增强了美林M·LIVE天地A馆的商业竞争力。

5. 节能改造效益分析

"十三五"以来，运用市场化机制，激发公共机构节能服务市场需求，推广应用新技术、新工艺和新产品，积极探索合同能源管理、合同节水管理、政府与社会资本合作等新模式，公共机构节能市场化、专业化程度进一步提升。截至2020年6月，12个地区29个县区开展公共机构合同能源管理项目试点，已启动200多个项目，带动社会投资超10亿元。

除了国家政策的大力推动支持外，按照合同能源管理模式进行节能改造，用能带来的实实在在的经济效益和社会效益，同样是我国城市基础设施节能改造工作取得卓越成效的关键。

（1）经济效益

按照合同能源管理模式进行节能改造的经济效益主要体现在：

1）由专业的能源服务公司负责项目机电及能源系统的设计、建设及运营管理，实现设备系统全流程质量、性能管控，最大限度避免项目潜在技术风险，为用能单位节省了高昂的能源系统技改资金，用能单位可将剩下的资金用于自身发展，在改善了用户用能体验的同时，使得节能改造投资产生了切切实实的经济收益；

2）合同期满后的节能效益全部归用能单位享有，用能单位不用投资一分钱即可获得合同期外的节能收益；

3）节能改造后，能源服务公司还需要负责项目的长期运营，进一步减少了用户的技改风险，提高了供能可靠性与运维效率，为用户节省了运维费用；

4）随着数字化、自动化能源管控系统、智慧运维系统的建立，可极大地提高后勤人员的管理效率，减少用能单位的人工成本。

（2）社会效益

按照合同能源管理模式进行节能改造的社会效益主要体现在：

1）符合我国能源发展战略的需要；

2）符合能源结构调整和可持续发展的需要；

3）改善公用基础设施用能设备管理粗放的现状；

4）降低能耗成本，缓解政府能源供应和建设压力；

5）促进社会能源资源减量化、再利用、资源化，建设节约型社会；

6）探索解决大型公用建筑低效率问题，推动制冷、电力、照明等行业发展；

7）为我国大型公用基础设施节能改造提供参考范例，推动社会形成节能环保的良好风气。

3.4.3 工作亮点

1. 商业模式

合同能源管理模式是一种新兴能源管理模式，是一种新型的能源管理方法，旨在以节约能源为手段达成新的创收，减少成本增加收益。在国家的支持与提倡下，合同能源管理模式逐步被应用于大型公用建筑节能改造中，具备良好的政策倾向性。

当前合同能源管理模式主要分为BOT模式、BOO模式、EMC模式，其中EMC模式又分为能源费用托管型、节能量保证型和节能效益分享型，如表3.4-4所示。

合同能源管理模式简介　　　　表3.4-4

商业模式	模式类型	模式简介
BOT模式	—	项目由能源服务公司投资建设，并负责运营约定年限后，移交给客户
BOO模式	—	项目完全由能源服务公司投资、建设、运营
EMC模式	能源费用托管型	在合同期内，用能客户按照约定的费用委托能源服务公司进行能源系统的运行管理、节能改造
EMC模式	节能量保证型	能源服务公司承诺节能项目的节能量，由能源服务公司与用能客户双方共同或任意一方单独出资实施节能项目。节能实施完毕后，经双方共同确认项目实际节能量达到承诺的节能量，用能客户向能源服务公司支付相关费用；如达不到承诺的节能量，由能源服务公司按合同约定给予用能客户承诺节能量的差额赔偿
EMC模式	节能效益分享型	由能源服务公司投资并实施节能项目，用能客户和能源服务公司根据约定的比例共同分享节能效益

2. 商业模式在节能改造项目中的应用

（1）广东外语外贸大学北校区综合能源服务项目

该项目采用能源费用托管型的EMC模式，能源服务公司对学校近三年的平均用电量进行托管，然后进行综合性节能改造，提升学校能源效率，解决中央空调系统、照明系统等运行效率低、设备老化、设备故障以及能源管理系统优化升级等问题。

能源费用托管型的改造节能效果直接从用能单位电费总表中体现（系统节能效果），而不是通过检测验证、理论计算等方式确定（局部节能量），使用能单位的经济效益最大化。

（2）广州图书馆节能升级改造项目

该项目采用节能效益分享型的EMC模式对广州图书馆实施综合性节能改造，主要内容包含中央空调风系统节能改造、中央空调运行节能改造、自带冷源系统节能改造、照明和节水系统改造、太阳能光伏发电系统和能源管理系统，共6大项内容。

由能源服务公司提供资金和全过程服务，在用能客户的配合下实施节能项目，在合同期间与客户按照约定的比例分享节能收益，使用能单位在合同期就能获得可观的节能收益，且合同期满后，项目节能效益和节能项目所有权归客户所有，使用能单位的经济效益最大化。

（3）美林M·LIVE天地A馆综合节能改造项目

该项目采用BOT模式对美林M·LIVE天地A馆能源系统进行了投资、建设、运营及维护服务，主要内容包含中央空调系统、空调末端、BA自控系统建设。

美林M·LIVE天地A馆作为用能密集型项目，从项目运行的全生命周期来看，建设费用在全生命周期总费用中占比较小，能源支出占比较大。通过汲取国内大型公共建筑建设、运行经验，在项目建设之初就明确了能源消耗总量控制目标和系统能源效率控制目标，签订责任书，建立管理机制，执行管理流程，并由高水平专业化节能技术管理和建设运营团队，实施保障节能管理目标实现的全过程节能技术管理和建设；对工程投入使用后、长期使用过程中的能源消耗和利用效率，采用有效的委托管理模式，调动各方面的节能积极性，将设计、建造过程中的节能意图、节能方案、节能措施的作用完全发挥，将美林M·LIVE天地A馆能源系统从建成之初就打造为绿色低碳、安全、高效、健康、节约、智慧能源+互联网的绿色大型商业综合体。

3.4.4 工作展望

自"十三五"规划发布以来，我国能耗监测管理也得到了不同程度的改善。尤其在物联网技术的推动下，我国多个城市都已建设建筑节能平台，但其中99%的城市级平台仅为建筑能耗监测平台；部分高能耗公用建筑已建设节能管控平台，但平台之间相互孤立，仅针对单一建筑或建筑群，缺乏城市级的公用建筑节能管控平台。此外，当前的城市级建筑节能平台的监测范围主要以事业单位为主，学校、商业综合体等高能耗基础设施并未包括在内。

2021年2月18日，国家机关事务管理局印发《国管局关于2021年公共机构能源资源节约和生态环境保护工作安排的通知》（国管节能〔2021〕32号），指出应强化统计监督考核工作，开展公共机构能源资源消费数据统计、数据会审和数据质量抽查工作，推进"全国一张网"建设，加快推动各地区公共机构能源资源消费统计信息系统与国管局系统数据对接，实现数据纵向直报，强化数据分析应用能力，探索应用"互联网+节能"工作模式，高效推进公共机构节约能源资源工作。

因此，城市级大型公用建筑集约化节能管控平台的构建，将是下一步大型公用建筑节能改造的重点工作。

合同能源管理作为一种面向市场的节能新机制，有着广阔的应用发展前景，能源服务公司通过带资为用能单位实施节能改造项目，向用能单位提供专业、优质、高效的节能服务，从而提高用能单位的能源利用效率，降低用能单位成本，用能单位在没有先期资金投入的情况下，可获得稳定的节能收益和经济效益。在"十三五"期间，已启动300多个合同能源管理模式的节能改造试点项目，并取得了良好的经济效益与社会效益。在下一步节能工作中，将进一步以公用建筑为主体，在全国范围内推广合同能源管理模式。

3.5 公共路由通信管道统建统管

3.5.1 建设背景

探索公共路由通信管道统建统管，集约地下空间资源，减少道路重复开挖，实现降本增效和改善城市环境，为城市发展提供高质量的智慧基础服务、为人民提供良好的城市出行、居住环境。

（1）结合城市更新和"三线"整治工作，有序开展试点范围内新开发片区、城市更新片区、老旧小区、珠江堤岸通信管道的集约化建设。

（2）2024年12月底前，探索研究"统一规划、统一建设、统一运维"的通信管道统建统管模式，制定通信管道统建流程和标准。

3.5.2 主要做法

在城市新开发片区、城市更新片区、老旧小区、珠江堤岸选取相应区域开展试点工作，当前已完成阅江西路、东风路4座人行天桥、琶洲互联网集聚区规划4、8路、仓头路等项目的通信管道统建工作。通过试点区域探索广州市通信管道统一规划建设、统一管理的运作机制要点：

（1）明确工作界面。由统建单位会同相关单位明确统建工作界面。原则上，统建统管范围为试点区域新建市政道路红线内的通信管道，以及试点区域内具备实施条件的小区内部道路的通信管道（不包括通信线缆的建设），不超出道路红线范围，不包括建筑物内的通信管道。

（2）科学统筹规划。由广州市住房城乡建设局、广州市工业和信息化局牵头，属地区政府具体负责，组织统建单位负责统一规划、设计。由统建单位负责组织现状管线及需求摸查，并根据近期需求和远期规划，按照"一区域一方案"原则、编制统建管道实施方案。由区住建部门（工信部门，由各区政府视工作实际确定）按相关要求组织区工信（住建）、公安、规划、交通、街道等相关部门及相关管线单位进行方案联合审查。由统建单位统一办理规划报建手续。

（3）分区推进建设。建立多方参与机制，多模式推进通信管道统一建设，并按《广州市地下管线管理办法》办理规划条件核实，将竣工测量信息录入广州市地下管线综合管理信息系统。由属地区政府组织相关单位，对既有架空线进行下地及撤线拔杆。

（4）统一规范管理。由统建单位负责对统建的通信管道维护管理工作，探索完善通信管道统建单位统一维护管理和运营单位线缆经营使用有机统一模式。同时纳入政府管理信息平台，由统建单位按相关规定将通信管道相关信息录入广州市地下管线综合管理信息系统和城市信息模型（CIM）平台。

（5）建立创新的价格结算模式。管道使用单位参与共建共享或向统建单位购买使用权、所有权或租用。新开发片区、城市更新片区及珠江堤岸范围内，各管道使用单位根据需求与统建单位签订购买使用权、所有权或租用协议，管道使用权、所有权转让价格、运维价格暂以在试点项目的建设成本、运维成本基础上增加统建统管服务费为定价计算原则，统建统管服务费由统建单位和各管道使用单位协商确定。老旧小区范围内，统建单位按工程成本价核算向各相关运营商收回工程成本费用。试点项目的设计、施工、监理、运维单位由统建单位通过公开招标决定。

（6）优化审批流程。建立绿色通道，优化规划、占道挖掘审批，减少审批时间及推行政策支持。规划报建时，支持统建单位建设预留通信管道。涉及占道挖掘城市道路，可由统建单位按不低于道路现有技术标准自行修复，免收城市道路挖掘修复费。统建管道为管线迁改工程的，参照《广州市工程建设项目管线迁改工作方案》的有关规定，统建管线工程取消放线、验线环节。

（7）构建通信管道统建统管试点统筹机制。因通信管道统建管工作涉及工信、规划、道路挖掘审批、违法管线查处部门；市、区新建、扩建道路部门及单位；新、旧改片区主管部门及单位；各部门及单位均有自己的流程与制度，要推进统建工作需多方协调，耗时较长，难度较大。所以，成立通信管道统建统管工作领导小组，建立联络沟通机制，多部门联动，是保障通信管道统建管工作高效推进的基础。

3.5.3 工作亮点

（1）统一规划。由统建单位摸清地上、地下管线现状，结合城市规划和信息基础设施规划，结合各运营商的使用需求，统筹规划通信管道。

（2）统一建设。强化统筹协调力度，由统建单位负责统筹建设通信管道。建立多方参与机制，合力推进。

（3）统一管理。由统建单位统一对统建的通信管道进行维护管理工作，降本增效，为城市发展提供高质量的智慧基础服务。

3.5.4 工作展望

结合城市更新和"三线"整治工作，统筹整合各运营商的管道使用需求，统一规划建设通信管道。实现以下目标：

（1）为人民提供良好的城市出行、居住环境，避免马路拉链，劳民伤财。

（2）为城市数字化建设发展提供稳定、可控的网络基础设施服务。

（3）有效集约地下空间资源，避免地下管道及管井密集、无序建设。

（4）为运营商降本增效，快速实现网络覆盖。

（5）为非主流运营商提供管道资源，促进市场公平竞争，使人民获得更优质的电信服务。

3.6 智慧灯杆

3.6.1 建设背景

智慧灯杆是构建"智慧城市"重要的基础设施组成部分，是智慧城市大数据的主要入口之一，智慧灯杆的建设是一项基础设施集约化建设，改变传统路灯模式，以信息化技术为向导，实现路灯智能化、智慧化。智慧灯杆相比原有的普通路灯增加了更多信息化的元素，照明与远程控制只是智慧照明最表面化的功能，从技术层面来说，智慧灯杆通过集约化、模块化、可扩展化的设计，通过每盏路灯上所安装的检测和感应终端，可以收集此盏路灯监控范围内的信息，使路灯成为信息化设备，是无线、环境、市政等数据采集与发布设备。基于感知终端、互联互通及多业务融合等新需求的智慧灯杆可作为城市信息采集、接入、传输的重要载体。

广州市政府印发《关于加快推进广州市新型城市基础设施建设的实施方案（2020—2022年）》中提出，推进智慧灯杆改造和建设，推进通信基站站位资源建设；落实广州市智慧灯杆建设管理工作方案，全面加强智慧灯杆建设的统筹。综合通信、视频监控、车联网等应用需求，编制智慧灯杆专项规划，明确年度建设任务，发展智慧灯杆制造和外围配套产业，有序推动智慧灯杆在市区的部署。2020年完成智慧灯杆统一管理平台搭建。依托建（构）筑物、通信杆、灯杆等设施，推动落实对应的站址资源，推动基站站址、配套机房与新建项目、新建楼宇同步设计、同步施工、同步验收，进一步充实5G基站的站址储备。

3.6.2 主要做法

智慧灯杆的建设涉及一体浇筑成型、杆体滑槽设计、LED等成熟技术，融合管理平台的建设采用了目前成熟的B/S架构、JAVA、AJAX、虚拟化等主流技术。其在多个实际项目中展现出来的可行性和先进性得到了众多业内专家的认可。全国多地已经开展智慧灯杆建设，项目建成后效果显著，且运行稳定。

广州市内道路现有灯杆仅考虑照明功能，杆体老化，美观度不足，无配套通信管道，配套电力管道余量不足，无法扩展其他智慧应用。现有灯杆难以直接改造为智慧灯杆，原因如下：一是无法满足新增设备的安全承重；二是没有预留设备安装位置，外挂设备对于美观度有较大影响；三是扩展能力不如新建智慧塔杆；四是改造费用对比新建智慧塔杆没有明显优势。故拟在较场东路、北京路（中山五路至文明路段）、惠福东路、禺山路等街道，试点建设智慧灯杆项目，如图3.6-1所示。

图3.6-1　较场东路智慧灯杆

智慧灯杆的总体建设框架包括感知层（前端设备控制层）、网络层（传输层）、平台层（监控中心）和应用层。感知层负责信号感知网络、位置感知网络、ID感知网络的建立；网络层属于物联网平台的第二层，负责将感知层获取的信息，安全可靠地传输到应用层，然后根据不同的应用需求进行信息处理；平台层负责设备的接入管理、数据分析、安全认证等统一服务；应用层负责便捷灵活地为用户提供高价值的服务，推进精细化管理。

1. 前端应用部分

包含智慧灯杆杆体、杆体内设备、应用挂载设备。

（1）智慧灯杆杆体：结合现场环境，综合考量本地区的人文文化和历史背景，对新建的智慧灯杆外观样式及结构进行选型设计；

（2）杆体内设备：包含电气开关、智能门锁、光纤接入模块、物联网网关、光纤交换机等；

（3）应用挂载设备：结合实际情况在相应灯杆上挂载LED大屏、5G微基站、环境监测气象站、广播音箱、监控摄像头等。

2. 中部传输部分

包含通信、配电的管道工程等。结合总体规划，根据智慧灯杆配管的需求，建设电力管道、通信管道并敷设线缆，同时建设相对应的人手井。

3. 后端服务部分

包含设备机房、后端管理平台等。按照分布式微服务的架构思想，将后端管理平台分为多个微服务：基础平台配置和5G智慧综合杆管理平台等，保证了研发的持续性和可扩展性，增强了平台的安全可靠性。

3.6.3　工作亮点

针对广州市街道内新建的智慧灯杆进行合理的规划排布，美化重点街区和步行街区环境。通过智慧灯杆打造集节约、智能、便利、安全、美观于一体的人文、商业、旅游环境，具体建设效果规划如下：

（1）实现对街内照明系统的远程控制与自动调节；

（2）为综合智慧安防系统的实现提供基础支撑和保障；

（3）实现智慧多媒体管理，为步行街区内的信息发布提供高效便捷的渠道；

（4）实现智慧气象，实时反馈步行街区内的气象环境信息；

（5）项目建成后通过智能能耗监测管理，监测各类能耗数据，集约管理，提高管理效率，降低人工管理难度及节约运维成本；

（6）提供5G通信建设基础，保障步行街区内5G通信覆盖的运行；

（7）项目建成后为5G应用等智慧应用提供场景与支撑。

3.6.4 工作展望

广州市智慧灯杆建设将应用于城市建设的以下方面：

1. 智慧照明

（1）智能巡检：改变以往人工定期巡检信息保存管理不规范、不方便，同时也不能满足现代化城市的智能化管理要求的方式，通过软硬件结合采用全智能方式对步行街区进行照明巡检管理，免去人工巡检，即监控系统下发巡检指令，终端设备遵照指令依次巡检，返回巡检结果。

（2）智能运维：基础设施的运维是一项复杂繁琐的任务，系统提供智能策略管理、设备故障检测告警功能，能够实时发现问题。通过系统的运维管理能够及时通知运维人员，提升服务管理系统的整体工作效率。

（3）智能策略：通过设置智能策略实现灯杆调控的功能。智能策略包括：定时任务、经纬度调控、光照度调控。

（4）故障处理：对系统自动获取的告警信息进行处理和管理，具体包括报警信息和故障管理。

2. 智慧安防

智慧安防应用挂载是利用智慧灯杆挂载监控公共安全的摄像头，使管理人员在控制室中能实时在线观察到所有重要地点的情况，将监测区的情况以视频图像等方式实时传送到中心，值班人员通过主控显示器可以随时了解各个区域的实时情况。

智能安防系统包括球机、枪机的应用以及联动报警。球机支持云台控制，根据配置的预置点进行巡航并实时录像。根据不同的应用场景设置不同的预置点，球机进行匀速转动巡航预置点，如若发现设施挪位、偏离预置点或者异物入侵，系统自动进行告警，并上报实时情况，便于工作人员监管设施。

3. 智慧多媒体

智慧多媒体通过在智慧灯杆上部署LED显示屏，利用现场网络与平台进行对接，管理部门可以在后台信息发布应用对信息公告屏远程发送节目，比如公益广告、实时气象情况、过节庆祝语、商业广告、政府宣传语、日常及重要通知等。从而进一步提升信息发布的管理效率，降低管理成本，如图3.6-2所示。

4. 智慧环保

智慧环保是指挂载广州市气象局的环境监测传感器，可实时监测PM2.5、温度、湿度、大气压、风速、风向、噪声等环境传感信息。被采集的环境传感信息经分析处理后将在LED显示屏上显示；同时，通过通信链路，这些环境传感信息将被

图3.6-2 北京路智慧灯杆多媒体显示屏

图3.6-3 智慧灯杆系统平台环境监测

传送至服务器端,以便进一步处理、分析与保持等,如图3.6-3所示。

5. 智能充电

发挥智慧灯杆与快速充电应用的技术优势,在广州市交通局市政设施收费处的大力支持下,运用自主创新快充技术,通过设备赋能路侧充电泊位,将大功率直流充电桩与灯杆进行融合,实现了与智慧灯杆整合的具有自助服务、快速充电、自动计费、即来即充的直流充电桩,如图3.6-4所示。

图3.6-4　较场东路智慧灯杆智能充电

6. 智慧广播

以智慧灯杆为载体，代替原有的广播终端设备，实现原有的广播功能。基于互联网或局域网的智慧广播，可以满足相关部门宣传文件、多路实时采播、广播通知、紧急消防广播、背景音乐播放等需求。

随着广州市智慧灯杆建设的持续推进，计划在以下场景进行拓展和应用：

（1）5G导览机器人

5G导览机器人，利用智慧灯杆上挂载的5G基站信号实现与管理平台的通信。5G导览机器人拥有人形外观以及优秀的人机交互功能，交互体验好。可以带领游客进行固定路线的参观，并给出基本的介绍。具有精准定位、导航，景点咨询介绍，人机交互，多媒体播放，远程通话，续航充电，后台系统，大数据采集等功能。

在商业步行街内布置5G导览机器人，可以实现智慧导览的功能，用于传达方向、位置、距离等信息，打造为具有公共属性的导览系统，智慧导览可提供更加精准、效率的服务。智慧导览系统的角色应与其他构成这个空间的元素共生，交通、商业、文化、城市性格相融合，以满足基本引导功能为前提，建立便民综合服务信息系统，呈现活力、多元的人文关怀。

（2）数字灯光秀

商业街景观设计是在狭小的空间里进行创意，一个好的商业街景观设计可以带活这里的商业业态，聚集人气。以智慧灯杆为载体，挂载声（音响扩声、多声道环绕、背景音乐、智能广播、特效声场、建筑声学处理）、影（拼接投影、3D特效、LED大屏、广告传播、空间氛围创意、建筑特效）设备，结合周边环境的光（主题艺术照明、建筑亮化、城市道路桥梁亮化、园林亮化、标志性效果照明）以及后台的电（智能集成控制），组合成一场具有北京路特色的光影秀。同时配合千年古道展陈提升项目的LED地屏、智能互动地屏、仿古地砖灯带、展览灯等，营造千年穿越体验的效果。

3.7 智慧照明

3.7.1 建设背景

城市照明治理是城市综合治理的重要组成部分。与其他超大城市一样，广州市照明设施存在数量规模宏大、系统组成复杂、时空跨度大、安全管控难等特点，城市发展对照明高品质服务、精细化管理、快速化处置等方面提出了越来越高的要求。为适应城市高质量发展要求，努力实现人民对美好生活向往，广州市住房和城乡建设局聚焦数字化、国际化、绿色化转型，坚持高质量发展、实施高水平治理、创造高品质生活，基于资产图谱构建智慧照明管控平台，用"绣花功夫"提高城市照明治理能力和水平，积极探索超大城市照明高水平治理路径。广州市珠江沿岸照明景观带实景如图3.7-1、图3.7-2所示。

图3.7-1　广州市珠江沿岸照明景观带实景图

图3.7-2 广州市珠江沿岸照明景观带实景图

3.7.2 主要做法

1. 基于资产图谱构建智慧照明管控平台

坚持以人民为中心的发展思想,研究超大规模复杂照明系统运行规律与内在机制,提出资产图谱治理模式,聚焦电箱在照明设备管理全链条中的核心功能环节、关键枢纽设备作用,发挥电箱贯通带动效应,强化电箱管理人责任,构建数字化、网格化、可视化、资产化管理的智慧照明管控平台(图3.7-3),建立整体高效、精准维护、系统治理的工作机制。以电箱为基准单元、基础网格,整合全链条设备,实现系统耦合、推动要素集成、创建资产图谱。通过绘制全要素资产谱系、实行全生命周期闭环管理、推行全链条在线监控、探索全维度自动考核和推动全数据融合应用等系统,提升城市照明精细化管理水平,为城市CIM平台和智慧城市建设提供应用示范。

2. 整合核心功能重构照明管理格局

资产图谱治理模式,关键在"电箱",主体在"电箱管理人",目标在"治"。基于资产图谱构建精细化管理体系的智慧照明管控平台主要包含五大核心功能,即全要素资产谱系、全生命周期闭环管理、全链条在线监控、全维度自动考核和全数据整合应用,从资产从属、空间秩序、数字应用、功能协同和责任划分等维度出发,重构逻辑统一的管理格局。

第3章　智能化市政基础设施建设和改造

图3.7-3　广州市智慧照明管控平台

3. 绘制全要素资产谱系

利用电箱在所有设备中核心功能、关键设备的枢纽作用和编码唯一性特点，以电箱列为全链条特征设备和关键设施，牵引带动上下端所有设备元件组成纵向链条，形成"箱链"；将所有电箱纵向链条以电箱为核心节点枢纽进行横向联系和功能组合，按空间秩序组成电箱矩阵，形成"箱阵"；把链条上所有设备的相关信息等作为轴向附加信息进行加载，在空间形态上形成以电箱为基准单元和基础网格的全域网络图谱，形成"箱谱"。实现信息要素横向到边、纵向到底、轴向到里，绘制全要素资产谱系。

4. 实行全生命周期闭环管理

推行全生命周期管理理念，对全链条设备建档立卡，以电箱为特征单位和基础单元，记录纳入系统管理的照明设施自运行以来的全过程状态数据，确保全生命周期数据全过程可存储、可追溯、可查询。对全生命周期进行过程任务分解，建立标准化工作流程、规范闭环化管理程序、形成快捷化处理机制，创建带强辨识编码的故障清单库、投诉清单库、日常维护负面清单库等。建立全链条、全环节（含亮灯率完好率、安全用电、日常维护、故障处理等）日常维护管理工作，实现点线面立体式布局，在全过程日常维护工作中精准发力。

5. 推行全链条在线监控

推动功能集成和系统耦合，对电箱下端全链条设备进行24h状态监控，精确监

115

控电箱及回路运行,部分场景尝试探索精准到单灯控制和故障自动反馈。设定异常阈值,超出限值自动进行预警。加强全回路异常管理,回路异常即时必报、当天必查、限期必修。按周日、每周、每月、每季度等不同频次、不同要素、不同程度生成运行报告,全面掌握照明设施运行情况。

6. 探索全维度自动考核

进一步优化健全照明考核管理办法,制定全维度考核指标体系。平台管理端采用"一指标一算法",积极探索并明确每一个指标的数据要求、路径生成、考核算法,进行月度、季度及年度自动考核工作,减少人工考核误差、偏好及不确定性,确保考核结果的公正和稳定。加强考核结果应用,助推维护单位及电箱管理人加强精细化管养。

7. 推动全数据整合应用

摸清中心城区现有照明设施的资产状况,建立台账,绘制全要素资产谱系,导入系统生成数字底座,作为平台管理层运行的基础数据。利用平台移动端,在日常维护中常态化生产运行数据,并上传执行端平台,保持平台数据常态化更新迭代、归集存储,由平台管理端优化路径和算法进行大数据分析,数据分析结果反过来广泛应用于日常维护管理。构建海量数据生产体系,畅通数据自动流转路径,建立数据闭环处理流程。海量数据在生产端、执行端、管理端之间源源不断地循环流转,形成所有端口既是数据生产者、又是数据应用者,推动全数据整合应用。

8. 数字赋能,积极探索超大城市照明高水平治理路径

资产图谱嵌入智慧照明管控平台,现已实现对中心五区1764台电箱、4623条回路、21.6万盏路灯进行集中管理,对"一带、两轴、多节点"全域景观照明829台电箱、2万多条回路、81万多盏灯具进行统一管控,常态化在线率均在99%以上。基于资产图谱构建智慧照明管控平台,是聚焦电箱作为关键设备、电箱管理人作为责任主体的机制创新,在系统运行、责任落实、资产管理、精细管养及智慧管控等方面体现出明显优势。

3.7.3 工作亮点

1. 系统治理,整体运行

以电箱为基准单元整合全链条设备形成基础网格,以电箱管理人为责任主体负责单元内全域管理,以电箱为枢纽节点设备进行横向连接绘制照明网络图谱,将"点(箱)、线(回路)、块(网格)、面(区域)"融合为有机整体,形成系统性、秩序性的照明治理格局。

2. 上下联动，精准发力

强化电箱责任主体，由电箱管理人作为责任人，负责基准单元、基础网格内全域管理，对全链条所有设备，对全过程生命周期、对全领域日常运维进行管理。在日常维护中，电箱管理人与综合网格员的直接联系渠道畅通，各级电箱管理人上下联动，精准发力，实现点、线、块、面的立体式网格布局。

3. 串珠成链，聚链成谱

通过将资产信息导入系统生成数字底座、形成数字资产，将一图一表作为平台运行的基础数据。在日常管理中以电箱为基础单元对设备组成进行定期更新，通过数字化技术使照明资产管理迈向精准有效、完整及时的数据时代。

4. 精细管养，提升服务

在照明设施全过程维护周期的各个作业环节中，通过建立健全日常考核指标体系，按照"一指标一算法"的要求对150多项指标按月度、季度及年度实施自动考核工作，以考核结果助推照明设施维护单位和电箱管理人进一步加强精细化管养，提升照明服务水平。

5. 数字赋能，灵敏感知

构建智慧照明管控平台，推动数字化、可视化、安全管控等功能集成和系统耦合，充分激发数据的生命力，精准监控、灵敏感知照明系统的空间秩序、功能从属及日常运行状况。

3.7.4 工作展望

未来，广州将充分挖掘城市夜间优势资源，改善人民夜间生活品质，在精简适度、绿色低碳的理念下，深化构建"一带、两轴、多节点"的城市照明空间格局。围绕加快实现老城市新活力、"四个出新出彩"，广州将持续完善城市照明智慧化管控平台，同时坚持以城市照明为抓手，为打造社区活力生活圈和城市繁华商业圈助力。

广州市城市照明建设设立近、中、远三阶段目标，其中，近期为2021—2025年；中期为2026—2030年；远期为2031—2035年。

（1）近期目标：绿色低碳、活力湾区

助力国家中心城市和综合性门户城市在城市照明建设方面迈上新台阶。加强精细化管理，进一步提升照明设施亮灯率及完好率；全面推进照明设施节能改造，在城市照明的低碳、降碳方面取得初步进展；更高起点擦亮国际灯光节品牌，凸显粤港澳大湾区核心的夜间活力，促进夜间经济发展。

（2）中期目标：对标国际、品质领先

持续深化城市照明低碳、降碳改革，平衡城市与自然的发展关系；进一步优化城市照明资源，构建"一带、两轴、多节点"的特色要素，塑造夜间大气包容的枢纽门户节点、简洁高效的国际科创节点、古今交融的历史文化节点、繁荣多姿的商贸会展节点；特色要素出新出彩，形成层次分明、秩序井然的夜间环境。促进夜间旅游经济发展，扩大城市的国际影响力。

（3）远期目标：智能智慧、国际品质

城市照明品质实现全方位高品质提升，塑造照明绿色低碳标杆，助力构建广州世界级夜间旅游目的地。形成生态环境良好、夜间经济发达、创新智慧领先、美丽和谐宜居的国际化大都市。

第4章 智慧城市与智能网联汽车协同发展

4.1 任务背景和建设目标

4.1.1 社会背景

21世纪以来，随着物联网、云计算、区块链、大数据、人工智能、高精度定位、5G等技术的快速崛起并日趋成熟，智能化成为现代人类文明发展的趋势，也逐渐成为社会各行各业发展的主题。住宅智能化系统、医院智能化系统、交通智能化系统，越来越多的智能化服务被大众所熟知，部分产品初步落地并开始向社会提供服务，如智慧物业管理、无人驾驶汽车等，可以说智能化技术正在全方位渗透进社会生活的各个角落，尤其是智慧城市和智能网联汽车，更是智能化发展的重点领域。

汽车发展方面，智能化技术与汽车产业正在深度融合，汽车正在从传统的交通运输工具转变为新型的智能出行载体，智能网联汽车的出现及发展已经吸引了全社会的目光。在城市建设方面，在数字化、网络化、智能化的大趋势下，智慧城市也越来越多地承载起人们对城市生活的各种美好想象。借助智能手机开展社交生活，乘坐智能网联汽车出行，享受智能化产品提供的便利，定制个性化的服务，当智能化技术越来越多地在住房、交通、医疗、教育、就业等领域为居民生活提供便利时，在生产、流通、集聚、创新等各个环节为企业发展提供支撑时，智慧城市建设正在成为推进城市治理体系和治理能力现代化的重要途径。

广州作为大湾区的核心城市之一，拥有深厚的产业基础、完善的城市功能、便利的交通条件、良好的营商环境等先天优势，再加上后天集聚了一批自动驾驶头部企业及智能化设备供应商，为智能网联汽车的发展和智慧城市的建设创造了成熟的条件，为车城融合发展营造了良好的环境，为产业化探索提供了前景无限的大湾区舞台。

4.1.2 政策背景

《中共中央关于制定国民经济和社会发展第十四个五年规划和二〇三五年远景目标的建议》中明确提出，要统筹推进基础设施建设，建设交通强国，加快数字化发展，推动数字经济和实体经济深度融合，加强数字社会、数字政府建设，提升公共服务、社会治理等数字化智能化水平。大力推进新型基础设施建设，推动智慧城市基础设施和智能网联汽车协同发展，不仅是有效解决交通拥堵问题、提升城市治理能力和水平的重要手段，也是构建绿色、安全、便捷、高效的智慧出行服务新生态的核心要素，更是推进数字中国、交通强国、智慧城市建设的重要载体，已成为新时代城市建设、社会发展和汽车产业转型的重要突破口，全球城市基础设施变革和新兴产业发展的着力点和战略制高点。

随着"十四五"规划中建设数字中国目标的提出，国内很多城市也纷纷明确了城市数字化转型的顶层规划。智慧城市的智能基础设施成为智能网联汽车发展的基础底座，智能网联汽车则成为智慧城市发展的切入点。在这样的逻辑下，"双智"协同发展应运而生。

2020年8月，住房和城乡建设部、中央网信办、科技部、工业和信息化部、人力资源社会保障部、商务部、银保监会联合印发《关于加快推进新型城市基础设施建设的指导意见》（建改发〔2020〕73号），以加强新型基础设施和新型城镇化建设的决策部署，加快推进基于数字化、网络化、智能化的新型城市基础设施建设，其中，"协同发展智慧城市与智能网联汽车协同发展"是新城建的核心构成与主要任务。

2021年4月，住房和城乡建设部、工业和信息化部联合印发《关于确定智慧城市基础设施与智能网联汽车协同发展第一批试点城市的通知》，确定北京、上海、广州、武汉、长沙、无锡6个城市为智慧城市基础设施与智能网联汽车协同发展第一批试点城市。

2021年12月，住房和城乡建设部、工业和信息化部联合印发《智慧城市基础设施与智能网联汽车协同发展第二批试点城市的通知》，确定重庆、深圳、厦门、南京、济南、成都、合肥、沧州、芜湖、淄博10个城市为智慧城市基础设施与智能网联汽车协同发展第二批试点城市。至此，试点城市整体规模已达16座，"双智"协同应用场景也逐步从技术验证、场景测试向解决城市问题的场景落地转变，车城融合呈现出新的发展趋势。

4.1.3 建设目标

充分发挥广州在汽车领域的市场化优势，在城市信息模型（CIM）平台建设试点和城市智慧汽车基础设施与机制建设试点基础上，加快统筹智慧城市和智能网联汽车的发展，把握数字化、网络化、智能化融合发展的契机，落地一批"双智"示范应用项目，通过建设"智慧的路"，部署"聪明的车"，建设"车城网"平台，开展示范应用，完善标准体系，在基础设施、城市平台、应用场景等方面实现最大化协同，持续探索"双智"最佳发展路径。

优先在重点区域部署智能基础设施，聚焦支撑辅助驾驶，服务L0、L1和L2级智能网联汽车，发挥车城信息交互的优势，助力车辆安全行驶，提升区域内交通运行效率和市民出行智慧化水平。总结提炼项目经验，推动制订政策标准，为智慧城市基础设施建设和智能网联汽车测试运营提供指导和支撑。挖掘车城融合数据价值，服务L3级及以上智能网联汽车实现自动驾驶，明显提升城市智能化管理水平，促进民生改善。从核心技术自主可控原则出发，围绕智能网联汽车领域主导产业，强化产业各环节集聚效应，推进产业与城市的融合发展，为打造新发展格局战略支点发挥重要支撑作用。

4.2 "车城网"示范项目

4.2.1 车城网琶洲示范区项目

1. 建设目标

在琶洲开展车城网试点建设，通过城市基础设施升级改造与整合、车城网平台的建设运营、车城融合示范应用建设运营以及相关技术和工程标准的制定，促进智能网联等新型服务进入商业运营，为广州市更大范围的车城网建设奠定可靠基础，为琶洲生活工作的市民提供高水平综合出行服务，在交通、社区、安全等方面为市区两级城市治理提供先进手段，为城市治理体系和治理能力现代化探明方向，为广州智能汽车产业提供创新环境，形成可推广的"新城建琶洲模式"，作为广州"新城建"全面建设发展的长效示范。

2. 建设内容

项目建设范围为琶洲全岛，涉及道路里程约30.11km，主要路口46个，覆盖面积约10km^2，旨在打造"一网""一平台""N应用"，总体架构如图4.2-1所示。

（1）"一网"：构建琶洲全域车城感知网络

以琶洲会展中心区、互联网创新集聚区为重点，升级改造一批智能道路、交通和市政基础设施，整合广州市5G、智慧多功能杆（不含照明功能）、交管、CIM基础数据等基础设施，形成琶洲车城感知网络。琶洲核心区基础设施建设范围如图4.2-2所示。

（2）"一平台"：建设车城网平台

建设标准统一、逻辑协同、开源开放、支撑多类应用和城市级数据处理的车城网平台。利用车城感知网络，实现车、路、市政等各类车城设施的感知接入；实现

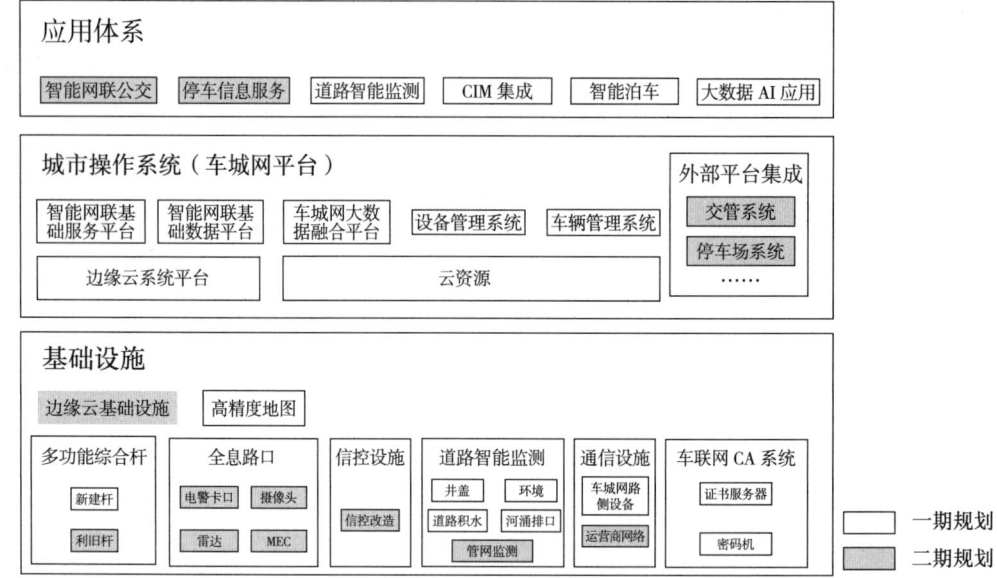

图4.2-1 总体架构图

图4.2-2 琶洲核心区基础设施建设范围

各类设施的数字孪生及其全生命周期管理；实现高速海量的车城数据处理；为各应用对基础设施的数据访问和管理控制提供统一的接口和工具；为第三方应用开发提供开放工具平台。车城网平台CIM集成子系统如图4.2-3所示。

（3）"N应用"：探索建设多种车城融合应用

基于琶洲车城感知网络和车城网平台向多个城市管理和服务领域的赋能，结合多领域需求建设车城融合应用，包括未来出行形态、城市交通治理、城市安全与综合管理、"车城网"示范体验应用等方向。

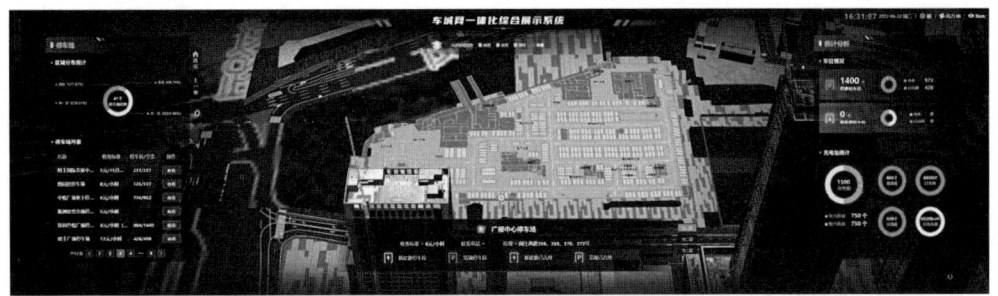

图4.2-3　车城网平台CIM集成子系统

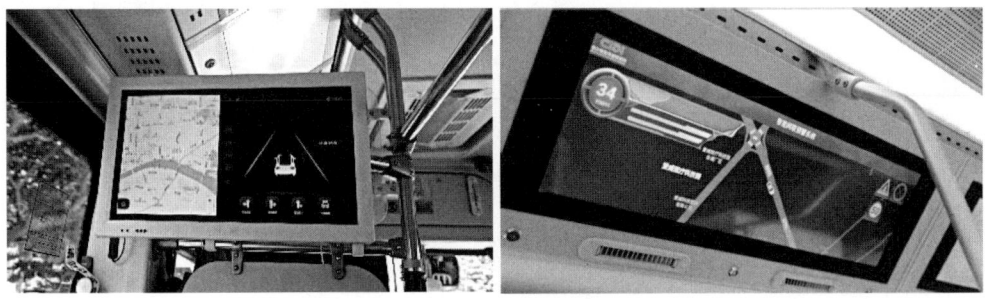

图4.2-4　智能网联公交改造

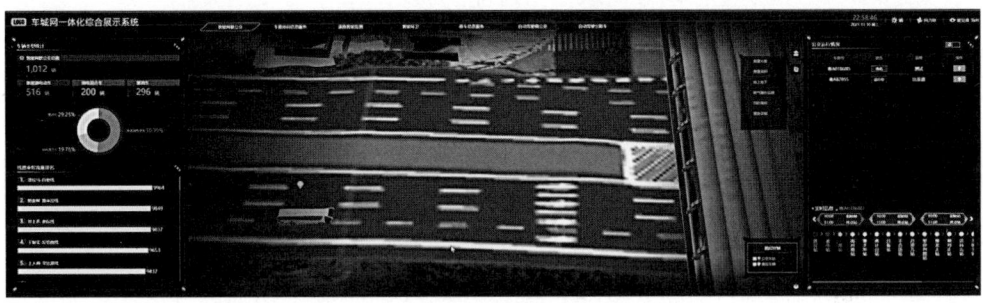

图4.2-5　智能网联公交应用界面

3. 应用场景

（1）智能网联公交

对经过琶洲公交示范线路的公交车辆进行智能化和网联化升级，通过加装车载OBU及配套显示硬件，安装车内信号灯配时、车辆实时状态监控、公交尾屏信号灯等智能公交车辆应用，提供前向碰撞预警、行人检测预警及弱势交通出行者保护、交叉路口来车提醒、红绿灯信息提醒、绿波引导、隧道安全监测及驶入驶出诱导等多种安全类、效率类智能网联服务，同时通过车内加装显示大屏实时播放车路协同的相互信息，增加乘客在旅途中的乐趣和实时体验。智能网联公交改造、应用界面如图4.2-4、图4.2-5所示。

（2）停车信息服务

全域停车信息服务中停车信息推送服务将针对政府管理层面及公众出行层面需求，接入交通运输局停车管理平台数据至车城网平台，基于数据融合、分析及可视化应用，实现琶洲区域路侧引导及车位信息车路协同实时发布的基本功能。车城网平台向加装智能车载终端等车路协同终端的社会车辆，下发周边及目的地停车场空余泊位信息，车主也可通过"新城建"小程序进行相关泊位信息的查询。全域停车信息服务帮助车主快捷找寻车位，减少因停车难而导致的城市交通拥堵问题。政府管理部门可基于实时停车数据进行停车需求与资源利用动态分析。通过停车大数据的分析运用，反哺静态交通设施的规划与管理，支撑政府规划部门科学合理投建和配置停车资源。停车信息服务应用示意如图4.2-6所示。

（3）道路智能监测

基于"车城网"建设思路，在琶洲区域内面向交通出行、市民服务、城市管理、产业创新等多个方向实施创新示范应用建设。在琶洲区域车城网网络覆盖范围内安装传感器、采集器、物联网智能终端，充分运用物联网先进技术手段感测、接入、分析、与城市运行核心系统的交互各项关键信息，从而对民生、环保、公共安全、城市服务、工商业活动等需求作出智能响应。

1）城市环境检测

通过加装一体化城市环境监测设备对风速、风向、雨量、温湿度、噪声、PM（颗粒物）进行监测，相关管理部门可针对城市环境数据采取有针对性的、及时的环境治理措施，如图4.2-7所示。

2）道路积水监测

通过加装河涌排口监测、雨污水管网监测、道路积水易涝监测等设备，上报系统后通知相关部门及时安排处理，并通知周围车辆避让。可实时监测重点低洼路段的积水水位并实现自动预警。市政城管部门可借助该系统可整体把握整个城区的内涝状况，及时进行排水调度。交通管理部门通过该系统可获取各路段的实时积水水

图4.2-6 停车信息服务应用示意图

图4.2-7 环境监测系统传感器

位,并借助车城网网络为该区域内的行驶车辆以及人员及时地提供出行信息,避免人员、车辆误入深水路段造成重大损失。

3)井盖监测

井盖加装位移传感器、超声波液位传感器等,对井盖状态(开启、位移、倾斜、破损)、井下液位高度等进行实时监测、及时报警、自动巡检、快速处置。保障城市公共设施安全,大幅降低由于井盖遗失及破损而导致交通事故的风险,同时也提升城管人员的巡查及排险效率,进一步提高城市管理的信息化、智能化水平,如图4.2-8所示。

(4)智能泊车

建设智能泊车平台,提供集云停车管理、无人值守、无感停车、车位引导、室内导航、AVP泊车等智能化管理于一体的解决方案,实现停车位的智能化管理。将停车场数据纳入"智慧交通"的大数据系统,突破"信息孤岛",使城市交通真

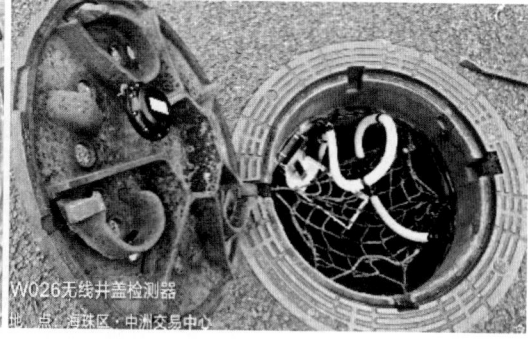

图4.2-8 液位及井盖液位传感器

正"智慧"起来。通过采用先进的物联网技术和网络信息通信技术将各停车场的车辆数据实时采集到大数据平台，并进行实时分析，通过多种方式对城市停车管理进行诱导，有效缓解局部交通拥堵。为实现停车场内部停车位的科学规划管理，需对停车场内的停车资源进行模块化分区管理，并对停车场进行唯一性编号，将其作为标识码录入智能预约平台，实现规范化管理。

4.2.2 黄埔智慧交通"新基建"项目

1. 建设目标

2020年8月，广州市黄埔区、广州开发区启动"广州市黄埔区广州开发区面向自动驾驶与车路协同的智慧交通项目"（以下简称项目）建设，围绕国家加快推进新型城市基础设施的战略部署，打造智慧城市、智能网联汽车协同发展的创新应用，探索数据产业化和自动驾驶出行商业化等实践，建设具有湾区引领和示范意义的智慧交通数字孪生云控平台，打造具有全球影响力的人工智能与数字经济示范高地。

2. 建设内容

项目总投资规模为4.82亿元，在广州市黄埔区、广州开发区"双城双岛"（即科学城、知识城、生物岛及长洲岛）区域范围内，选取了133km城市开放道路的102个路口和路段，规模化部署了1318个人工智能（AI）感知设备、89个车联网（V2X）路侧通信单元，投放了4支无人驾驶服务车队，建设了一套开放和标准的蜂窝车联网（C-V2X）城市公共数字底座和智慧交通人工智能（AI）引擎，打造了6个可与智慧城市协同发展的智慧交通生态应用平台，包括交通数字孪生云控平台、智慧路口、车联网、商用车管理平台及无人车智慧出行系统5个应用平台和1套与现有信息化系统的对接体系。项目整体建设架构如图4.2-9所示。

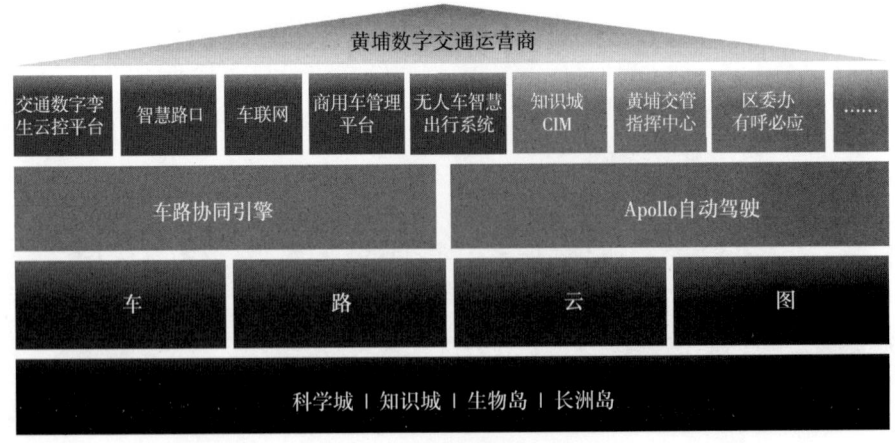

图4.2-9 项目整体建设架构

3. 应用场景

（1）CIM平台融合示范

在知识城开展CIM平台融合示范区，项目建设10km²标准规范区，建设标准示范体系、CIM数据库、CIM基础平台、基于BIM三维数字化审查系统，同时开发6个智慧应用、落地6类应用场景，建设智慧城市体验中心大屏展示系统。知识城CIM平台如图4.2-10所示。

（2）隧道防汛应急指挥系统

黄埔区隧道防汛应急指挥系统以城市CIM模型为底板，结合云渲染技术的应用，以业务场景化为目标，通过数字孪生体实现三维场景与物联网数据的多维度融合与交互，实现环境、设备、标识、监控、告警为一体的综合数据可视化展示与应用平台。该系统实现区内19座隧道通过数字孪生模型对现场数据进行采集和展示，实现事件监测与信息关联，不仅可以通过大屏的方式来实现日常值守的功能，还通过数据交换传输，达到相关职能部门进行联动应急处理的目的，如图4.2-11所示。

图4.2-10　知识城CIM平台

图4.2-11　石化路隧道拦截系统施工现场

(3)非现场执法系统

超限、超载车辆作为公路运输"第一杀手",已成为危害公路交通可持续发展的"痼疾"。广州市黄埔区城市道路治超非现场执法系统近期已经完成了7个治超点位(九龙大道花城制药厂路段、兴龙大道中泰天景路段、广汕路长平路段、永顺大道井泉四路段、开发大道机器城路段、黄埔东路双岗路段、永和大道路段)的建设,通过在道路铺设检测及抓拍设备,可以检测所有过往车辆是否超限超载,并对违法车辆进行相应的抓拍及处罚。作为路面非现场执法的重要载体,目前黄埔区建设了一套运转协调、规范高效的全区车辆超限监控系统。依托该系统不仅可以推动科学检测、规范执法、有效抑制公路"三乱",整合、优化行政执法资源配置,还可对超限、超载车辆起到长期的法律威慑作用,有效打击了非法经营业户的侥幸心理,及时消除各种非法运输经营行为。非现场执法系统如图4.2-12所示,执法系统现场如图4.2-13所示。

(4)城市巡检功能

借助自动驾驶巡检车的AI感知设备,实现违章事件自动化感知、智能化识别,自动巡检车共巡检了1.4万km,识别信号灯事件数18950件,识别道路抛洒物68件,违法停车事件26379件,如图4.2-14所示。大力建设古树名木智能化动态监测管理系统,建立古树名木数字化电子地图和24h监控系统,目前该系统已全面覆盖黄埔区城市更新范围涉及的所有古树,如图4.2-15所示。

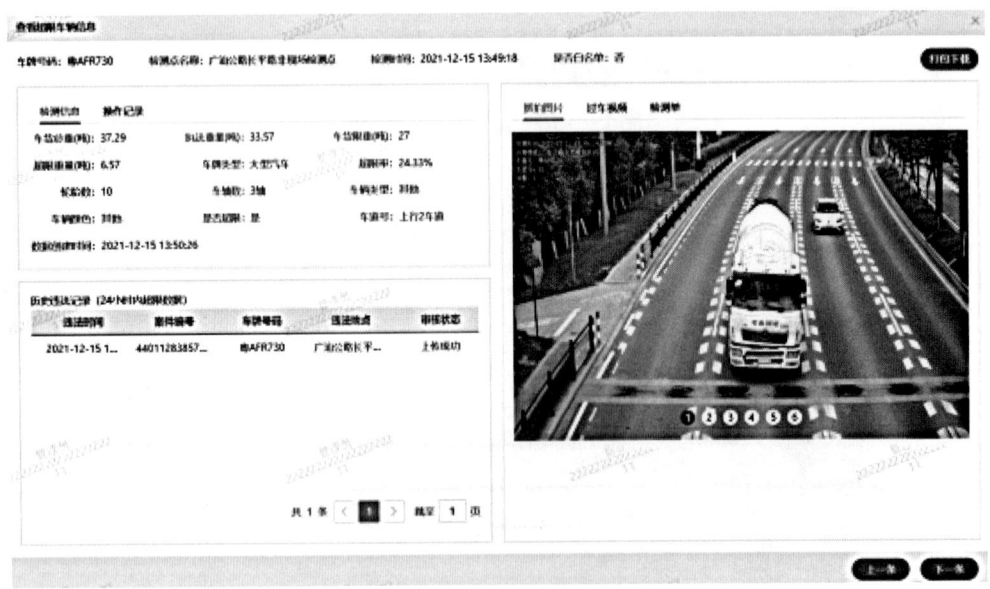

图4.2-12 非现场执法系统

第4章 智慧城市与智能网联汽车协同发展

图4.2-13 非现场执法系统现场

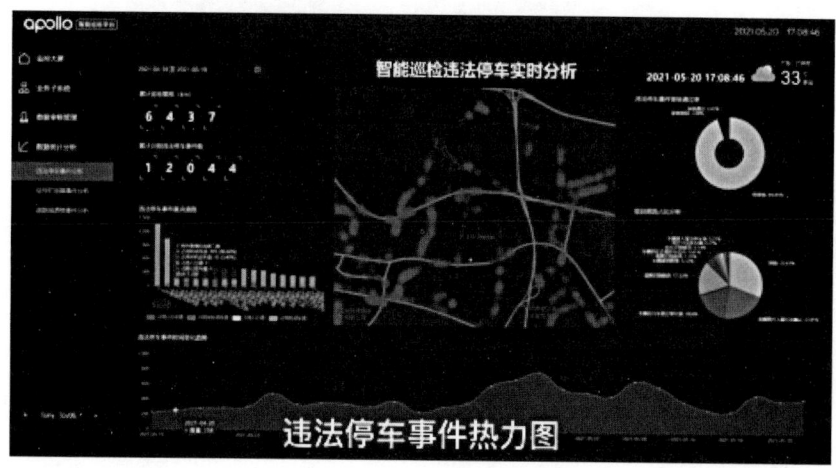

图4.2-14 车辆违章识别

图4.2-15 古树名木监测设备

（5）智慧信控系统

智慧信控系统依托百度的智能交通解决方案，对科学城、知识城区域的交通信号灯进行自适应控制升级，在交管优化、公共交通优化等方面取得了突出成绩。

科学城、知识城项目范围内自适应路口数量占比达57%，路口车均延误下降约20%，绿灯空放浪费下降约21%。

开创大道、开泰大道、科学大道、科翔路、创新大道、九龙大道共6条干线道路主车流方向实现"动态绿波"通行，平均行程时间下降25%。

黄埔有轨电车1号线列车实现了智能化信号优先，有轨电车到路口即可绿灯通行，平均每次节省约45s，每趟行程时间节省约28%，如图4.2-16所示。

图4.2-16　有轨电车通行优先

（6）商用车管理平台

针对黄埔区商用车辆专项管理需求，搭建了黄埔区商用车管理平台。商用车管理平台基于项目打造的智慧化数字底座，通过在泥头车上配备智能车载终端"度小镜"，实现对泥头车超速、逆行等路上行为以及驾驶员闭眼、抽烟、玩手机等危险驾驶行为与违章事件的实时感知，检查并智能上报至住建、交通、城管、交警等部门，替代人工检查，弥补查处盲点，形成闭环管理。截至2022年第四季度，周均监测交通违法行为53起，周均监测司机危险驾驶行为40起。

4.3 智慧停车实验应用

4.3.1 建设背景

广州市政府印发《关于加快推进广州市新型城市基础设施建设的实施方案（2020—2022年）》中提出，开展智慧停车实验应用。编制停车场专项规划，鼓励利用闲置场地和地下空间开发建设公共停车场。规划、建设等有关行政管理部门应当按照鼓励建设的原则，简化停车场建设审批程序，提高审批效率。构建"智慧停车"信息综合服务平台，整合经营性停车场、城市道路临时泊位和共享停车预约平台的泊位信息并动态发布，推动停车资源信息共享，提高停车资源利用率。

2021年年底，基本建成广州市中心城区城市道路停车智能管理信息化系统，实现道路泊位停车自动识别、订单生成、订单查询、电子发票等智能管理和服务功能，逾70条道路约2000个泊位建成覆盖高位视频并发布上线应用。2022年已建成停车场行业管理系统并接入"穗好办"平台。计划2025年建成一批公共智慧停车场。

4.3.2 现状问题

传统停车场管理现状和问题（图4.3-1）如下：

（1）出场拥堵，用户体验差。由于园区出入口设备系统落后，支付流程繁琐，造成出场拥堵，用户体验极差。

（2）人力成本高，稽核难。当前各园区、商业体的车场运营成本居高不下，缺乏异常事件处理手段，无法进行停车场的有效管理和稽核。

（3）收费漏洞突出，收入流失。伴随停车场人工管理困难，产生因人员干预收

图4.3-1 传统停车场管理现状和问题示意

费导致的停车收费漏洞，企业资金损失，缺乏有效管控手段。

（4）支付方式单一，对账难。传统停车场收费支付方式单一，人工记录收费金额，账目凌乱，对账无比困难。

（5）管理决策难。缺乏资源、客户、经营数据统一分析，管理者掌控难，缺乏经营决策的依据。

4.3.3 建设目标

以"智慧城市"为目标导向，围绕车主出行体验、物业资源营运管理、园区一账通等，依托先进的识别介质、支付介质，先进的引导技术、终端设备、智慧化管理平台及互联网移动应用技术，打造"互联网+"背景下的智慧园区生态环境。

4.3.4 建设原则

智慧停车场设计原则（图4.3-2）如下：

1. 可靠性和安全性

系统的设计符合相关技术标准、规范的规定，采用性能可靠、技术成熟、功能完善、传输方式先进的分布式结构，同时，设备选用可靠优质的原材料，保障设备耐久实用，满足系统的可靠性与安全性要求。

2. 实用性与先进性

整个系统在满足用户现有需求的前提下，充分考虑各种智能化技术迅猛发展的趋势，不仅采用最先进和适度超前的技术，而且注重采用最先进的技术标准和规范，以适应未来应用与技术发展的需求。

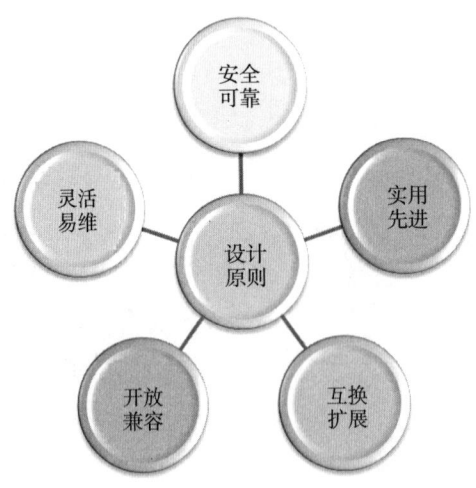

图4.3-2 智慧停车场设计原则

3. 互换性和扩展性

系统在设备选型时充分考虑到互换性和扩展性，方便建成后的增容、扩容或改造，可根据用户需求，进行相应功能扩展。

4. 开放性和兼容性

系统在设计时考虑到与其他系统的联合管理，建立系统集成平台，使各子系统之间能相互兼容，又能独立运行。

5. 灵活性与易维护性

系统结构开放、信息传输兼容性强、产品互换性高等灵活特点，还具备简单的组网方式等特点增加系统的易维护性。

4.3.5 建设内容

1. 总体功能架构

智慧停车场系统总体功能框架如图4.3-3所示。

智慧停车场系统可以分为5个部分，分别为：基础设施层、数据资源层、应用支撑层、业务应用层和用户层。

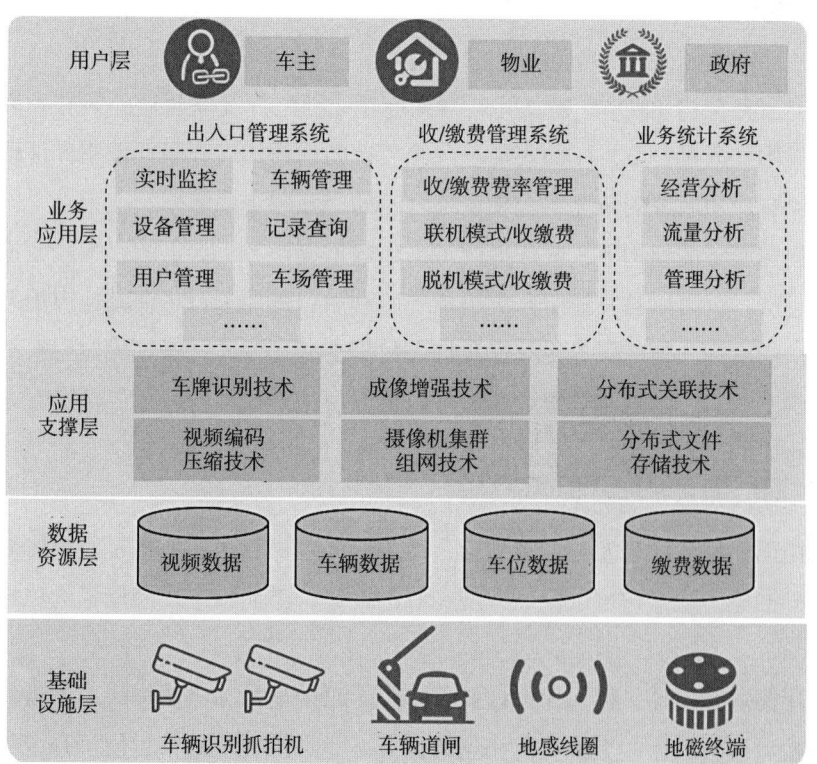

图4.3-3 智慧停车场系统总体功能架构图

（1）基础设施层：主要包括抓拍摄像机、车辆道闸、地感线圈、车位引导牌等硬件设备。通过基础设施层，实现对车辆数据、车辆通行数据、停车场车位数据等基础数据的采集功能。

（2）数据资源层：主要包括视频数据资源、车辆数据资源、车位数据资源、缴费数据资源等。通过数据资源层，实现将基础设施层采集的数据进行分析、归类、整理，并形成最终可用于业务应用的数据资源。

（3）应用支撑层：主要包括车牌识别技术、成像增强技术、分布式关联存储技术、视频编码压缩技术等业务应用支撑技术。应用支撑层，是基础数据和业务应用之间的桥梁，是数据采集的强化手段，是业务应用的支撑点。

（4）业务应用层：主要包括出入口管理系统、收/缴费管理系统、业务统计系统以及车位引导和反向寻找系统等。业务应用层，以实现数据的业务支撑应用和数据的可视化展现为主，以实际的业务应用场景为出发点，进行各个业务应用系统的功能设计，以满足实际的业务应用需求为目标。

（5）用户层：智能停车场系统面向的核心用户包括：车主、物业以及政府机构。以为车主提供便捷、透明的停车环境，为物业停车管理提供快捷、高效的信息化管理手段，为政府部门提供管理、决策分析数据支撑为目标。

2．技术线路

（1）面向服务架构SOA

面向服务架构（SOA）被认为是异构应用系统之间互联互通的最有发展前景的新技术架构，通过Web Service实现平台无关性的远程访问和服务调用，可以在基本不改变原有应用系统的情况下实现系统之间的交互和资源共享。

在面向服务的架构下，服务提供者（或数据提供者）提供的服务或数据源，只要设计一次，就可以被其他所有应用系统所利用，避免了对每个其他应用系统都要设计一次的麻烦。新的服务或数据源加入数据交换平台时，对其他应用系统不产生任何影响，所以，随着业务发展企业可以很方便地加入新的服务或数据源，构建新的数据仓库或应用系统。

（2）面向对象和模块化

采用面向服务的开发与设计理念，运用面向对象技术的前提是对整体系统的高度和准确抽象，通过它可以保证系统良好的框架，进而带来产品较强的稳定性和运行效率。

采用模块化设计。模块化设计要求将整个系统划分为小的模块，而模块间通过既定的接口进行数据的交换。模块化的优点在于灵活性较好，也便于系统的扩展。

(3)采用IDEA开放技术体系

IDEA是用于java语言开发的集成环境,是业界公认的最好的java开发工具之一,尤其在智能代码助手、代码自动提示、重构、J2EE支持、Ant、JUnit、CVS整合、代码审查、创新的GUI设计等方面都具备超常优势。特别适合基于网络和数据库的系统建设,一般采用B/S等多层架构。采用多层架构设计,实现表现层、业务逻辑层和数据层间的相互分离,降低不同层间的耦合度,便于系统的扩充和改造。

(4)VUE技术

VUE是一个构建数据驱动的Web界面的渐进式框架。VUE的目标是通过尽可能简单的API实现响应的数据绑定和组合的视图组件。与其他重量级框架不同的是,VUE采用自下而上增量开发的设计。VUE的核心库只关注视图层,不仅易于上手,还便于与第三方库或既有项目整合。此外,当与单文件组件和VUE生态系统支持的库结合使用时,VUE也完全能够为复杂的单页应用程序提供驱动。VUE技术具有轻量级、双向数据绑定、插件化等优势。

(5)WebService技术

WebService是一种构建应用程序的普遍模型,可以在任何支持网络通信的操作系统中实施运行;它是一种新的Web应用程序分支,是自包含、自描述、模块化的应用,可以发布、定位、通过Web调用。

WebService是一个应用组件,逻辑性地为其他应用程序提供数据与服务。各应用程序通过网络协议和规定的一些标准数据格式(如Http、XML、Soap)来访问WebService,通过WebService内部执行得到所需结果。WebService可以执行从简单的请求到复杂商务处理的任何功能。一旦部署以后,其他WebService应用程序可以发现并调用它部署的服务。

4.3.6 应用案例

1. 广电平云广场智慧停车项目

广电平云广场位于珠江新城CBD,东接广州国际金融城,南侧与琶洲国际会展商务区隔江相望,总规划用地52020m^2。属于广州市内唯一一个集商业休闲和办公为一体的综合性核心CBD园区。针对园区车辆通行规范化管理需求,通过将"车辆布控、车辆预警以及车辆轨迹智能分析"有机结合,并与园区智能车牌识别系统、智能停车管理系统进行数据实时共享与联动,提升园区车辆规范化管理能力,提高园区车辆的通行效率和车位利用率,打造园区车辆管理与服务"一体化、一条龙"新模式,如图4.3-4、图4.3-5所示。

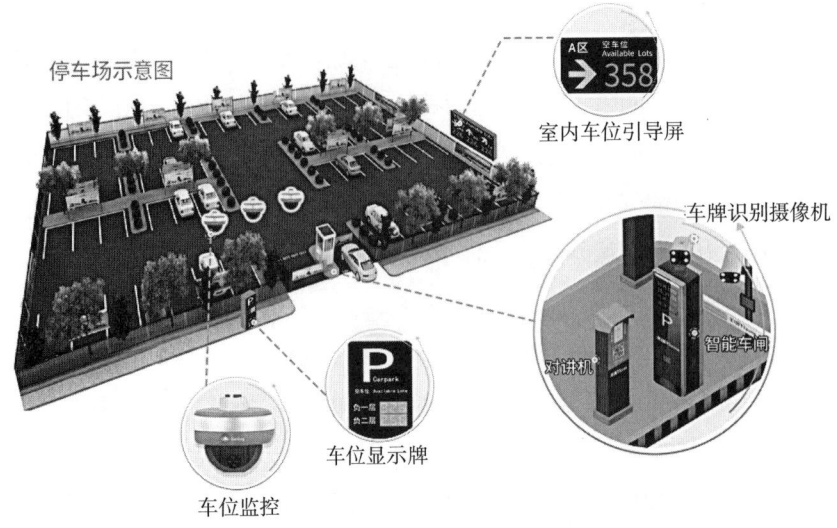

图4.3-4　停车场智能化改造示意图

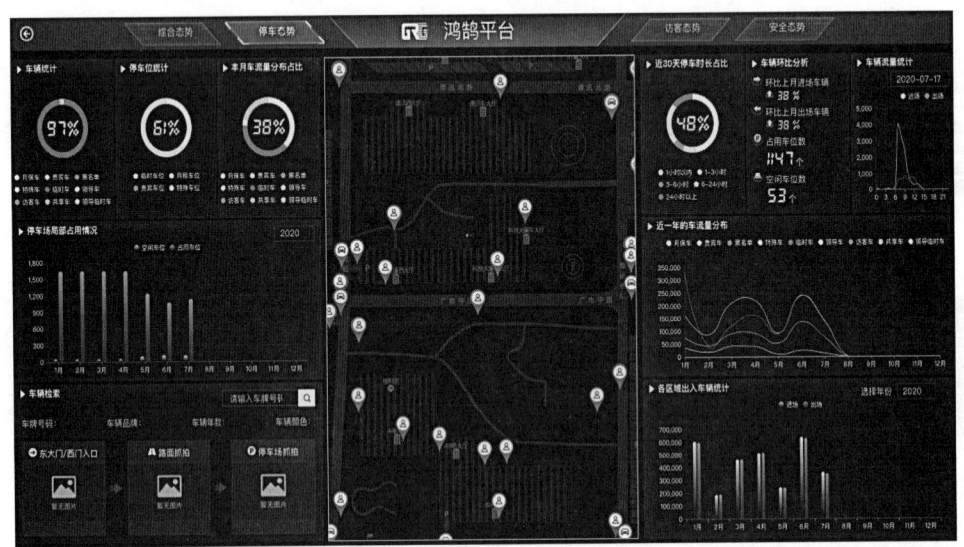

图4.3-5　智慧停车管理平台系统

2. 广州开发区交投集团AGV（Automated Guided Vehicle）智能停车楼暨5G空中智能交通体验中心项目

广州开发区交投集团AGV（Automated Guided Vehicle）智能停车楼交通体验中心项目位于黄埔区开源大道创新公园原露天停车场地块，总投资约1611万元，占地面积约5177m²，建筑面积约3300m²，建成智慧停车泊位170个，配建商业服务区410m²，以及楼面约2500m²的开放平台空间。项目采用国际先进的AGV智能搬运机器人技术，设置规划7个车道出入口，80套上下层停车泊位，8台泊车机器人，可根据车流量情况，设置潮汐车道，保障车辆快速通行。2021年12月28日，广州开发区首个AGV智能停车楼体验中心项目在创新公园正式启用运营，为进一步完善创新公园配套设施和提升公共服务水平，为广大市民享有美好的科技生活体验提供公共空间。

（1）国企资源整合，科技创新驱动

该项目由广州开发区交投集团牵头，由直属企业广州开发区公共交通站场有限公司联合广州达泊智能科技有限公司、广州三石空间运营管理有限公司共同投建。项目瞄准智慧停车、新能源汽车配套等产业前沿高新科技，打造集无人智能立体停车库、超级充电站、商业休闲于一体的公共服务空间，是广州开发区交投集团加快智慧交通产业布局，联合高新技术企业探索"5G+AI"技术交通领域应用场景，助力打造智能化、立体化交通网络的一次创新实践，如图4.3-6所示

项目应用浙大工研院孵化项目——广州达泊智能科技有限公司的创新成果，实现基于重载举升型AGV、智能调度大数据环和超三维定位导航等专利技术的应用。通过智能调度系统全方位控制重载举升型智能停车机器人，以云计算大数据平台为支撑，实现停车场智能化、立体化、无人化的整体解决方案。

（2）AGV智能存取，告别停车烦恼

AGV智能停车系统（图4.3-7）通过机器视觉及激光导航技术，在智能系统的控制下能够实现双层停车及过道上方停车，可实现大于200辆停车机器人同时调

图4.3-6　驾驶员将车辆驶入空闲的立体车库入口

图4.3-7 AGV智能停车系统

度。定位精度达5mm，平均行驶速度达1.0m/s，载重量3.0t。停车时，用户只需将汽车驶入预设的交接区停车平台，系统自动指派泊车机器人运往停车位，完成升举、搬运、旋转、入库。内部配置感应装置可智能避障，自动调节运行速度，避免车辆剐蹭，平均存取车时间小于3min，最大存取车时间不超过5min，同时该系统还支持手机APP预约取车功能，节约繁忙时段排队取车时间，有效解决城市"停车难、找位难、取车难"的社会难题。

（3）停车泊位倍增，集约高效利用

立体车库的优点主要有占地面积小、空间利用率高，可实现高密度停车，是解决停车问题的有效手段。该项目通过立体车位建设实现泊位倍增，由改造前的普通泊位65个增加到160个，大幅提高土地集约化利用效率，有效缓解开源大道创新公园停车缺口问题。此外，AGV智能停车系统建设周期短，运营成本低，可充分提升停车场的经济效益和用户体验。

4.3.7 效益分析

智慧停车建设，通过对人、车数据进行分析研判，不仅可以实现人、车高效管控，而且能够形成信息资讯，"反哺"社区群众与物业管理人员，打造平安、便民、智慧的社区管理新模式。

1. 经济效益分析

改造前情况：现有4个固定值班岗，每个岗位分早晚2班制，顶休1人，共有9

人。以月工资4000元/人计算,值班人员每年工资支出为:

9人 × 4000元/月 × 12个月=432000元。

改造后情况:某门岗出口1个固定班岗,每个岗位分早晚2班制,共有2人。以月工资4000元/人计算,值班人员每年工资支出为:

2人 × 4000元/月 × 12个月=96000元。

通过以上值班人员工资支出对比,升级改造车牌自动识别系统后,每年可节约人工工资336000元。

2. 社会效益分析

智慧停车改造,通过车牌智能识别技术、移动支付技术、物联网技术的综合应用,实现园区内车辆的快速出入、停车缴费的多渠道便捷化管理,提升园区员工进入和停车体验感。通过智能停车管理系统,实现车位周转率提升10%,通行效率提升5倍。

第5章　智能化城市综合安全管理体系建设

5.1　房屋建筑安全监测创新应用

5.1.1　工作内容

房屋建筑安全监测预警体系建设包括两个基本维度，分别是空间和时间。工作内容主要包括以下几方面。

1. 空间维度

空间维度上，房屋建筑安全监测预警体系建设包括地下空间和地上空间两部分，涵盖的监测主体包括房屋建筑大型公共建筑、老旧建筑群和历史建筑等。针对不同的监测主体和具体情况，选择适合的人工和自动化监测手段。

2. 时间维度

时间维度上，房屋建筑安全监测预警体系由三个阶段组成，分别是全面排查（前期）、重点监测（中期）和智慧监管（长期）。基于新基建发展理念、专业技术人员及城市综合安全管理相关规定，结合多种先进且成熟的监测设备、技术与方法，逐步建立健全的安全监测预警体系，完善建筑全生命周期健康档案，实现城市既有建筑运营期间的安全监测预警。

（1）全面排查。前期安全排查，找出问题，制定方案，建档管理。运用多种监测方式，对城市范围内既有的重要基础设施和房屋建筑进行全面排查与归档，找出存在的问题及安全隐患。

（2）重点监测。中期优先对重点目标或区域实施阶段性、智能化监测。对存在问题及隐患的，或受工程施工、外界扰动、运营期间改建等影响的重要基础设施和房屋建筑物，基于专业的工程知识与队伍，结合物联网、云计算、5G通信等新技术，开展全面、科学、高效、智能化的实时动态安全监控。针对不同的监测主体，选择合适的监测技术、监测手段和监测频率，发生异常情况时及时发现与处理。

（3）智慧监管。长期数据挖掘与联动，完善预警机制，完善全生命周期健康档案与监控体系，全面推广与数字化宏观调控。将施工及验收后的留档信息、全面结构安全排查成果、实时监测数据和人工巡检记录等海量异构历史数据进行深入分析与挖掘，并结合"新城建"其他智能化管理系统的相关数据信息进行综合评估，定期对房屋建筑进行健康诊断，及时发现新问题，有针对性地调整及完善监测预警机制和应急排危预案，最大限度避免安全事故的发生。若有需要，可随时将历史数据调出，作为应急安全评估工作的重要参考依据。

3. 时空融合

为实现时空融合，基于城市信息模型、物联网、云计算技术等逐步搭房屋建筑安全监测预警管理系统（图5.1-1），系统动态收集、储存、分析和展示海量异构实时监测数据，将所有工程相关信息（建设、勘察、设计、施工、监理和检测等）和资料及时同步至云平台，实现智能化云上统一管理系统所涵盖的各类监测项目，和监测预警数据信息的及时推送，方便各类用户随时随地进行即时查询和按需提取。

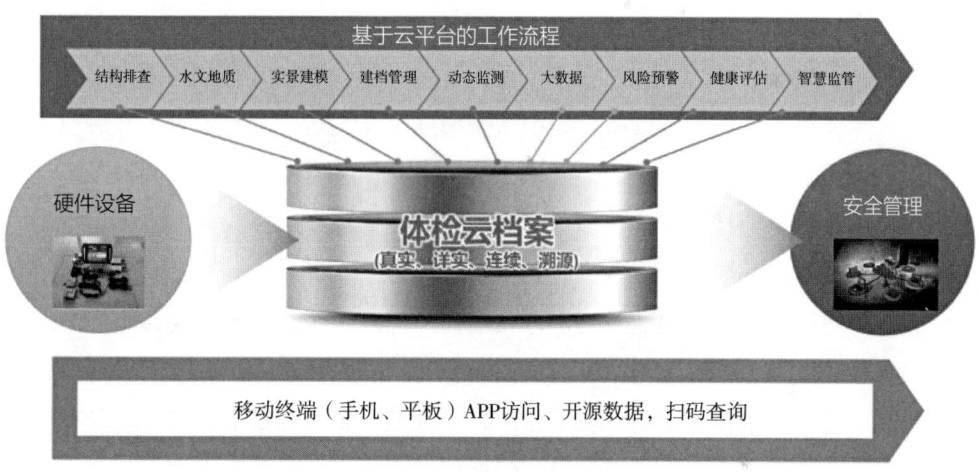

图5.1-1 房屋建筑安全监测预警体系

5.1.2 工作进展

1. 第一阶段：全面排查

对城市范围内的既有重要基础设施和房屋建筑进行全面排查、数字建模与信息归档，主要包括空间信息采集与属性信息采集。

（1）空间信息采集。以全国统一的高分辨率卫星影像数字资源为依托，结合集建筑信息模型（BIM）、地理信息系统（GIS）、物联网（IoT）等技术为基础的CIM城市信息模型。整合城市地上地下、室内室外、历史现状未来多维多尺度信息模型数据和城市感知数据，构建起三维数字空间的城市信息有机综合体，以此作为城市既有建筑全面排查与归档工作的基础底图，如图5.1-2所示。

（2）属性信息采集。专业排查人员在移动端利用外业巡检软件，辅以便携式测

图5.1-2 城市既有建筑信息模型

量仪器、无人机、摄像观测设备、三维激光扫描仪、雷达探测等工具,开展现场既有建筑基础数据收集和信息调查。在人工智能APP外业巡检软件移动端填报排查信息,形成满足信息归档和安全管理要求的既有建筑排查成果。

排查工作具体从以下三个方面展开:

首先,对既有建筑的内业数据进行收集,通过各级城建档案部门存储的竣工资料、管养维护台账、既有建筑安全管理系统、原建设工程五方(建设、勘察、设计、施工、监理)单位、所属产权单位或物业管理单位、测绘部门等获得既有建筑基本信息、改造加固信息、安全信息、受损记录、设计资料和基本使用情况。

其次,开展现场排查时首先核对软件底图上既有建筑三维模型的轮廓、位置和范围,并对建筑基本信息进行核验、补充、完善,留取现场图像和影像资料,应包括既有建筑总体风貌、基本使用情况,并重点采集建筑裂缝、损坏、变形等情况的图片。

最后,每个排查区域结束后,利用内业软件在Web端进行核查。对于特殊、异常、存疑等的数据资料,进行二次现场排查核实,并将有误或缺项部分数据进行修改覆盖、补充。

开展城市既有建筑的安全排查,并将采集到的既有建筑空间与属性信息进行整理,逐步完成房屋建筑基础信息的归档和健康档案的建立。

2. 第二阶段:重点监测

对存在问题及隐患的,或受相邻施工、外界环境扰动、运营期间改建等影响的城市局部区域内的重要基础设施和房屋建筑,有针对性地开展多手段、全天候的实时动态安全监控。主要手段包括基于物联网系统的传感器实时监测和基于巡检APP

系统的人工智能巡检，二者有机交融协同工作，同时结合云计算平台、通信等技术，共同搭建起房屋建筑安全监测预警云平台，实现多方远程对城市既有建筑的安全动态监管。

城市既有建筑安全监测预警云平台是既有建筑的智能安全检查、监测、管理系统，主要包括传感器监测物联网系统和智能巡检APP系统，建筑安全监测预警云平台包括数据采集、传输网络、云平台和终端服务四个模块。

（1）传感器监测物联网系统。通过各类智能传感器及物联组网，根据监测方案与布设要求对既有建筑进行监测，旨在对目标结构主体构件及附属围护结构的应力、应变、沉降、倾斜、振动、裂缝开展等物理量信息进行实时采集，同时对既有建筑周边环境的人流量、风速风压、光照、温度、降水量等外界信息数据进行采集，并通过传输网络模块将数据信息上传至云端，如图5.1-3所示。

（2）智能巡检APP系统。智能巡检是在5G智能监测车与专业测量技术的基础上，借助智能巡检APP软件、车载便携式测量工具、互联网以及云计算技术，进行系统平台分配巡检任务、无纸化现场信息采集、APP任务驱动式的智能巡检作业，实现房屋建筑的日常安全巡检与应急抢险，内容包括建筑物户内外检查、监测设备检查、社区设施检查和周边工程及水文地质条件勘查等。现场巡检人员借助固定巡更点，使用NFC技术快速获取各点巡查和巡检信息，并通过传输网络模块的移动通信技术与云上监控中心实时交互，实现了任务领取与推送、信息与图片采集、便捷取证、快速上报、问题讨论等功能。以定位和照片水印等技术实现巡检的"定人、定岗、定点、定时、定责"，使巡检流程更加合理，巡检监管落实更加有效，可以

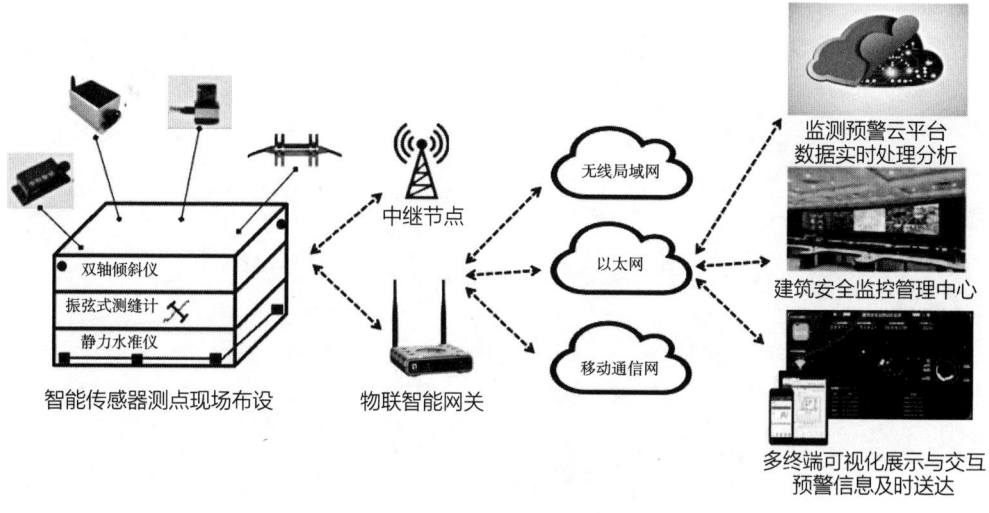

图5.1-3 传感器监测物联网系统

防止巡检员作弊、偷工等虚假行为的产生，及时纠正巡检任务的偏差。

另外，车载无人机与云台摄像机可远距离对重要基础设施和房屋建筑进行大范围查勘，三维激光扫描仪可对具备历史保护价值的古建筑进行整体三维建模数字归档，保留古建筑因意外损毁而能进行重建的可能。智能巡检体系如图5.1-4所示。

（3）建筑安全监测预警云平台。通过传感器监测物联网系统和智能巡检APP系统协同工作，全天候多维度感知建筑安全的变化情况。云平台对监测数据信息进行存储、分析与管理，一方面定期出具监控目标的监测报告，完善建筑全生命周期健康档案，指导监测作业推进；另一方面根据设置的报警阈值，对出现异常情况进行多渠道报警信息发布，并配合应急抢险预案及时开展排危处理。房屋建筑安全监测预警系统如图5.1-5所示。

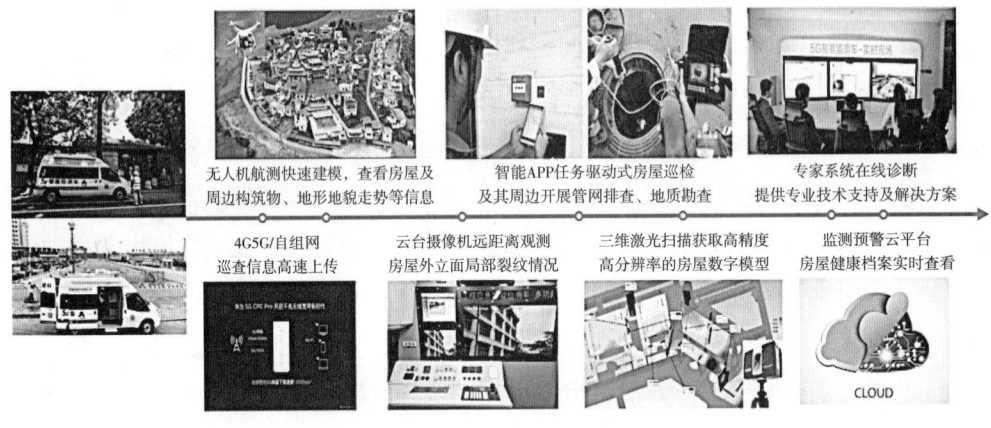

图5.1-4　智能巡检体系

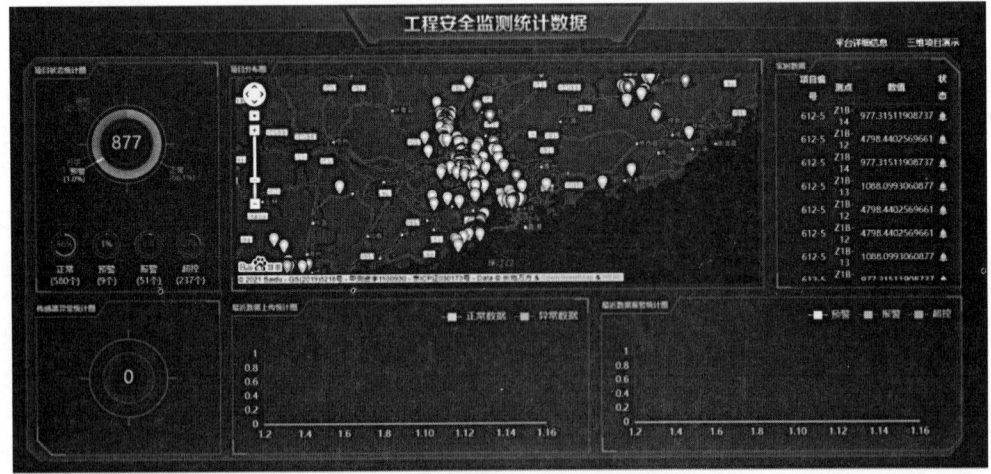

图5.1-5　房屋建筑安全监测预警系统

3. 第三阶段：智慧监管

基于云计算平台强大的数据处理与管理能力，结合损伤识别、工程变形监测分析预报、结构安全评估等相关理论，将施工及竣工后留档信息、全面排查成果、实时监测数据、人工巡检记录等海量异构历史数据进行综合分析，定期对房屋建筑进行合理的安全评估与诊断。借助数据挖掘的相关算法进行监测数据信息的挖掘分析，做出既有建筑健康状况的变化预测和潜在风险源的推测，并结合监测预警机制和应急排危预案，最大限度避免工程安全事故的发生。

监测数据信息的云上实时分析与综合管理，满足了政府管理部门对市内重要基础设施和房屋建筑安全的智慧化、便捷化、全面高效的监管要求，丰富的监测成果不仅可以完善房屋建筑的全生命周期健康档案，优化智能化城市综合安全管理体系，还能为既有建筑的检测、鉴定、加固处理整治方案，以及出现各种安全隐患和问题时，提供历史数据和工程依据。智慧监管成果如图5.1-6所示。

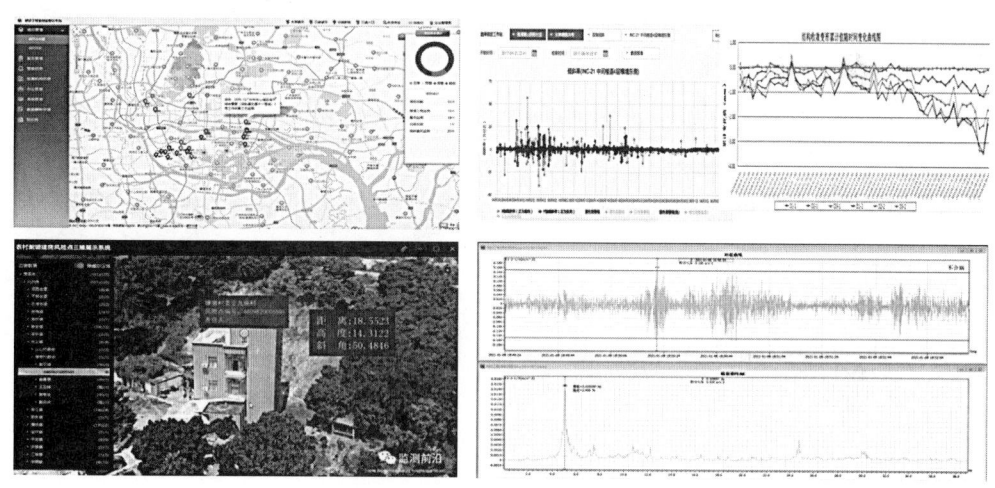

图5.1-6　智慧监管成果

5.1.3　工作亮点

房屋建筑安全监测预警体系建设的技术服务模式亮点主要包括：

（1）数据采集、传输、分析、报告成果全流程一站式服务；

（2）安全监测预警云平台的开发、运维与更新，提供云平台销售、租赁、使用，提供基于云平台的监测数据分析与挖掘服务；

（3）既有建筑安全相关监测传感器设备及巡检软硬件的租赁与销售；

（4）与保险公司合作推出保障城市既有建筑安全的相关险种和保险服务，如城防险、房安险等，并为保险公司提供丰富的工程监测数据作为出险依据；

（5）提供监测方案制定、内外业全面排查等其他服务。

5.1.4 工作经验

（1）城市基础设施和房屋建筑安全监测体系应涵盖对象的全生命周期，并完整保存各方资料，切忌施工监测与运营监测的割裂，避免造成大量人力、物力的浪费；

（2）应将所有工程数据全部上传至云平台储存，若即将有新项目开工，可立即将封存的数据选择调出，为工程勘察、设计、施工、监测提供基础数据支持，保障工程项目的顺利进行；

（3）体系建设涵盖的范围较广、难度较大，应广泛开展交流调研工作。

5.1.5 工作展望

构建房屋建筑安全监测预警体系功在当代，利在千秋，契合"新基建""新城建"的发展新理念。

从长远看，随着建设行业的逐渐饱和，已有的基础设施和房屋建筑安全监测预警体系的建设将被摆在更突出的位置，其所带来的社会效益和经济效益都将会显著提升。在智慧城市已成为城市管理发展大方向的背景下，安全监测预警体系的建设将成为保障城市发展的重要抓手。

5.2 桥梁安全监控创新应用

5.2.1 桥梁自动化监测概述

1. 桥梁健康状态实时监测的意义和必要性

众所周知，桥梁跨越山谷、道路、河流或其他障碍物，是一种架空于水面或地面的人造通道，其可靠性和安全性尤为重要。随着我国城市化的快速发展，高架桥作为解决交通拥堵、实现城市快速交通的一个有效方法，越来越多地出现在人们的视野中。由于桥梁事故的破坏性巨大，不仅会造成交通中断，影响国民经济发展，还会带来巨大的经济损失和人员伤亡，造成非常不好的社会政治影响。近年来各地桥梁事故时有发生，这些灾难的发生，都使整个社会为之震惊，从而引起人们对桥梁健康的极大关注。

鉴于桥梁的特殊性与复杂性，国际上开展了相关的对策研究。在桥梁设计方面，设置先进、可靠的综合健康状态实时监测系统，对出现的安全隐患能够快速反应，能够达到从探测、报警、联动控制直至消除安全隐患的全方位一体化要求，实现对桥梁关键部位的温度、应变（应力）、振动（加速度）、缝隙变化、地下水位变化、索力变化等各项参数的综合实时监测，并根据监测数据由监测系统判断桥梁的健康状况。这样，桥梁养护工作人员可以实时真实地了解到桥梁的安全状态，为桥梁上的各种活动提供可靠有效的参考依据，进而通过提供所需要的早期危险报警和损伤评估来保证桥梁的安全，从而大大增强桥梁的生存能力。

2. 传统桥梁检测方法的局限性

传统桥梁检测技术是通过人工目测检查或借助于便携式仪器测量得到的信息对桥梁结构的安全状态进行评估。人工桥梁检查分为经常检查、定期检查和特殊检查。但是人工桥梁检查方法在实际应用中有很大的局限性。传统检测方式的不足之处主要表现在：

（1）需要大量人力、物力并有诸多检查盲点，这对现代大型桥梁尤其突出。

（2）主观性强，难于量化。经过半个多世纪的发展，虽然现代斜拉桥的分析设计与施工技术已日趋完善，但对某些响应现象，尤其是损伤的发展过程，尚处于经验积累中，因此定量化的描述是很重要的。缺少整体性。人工检查以单一构件为对象，只能提供局部的检测和诊断信息，而不能提供整体全面的结构健康检测和评估信息。

（3）影响正常交通运行。对于较大型的桥梁通常需要搭设观察平台或用观测车辆，无可避免需要实施交通控制。

（4）周期长，时效性差。大型桥梁的检查周期可达数年。在有重大事故或严重自然灾害的情况下，不能向决策者和公众提供即时信息。

从上文可知，人工桥梁检查程序和设施，无法直接有效地应用于大型桥梁的检测上。因此有必要建立一个针对大桥的结构自动化监测系统，用于监测和评估大桥在运营期间结构的安全性、耐久性和使用性等。

3. 桥梁自动化监测系统的优势

基于物联网构架设计的桥梁自动化监测系统，通过在桥梁关键位置安装和部署传感器和物联网系统感知桥梁的重要参数变化，依托云端监测系统软件实现监测数据的分析和评估。相比较人工监测和传统的自动化监测，通过引入物联网技术和云技术物联桥梁自动化监测系统具有安装部署快捷、施工成本低、供电要求低、系统稳定性高以及后期运维成本低等特点。物联网监测与传统自动化监测、人工监测的各项性能的对比如表5.2-1所示。

桥梁监测技术优劣对比表　　　　　表5.2-1

序号	内容	物联网监测	传统自动化监测	人工监测
1	监测频率	较高，可达最短10min监测1次	高，可达最高30s监测1次	低，一般1天监测1次
2	安装复杂程度	低，可分布式安装，无需布线，测点无需特殊供电，仅网关需要供电，部署方便快捷	高，传感器需要集中采集，需要大量部署线缆，另外需要统一供电	低，无需设备部署。但每次监测都需要架设仪器，并多次转站
3	软件成本	低，云端系统平台，部署一套系统后可任意扩充监测点	高，每个监测项目需要单独部署软件，后期诸多套软件的运维费用高	—
4	单次测量成本	低，系统部署完毕后实时自动监测	低，系统部署完毕后实时自动监测	极高，每次监测均需要人工去现场完成，监测过程受现场环境变化及干扰较大
5	监测数据查看实时性	高，可通过Web网页或者手机端随时查看最新监测数据	高，可通过Web网页或者手机端随时查看最新监测数据	低，需要监测人员将监测数据整理上报后才可查看
6	可视化程度	高，监测数据的图表及趋势变化实时呈现	高，监测数据的图表及趋势变化实时呈现	低，需要人工对数据进行处理并绘制相应图表上报后才可查看
7	运营维护费用	低，设备低功耗运行，且相互间不耦连，可通过云端系统统一管理	高，设备和线缆需要定期人工巡查，无法在远端管理设备状态。一旦一台采集设备损坏会造成多个监测点无法采集数据。线缆会因为老化或者其他环境因素造成破损	—
8	长期监测成本	低，设备运维和网络流量费用低，无需人工干预	较低，无需人工现场操作，但设备的维护及系统运维费用高	高，需要人工去现场操作，人工成本高

4. 桥梁自动化监测系统建设依据

根据中华人民共和国住房和城乡建设部令第1号《市政公用设施抗灾设防管理规定》第十二条的要求："新建、改建和扩建市政公用设施应当按照国家有关标准设置安全监测、自动监测、应急自动处置和防灾设施，并与主体工程同时设计、同时施工、同时投入使用。安全监测、自动监测、应急自动处置和防灾设施投资应当纳入建设项目预算。"

根据《城市桥梁养护技术标准》CJJ 99-2017第4.3.12条的要求："对于下列城市桥梁应进行监控测试，可按本标准附录E进行监控测试，并可采用自动化监测系统：1 经现场重复荷载试验其结果属于D级或E级的桥梁；2 施工质量不佳或存在疑问的桥梁；3 对结构随时间因素变化进行研究的桥梁；4 Ⅰ类养护的城市桥梁。"

根据广东省地方标准《城市桥梁检测技术标准》DBJ/T 15-87-2011第3.2.11条的要求："符合下列条件之一的城市桥梁，除应进行永久性控制监测点的监测之外，还应根据实际情况进行相关项目的运营监测：1 特大桥和特殊结构桥梁；2 定期检测结果属于D级、E级或不合格级的桥梁；3 施工质量不佳或存在疑问的桥梁；4 周边环境可能会对桥梁安全产生较大影响的桥梁；5 地质条件复杂的桥梁，尤其是超静定结构的桥梁；6 处于沿海台风区和地震区等特殊自然环境条件下的重要桥梁；7 研究结构随时间因素变化的桥梁；8 管养单位认为有需要进行监测的桥梁。对于斜拉桥、悬索桥以及单孔跨径超过150m的重要桥梁应适当增加监测项目，且宜采用自动监测技术。"

5.2.2 桥梁自动化监测指标参数

1. 监测指标

桥梁自动化监测的主要任务是通过一系列手段监测重点关注的桥梁结构参数可能的状态改变，尽早发现不利的参数变化。自动监测系统对于结构重要参数信息的获取主要通过各类传感器实现，由于桥梁结构体型庞大，在预算有限的前提下部署足够多的传感器实现结构及环境参数的全面监测显然是不实际的。因此，根据桥梁日常管养最为关心且最直接反映桥梁重大安全隐患的参数，特别是可以直接反应宏观指标的变形参数并选取合适的监测部位及监测点的做法是较为合适的选择。

《城市桥梁检测技术标准》DBJ/T 15-87-2011第9.1.1条规定：城市桥梁运营监测应根据实际需求选取合适的项目进行。表9.2.1也规定了城市桥梁永久性监测项目，其中包括墩、台的高程，墩、台倾斜度，桥面高程等。

2. 监测参数

当前桥梁自动化监测主要的监测参数分为结构响应和环境影响两大部分，常用的监测参数如图5.2-1所示。

在常见的监测参数中，能够直接反应结构响应的参数往往是监测的重点，而环境影响类参数往往在分析结构响应变化原因时才会用到。因此，在预算有限的前提下，更多关注直接反映结构安全的结构响应参数是较为明智的做法。

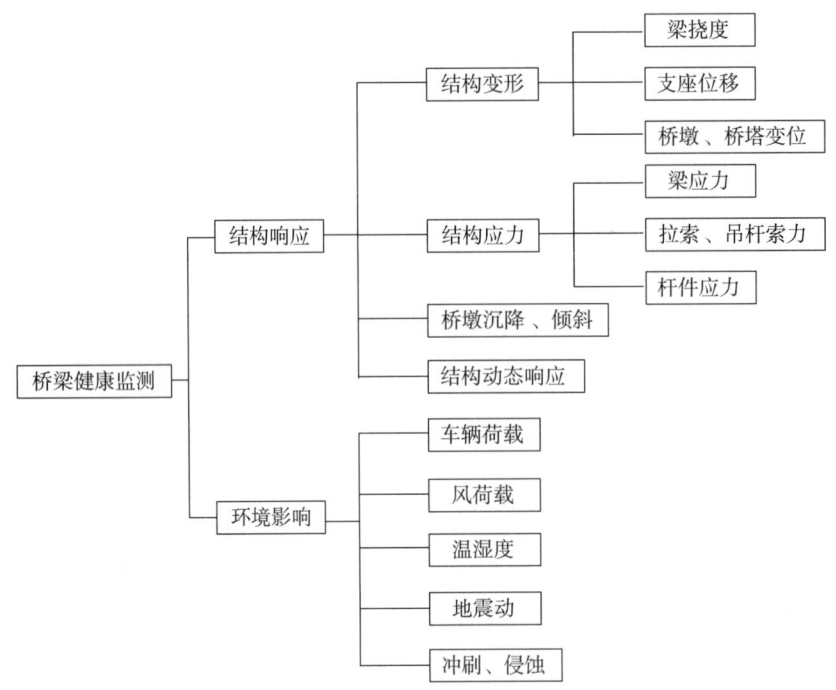

图5.2-1 自动化监测系统常用监测参数

5.2.3 桥梁安全监测预警体系

1. 系统整体架构

桥梁自动化监测系统的基本架构如图5.2-2、图5.2-3所示，主要包括传感器子系统、数据采集和传输子系统、物联设备管理和数据分发平台、数据分析和显示子系统，该系统是一个融合现代信息技术、计算机技术、网络技术以及安全性评估等技术的系统，它能够及时准确地提供结构的实际状态数据等，为及时发现结构损伤，对结构安全性作出准确评估，为实现结构的按需维护提供可靠的技术条件支持。

2. 基于物联网技术的自动化监测系统架构特点

（1）传感与采集：传感器系统与数据采集层变得合二为一，不仅传感器逐渐向小型化（体积更小）、低功耗（供电电流多在50mA以下）、数字化（传感芯片和A/D芯片集成化）和标准化（ModBus-RTU模式的大量普及）的方向发展，且由于物联网芯片具有无线、低功耗、长距离传输的特点，采集方式已然从传统的集中式采集变成分布式采集（每个传感器配一个数据采发模块）的模式转变。使得桥梁自动化监测的传感器部署完全摆脱了通信线缆的束缚，测点布置更加方便快捷，相互独立、互不影响又大大提高了系统局部出现故障的影响范围。根据实际安装困难程

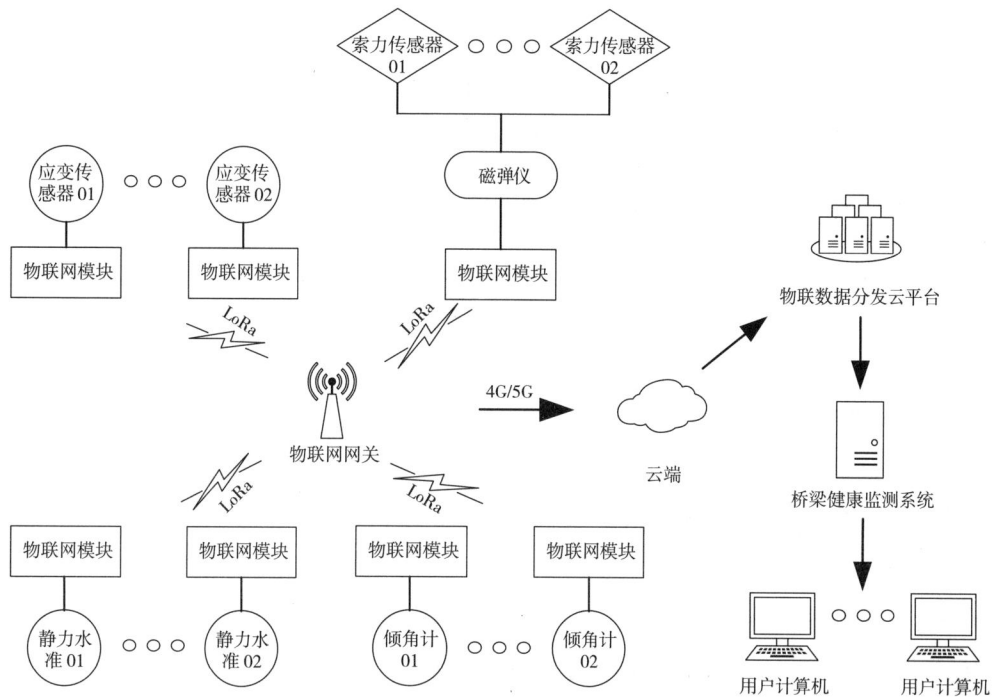

图5.2-2　桥梁自动化监测系统整体架构示意图

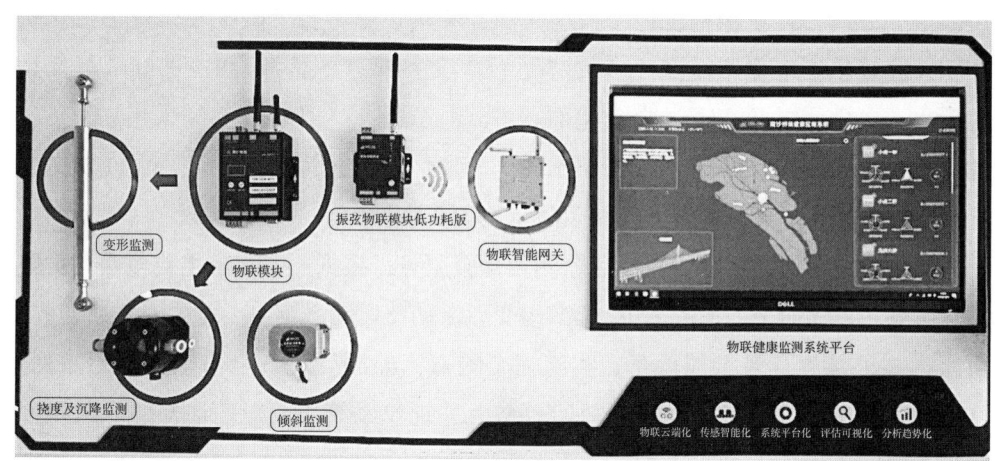

图5.2-3　系统架构实物参考图

度,采用仅靠电池供电进行监测的模式成为可能。

(2) 通信模式:由于基于物联网特点的无线通信技术的发展,当前除了传统的 4G 通信模式外,NB-IoT、LoRa、SigFox 等无线通信技术的引入完善了物联网的无线通信技术的基础。采用在工业领域具有成熟推广先例的 LoRa 技术对现有的自动化监测通信体系进行变革,实现数据传输的无线化,从而大大降低了通信线缆布设的施工成本，提高了后期的运维效率。

（3）设备管理和数据处理：物联网架构决定了设备的管理、传感器数据的汇集和处理都在云端完成，从而在设备的管理和数据的处理上摆脱了设备安装的地域限制，无论设备部署在哪里，只要可以联入网络，云端的物联网平台都可以统一进行设备识别和数据的分发处理（通过MQTT主题订阅模式进行分发设置），只需一套软件即可实现大量的桥梁管理和处理，而且由于设备识别和数据处理云端化，后续的数据维护以及监测点的增加变得非常简单，极大降低了维护和系统升级的工作量。

3. 桥梁自动化监测系统软件

桥梁结构自动化监测系统，实现对各座桥梁关键部位的温度、应变（应力）、索力等各项参数的综合实时监测，并通过汇聚前端桥梁自动化监测数据，对桥梁的结构状态、应变受力变化等进行数据的综合分析和处理，及时掌握、判断桥梁的健康状况，全面了解桥梁的运营条件及质量退化情况，为桥梁的运营管理、养护维修、可靠性评估提供依据，进而通过提供所需要的早期危险报警和损伤评估来保证桥梁的安全，从而大大增强桥梁的生存能力。

桥梁自动化监测系统是一套基于B/S架构的监测系统软件，基于.net core架构采用C#语言开发。系统架构设计中采用微服务架构设计，每个微服务运行于独立的进程，并且采用轻量级交互。多数情况下是一个HTTP的资源API。这些微服务具备独立业务能力并可以通过自动化部署方式独立部署。数据库系统采用MySQL、MangoDB以及Redies进行设计，分表分库，根据各类数据库的特性进行设计，保证在大并发下系统的数据存储安全性及显示性能要求。

该系统主要为桥梁提供自动化监测及预警服务，根据业务需求主要包括：①健康监测系统（大而全，参数多）；②结构变形自动化监测系统（小而精，参数少）。可接入多种传感器及智能设备，实施多个测点，监测处理各个传感器监测数据；实时显示接入桥梁的健康状态及风险趋势，并提供系统级及短信通知的风险预警功能。

桥梁自动化监测软件主要分为桥梁实时监测模块、桥梁相关详情模块和系统管理模块，系统管理模块由超级管理员角色设置。

（1）桥梁实时监测模块

主要实现监测系统的用户对各大桥梁实时数据的查看和预警提示，更直观地展示桥梁的当前状态。

（2）桥梁相关详情模块

主要展示桥梁传感器的实时数据，桥梁的定期监测结果，传感器设备、电源设备、基站信号等的实时状态,以及桥梁详情资料、预警记录,传感器历史数据检索下载。

(3) 系统管理模块

系统管理模块主要分为桥梁管理、硬件管理、用户管理三个子功能模块。

1) 桥梁管理

桥梁监测不能完全依赖于在线自动监测,还需要补充定期人工检查。一般检查内容主要包括日常巡查及以桥梁主要结构构件及附属设施为对象的外观检查,日常巡查包括全桥完整的线形观测与关键位置的病害观测等,通过人工检查,如混凝土裂缝等,将检查结果输入预警与评估指标中,供全桥构件安全和耐久等级评定以及桥梁健康状态综合评估时使用。

通过与广东省城市桥梁信息管理系统对接接口,可读取桥梁基本信息资料库,可通过桥梁名称、地理位置等条件进行查询。

该系统主要实现桥梁基础信息和桥梁结构数据的导入、桥梁信息的更新、桥梁结构展示、桥梁定期检测、桥梁日常巡查、加固维修录入。

2) 硬件管理

主要包括传感器、采集器、电源、基站和摄像头等硬件设备管理。传感器包括传感器基础信息、与桥梁结构和三维模型的关系、与采集器关系、型号信息四部分;采集器包括:采集器基础信息、与桥梁结构和三维模型的关系、与传感器的关系;电源包括电源基础信息、与桥梁结构和三维模型的关系、与采集器的关系;基站包括基站基础信息、与桥梁结构的模型关系、与采集器的关系;摄像头包括电源基础信息、与桥梁三维模型的关系。

3) 用户管理模块

主要实现整个系统的用户管理的功能,包括新增、修改、删除账号,对账号密码、使用期限、查看数据范围分配的设置。系统包括三种类型的用户:普通用户、管理员、超级管理员。

普通用户:查看某几座桥梁的监测数据;

管理员:查看系统所有桥梁的监测数据;

超级管理员:对系统所有监测数据的增删改查。

4. 桥梁健康监测系统界面展示

整套系统对桥梁响应、环境等多类型参数进行自动化监测,参数全面,传感器数量多,桥梁管养人员实时掌握桥梁各项参数信息。桥梁健康监测系统界面如图5.2-4~图5.2-10所示。

图5.2-4　系统登录页面参考图

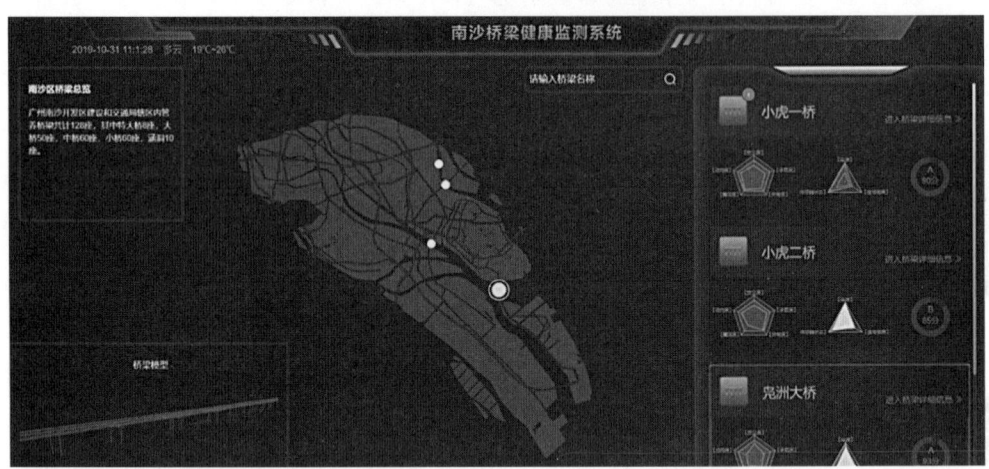

图5.2-5　系统首页展示桥梁列表、定位、桥型参考图

图5.2-6　某桥首页展示桥梁基本信息、综合状态、检测历史参考图

第5章　智能化城市综合安全管理体系建设

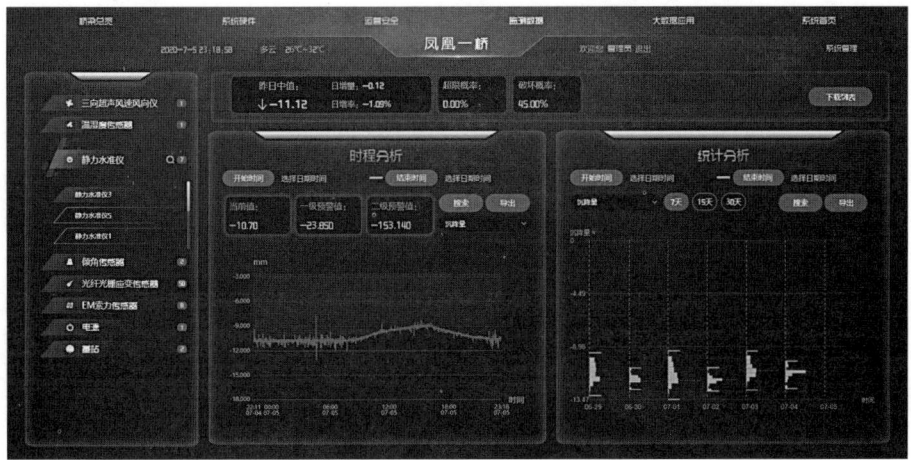

图5.2-7　监测数据页面

图5.2-8　实时监测预警页面

图5.2-9　系统设备运行状态页面

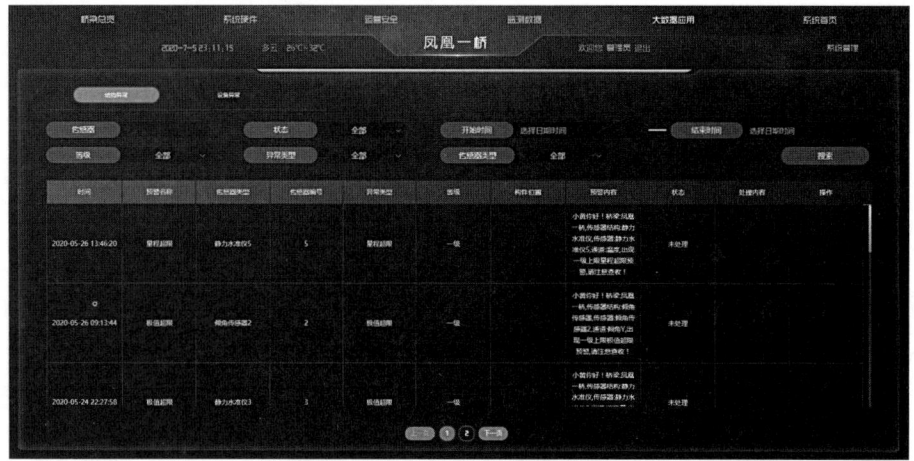

图5.2-10　系统预警处理页面

5. 结构变形自动化监测系统界面展示

整套系统对桥梁变形参数进行自动化监测，监测参数少，传感器数量也较少，桥梁管养人员实时掌握桥梁关键部位的参数信息。变形自动化监测系统界面如图5.2-11所示。

6. 监测异常及报警

（1）结构参数异常

针对监测过程中结构变形参数出现的超限，该系统采用单值预警的方式进行分析和报警，即通过有限元分析计算，获得桥梁相应部位监测参数的理论值，并以正

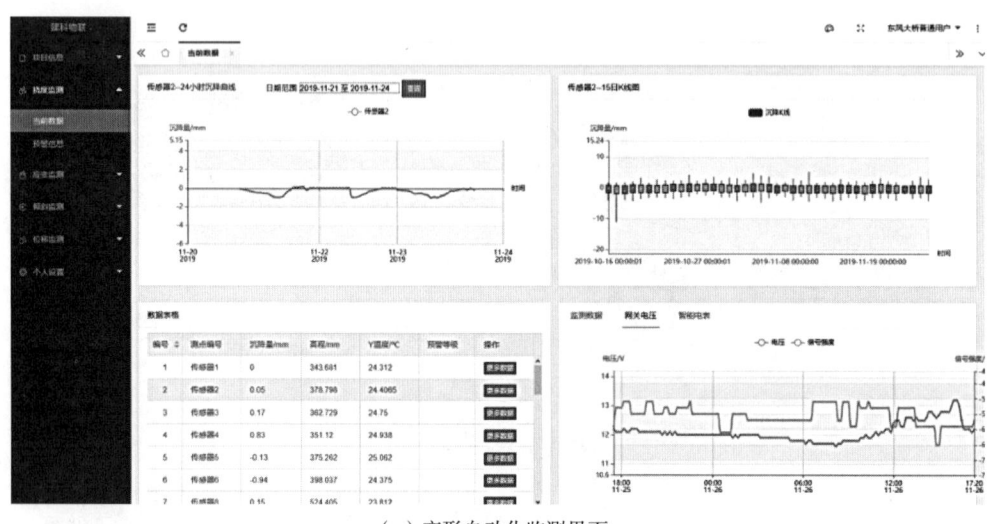

（a）变形自动化监测界面

图5.2-11　变形自动化监测系统界面

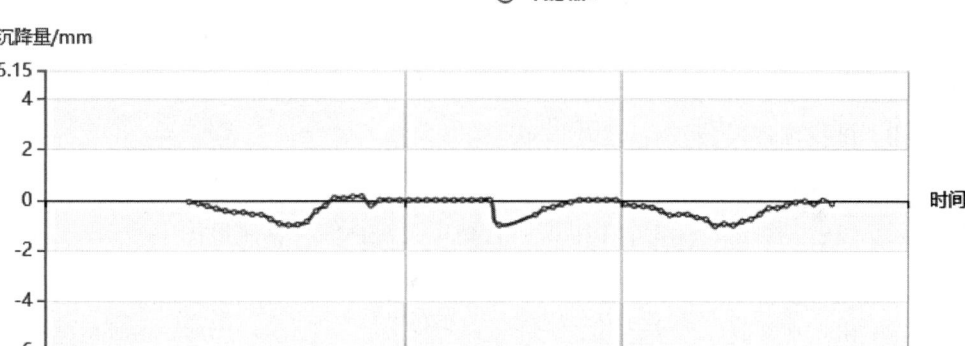

（b）梁体/桥墩沉降时程曲线

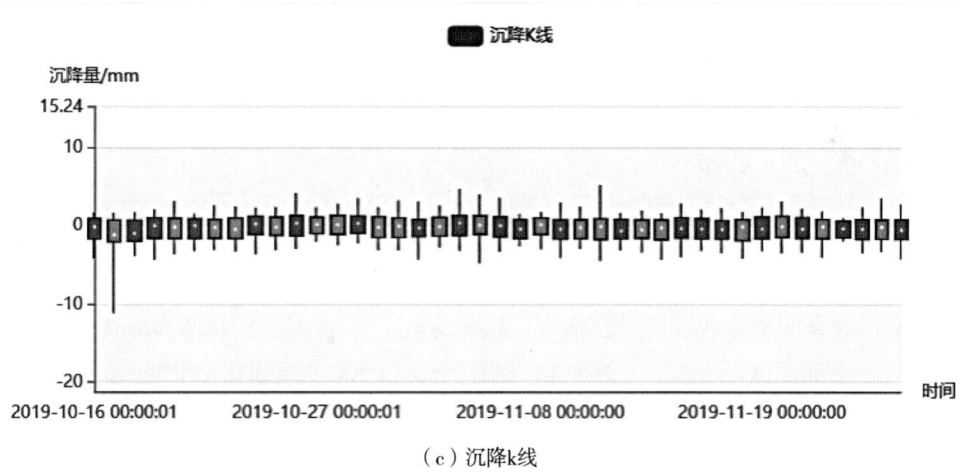

（c）沉降k线

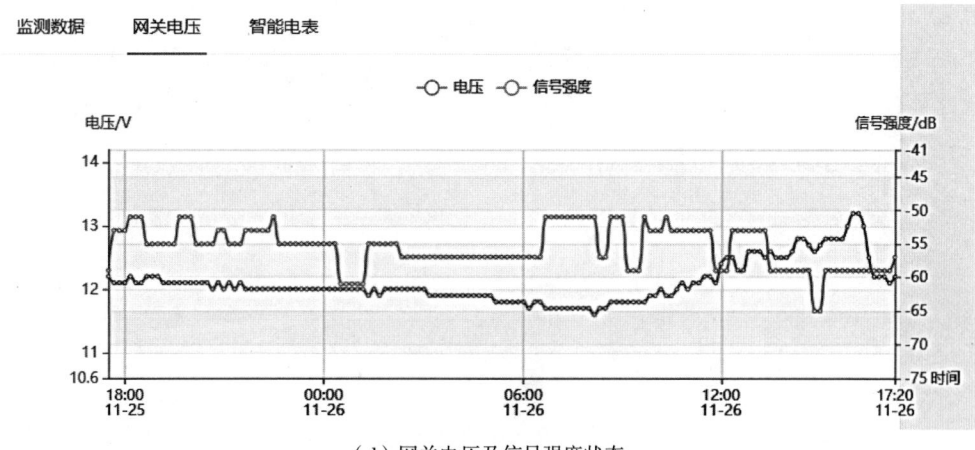

（d）网关电压及信号强度状态

图5.2-11　变形自动化监测系统界面（续）

常使用极限和材料破坏极限为原则，分别设置二级预警阈值，当实际监测值超出预警阈值时即触发报警。该系统采取了比较直接的报警触发机制，系统可实时自动判断监测数据超限，无需人工值守。

（2）设备异常报警

该系统还通过对设备的供电情况、信号情况、传感器运行情况进行综合分析，判断系统设备是否运行正常。其状况在各桥梁系统性能评估维度图中表示，以阴影部分颜色表示报警状态。报警信息同样通过消息框在系统内发送至系统首页，同时也通过手机短信发送给管养人员。

（3）报警处置

该系统发出报警后，需要管养人员根据报警信息对系统监测数据进行分析，或进行现场查勘。事实上，由于监测数据的分析需要大量的工程经验作为支撑，并非通过计算机就可以简单解决的。因此，报警处置的意义就在于通过简单的报警触发机制来提醒管养人员时常关注桥梁健康状况，而非通过自动化的监测系统完全取代人工对监测数据进行分析。

5.2.4 应用案例

1. 广州海印大桥桥梁安全监测项目

广州海印大桥建成于1988年（图5.2-12），通车至今已有35年，是广州市境内一座连接越秀区和海珠区的过江通道，位于珠江北干流之上，其结构形式为双塔斜拉桥，线路全长1130.75m，主桥总长416m，主跨175m，两座桥塔高度56.4m。历年

图5.2-12 海印大桥

检查报告显示，桥身已经产生了多处病害，箱梁内部混凝土出现了较多裂缝，对桥梁的正常运营造成一定的安全隐患。但由于海印桥为广州城市主干道、重要的过江通道之一，车流量非常大，常规的人工监测手段无法在不影响交通的情况下对该既有桥梁实施监测，且受监测周期、现场环境的限制，人工监测难以及时反映桥梁结构健康情况。为此，通过对桥梁进行基于物联网的健康监测，及时发现安全隐患，实时预警，保证桥梁的正常运营，具有重要的社会效益和经济效益。

根据海印大桥的工程特点及病害情况，结合物联网、无线传感和桥梁健康监测等技术，广州市建筑科学研究院集团有限公司建立了海印大桥结构健康自动化监测系统，利用自主研发的智能监测传感器（图5.2-13），对桥梁结构健康监测关键参数进行实时监控，主要包括：

（1）结构变形：包括梁体、桥塔、桥墩倾斜和沉降等；

（2）结构应变：桥梁重要部位的应变；

（3）伸缩缝：主桥与引桥间伸缩缝的大小变化；

（4）环境：主要包括风速风向、温湿度的监测。

监测数据通过4G/5G网络实时无线上传至"广州CIM+桥梁健康"平台（图5.2-14），将监测情况通过三维模型进行展示，业主单位和监管部门可远程监控桥梁运营状态下的变形、位移、受力、裂缝发展等结构动态响应数据（图5.2-15），分析和评估桥梁安全情况，当监测数据超过预设的阈值时，平台实时预警、报警，并发送短信通知相关人员做进一步隐患排查和处理。

系统投入使用后，桥梁运营管理单位和相关部门可远程实时监控桥梁的结构变

（a）桥塔倾斜监测

（b）梁体挠度监测

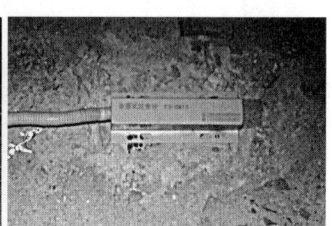
（c）应变监测

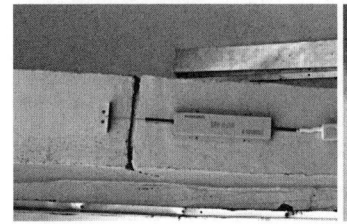
（d）伸缩缝监测

（e）风速风向监测

（f）温湿度监测

图5.2-13　智能监测传感器

图5.2-14 "广州CIM+桥梁健康"平台

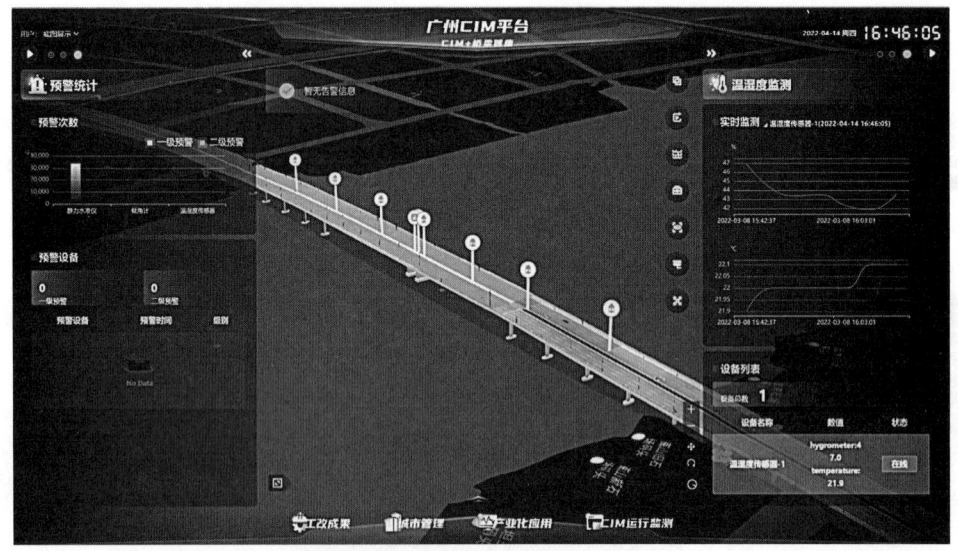

图5.2-15 桥梁监测数据及报警信息

形、应力等情况,并通过监测数据,对病害进行有效评估,当超过预警值时应及时预警,使运维方案更加合理,提高桥梁的使用寿命。目前,该监测系统已稳定运行超过五年,获得了业主单位的高度认可。

2. 白沙河大桥结构监测项目

白沙河大桥是位于该区间一座连接白沙河两岸的无推力式系杆拱桥,于2013年开通运营,是广州地铁6号线的标志性工程。桥梁设计使用年限为100年,地震设防烈度为Ⅶ度,防洪标准为300年一遇。白沙河大桥采用Y型连续刚构—拱组合体系，全长310m，跨度组成为（40+40+150+40+40）m，其中，主跨达到150m。白沙河大桥为目前国内轨道交通工程跨度最大的单肋系杆拱桥。

大桥矗立在白沙河面，在长期经受高密度通行载荷、环境侵蚀、材料性能老化等共同作用下，将不可避免地发生结构损伤累积和抗力衰减。为了动态掌握桥梁结构运行状况，防范化解轨道交通桥梁运行重大安全风险，白沙河大桥自2018年开始部署桥梁结构健康监测系统。

结合桥梁所处环境、结构特点与构件关键程度，白沙河大桥结构监测内容包括环境荷载监测、桥梁整体及关键布局的几何形态监测、索力监测及振动响应监测等。该桥先后安装了：①温度传感器，记录钢箱拱与桥面的温度与温差；②风速风向仪，获取桥梁所处江面的风向与风速；③静力水准仪，监测主跨、边跨及次边跨的挠度；④GNSS关注Y构主墩、钢拱肋的空间变位；⑤应变传感器，实施关键构件如Y构主墩、钢拱肋等的局部变形监测；⑥索力传感器监测主跨主梁吊杆索和主跨及边跨系杆索，监测结构内力分布，从而掌握结构受力性能变化；⑦梁、拱肋加速度传感器获取在动荷载（如列车、台风、地震等）作用下结构关键部位的振动响应，跟踪结构动力特性的变化规律，从而评估及掌握结构健康状态；⑧桥墩三向加速度传感器，用于监测桥梁结构地震动输入和突发撞击荷载，如桥墩受江面行驶船只撞击等，及时报警桥梁紧急状况，实施运营管控措施；⑨视频监控实时监控桥面运营状况，例如列车驶入、桥面异物入侵等，防止安全事故发生。大桥监控数据通过4G无线传输实时汇入数据管理后台，进行数据筛洗与分析、结构状态识别与综合评估。

白沙河大桥（图5.2-16）结构健康监测系统通过对大桥运营状态的实时监测，一方面，验证桥梁设计理论，对行业改进设计规范与方法提供一手资料；另一方

图5.2-16　白沙河大桥

面,掌握桥梁结构性能演化规律,及时预警荷载及桥梁结构响应异常,保障轨道交通安全运营;最后,有效捕捉地震、台风、船撞或其他突发紧急事件,为桥梁事后评估提供基础支持。综上所述,桥梁实时结构监测系统对桥梁日常运行、养护管理及维修加固工作提供了积极的技术支撑。

5.3 地铁城市轨道交通运营隧道安全监控创新应用

5.3.1 应用背景

随着我国城市化进程的加快,城市交通所面临的压力也越来越大。全国各大城市均存在不同程度的交通拥堵、空气与噪声污染。根据东京、中国香港等城市建设的实践,只有大力发展公共交通运输,才能有效地缓解城市拥堵这一问题。城市轨道交通以其运量大、准时快捷、安全环保、节约土地资源,不影响城市景观等突出的优点,而成为世界各大城市解决交通拥堵、发展公共交通发展的首选方式。经过50多年的发展,当前我国拥有轨道交通的城市已达27个,截至2017年年末,我国内地城市轨道交通并投入运营开通线路共165条,运营线路长度达5033km。其中,地铁3884km,占比77.2%;其他制式城轨交通运营线路长度约1149km,占比22.8%。

城市轨道交通作为城市公共交通的重要组成部分,承担整个城市的正常运转,犹如城市的"血脉",是人们出行的重要选择,对人们生活、办公、出行等都有极为重大的影响。也正因为如此城市轨道交通在市民选择出行的公共交通中占比越来越高,其安全问题集经济、社会效益、公共安全于一身,受到社会各方越来越多的重视。城市轨道交通运营系统作为一个成熟的运营体系,其安全生产由多个关键性设备设施共同构建,主要包括车辆、信号、轨道、隧道结构等关键装备。大量研究表明,随着设计理念和技术、标准的不断更新,今后对城市轨道运营关键装备的研究重点主要往大数据、智能化、在线化方向发展。

当前,我国城市轨道交通建设和运营过程中尚存在以下问题:①隧道结构监测和病害健康监测通常委托第三方进行,通过第三方软件加工处理再将结果上传,不论是人工测量还是自动化监测,在数据结果的这一上传下达的过程中总会导致数据的反馈滞后,一旦发生重大变形,不能及时指导安全行车,对行车组织不再具备指导意义,不能有效发挥隧道结构监测和病害健康监测的作用;②隧道轨道的监测过程同样存在着上述问题,且隧道结构监测、病害健康监测和隧道轨道的检测三者在监测过程和结果的呈现上往往独立,未能建立有效的联系,不利于综合分析城市轨道交通安全的分析。

我国城市轨道交通建设和运营中存在的问题导致轨道交通事故时有发生。为改善现状,建立城市轨道交通运营轨道、结构设施病害健康监测技术平台项目,在目前国内尚未对隧道、轨道与运营行车组织进行结合的情况下,以隧道、轨道作为基础行车设施的前提下,运用新技术,通过现场实验、集成创新、自主研发、工程实践等研究方法,提升对城市轨道交通运营状态的监控能力,达到故障早发现、早处理的目的,将风险扼杀在萌芽状态。

5.3.2 系统平台

1. 系统研发目的

建设广州地铁城市轨道交通运营隧道轨道、结构及病害健康监测技术平台。为了能高效、实用、科学、系统地为城市轨道交通运营隧道及区间车站的运营养护维修决策提供技术支持,要求系统实时采集数据,并能及时进行预警,实时分析采集的结构数据,分析结构运行随时间增加而产生的累积效应及遇到突发事件时的结构状态,可以协助地铁管理人员掌控地铁各监测点的变化情况,如图5.3-1所示。系统针对城市轨道交通运营环境和结构特点编制管理软件,以方便城市轨道交通运营管理单位按照系统既定的监测内容掌握地铁隧道和区间车站的整体健康状况,及时掌握城市轨道交通线路整体变形趋势,建立城市轨道交通隧道及区间车站全生命周期的数字化和信息化档案,科学、合理地协助车站的管理和养护。

2. 系统框架

城市轨道交通运营轨道、结构设施病害健康监测系统区别于传统监测平台,基于云计算服务中心的监测监管平台,可以容纳上万个城市轨道交通监测项目,并配

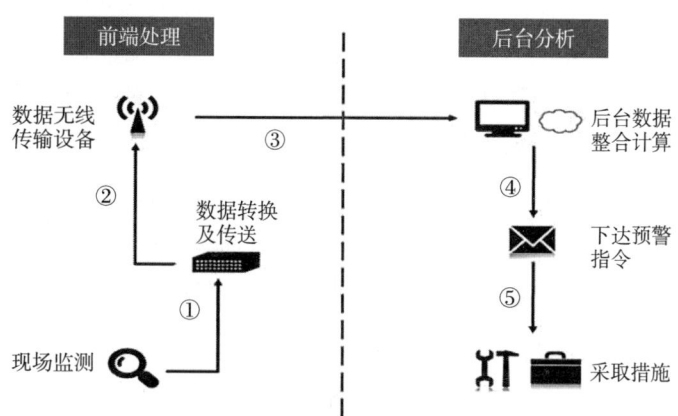

①数据采集阶段;②数据转换阶段;③数据传输阶段;④数据整合计算阶段;⑤预警下达

图5.3-1 系统数据流程图

备高层次的领导专家队伍进行海量数据分析，为用户打造更加专业化、智能化、多样化的服务及应用平台。在安全监测领域，管理者最关注的是对监测数据的分析结果，及时地获得健康异常的警报、安全评估结论和必要的建议。基于云计算服务的安全监测监管平台需要对最终用户即监管者提供及时的数据分析、结构健康评估报告和必要建议，同时要有面对其他研究者的基础数据共享服务。

平台基础设施架构分为软件系统和三维展示系统两个方面，软件系统包括核心业务数据交换管理系统、监测管理系统、GIS系统，数据接口网关系统。其中监测管理系统包括监测状态区域分布子系统、监测评估子系统、信息发布子系统、报警管理子系统等。本系统逻辑框架主要分为数据资源层、应用支撑层、用户层、管理层4个方面，如表5.3-1所示。

逻辑框架关系表　　　　　　　　　　　　　　　表5.3-1

层级	功能	备注
管理层	监测工作跟踪、监测报警处理、行为操作跟踪、视频监控调用、专业技术服务	管理者
用户层	数据及病害信息录入、查看监测结果、预警信息接收、参与报警处理	监测单位
应用支撑层	GIS地理信息系统、三维显示系统、预警系统、数据检测系统、数据计算分析系统	平台
数据资源层	轨检数据采集上传系统、病害信息录入、传感器自动采集上传系统等	数据

城市轨道交通运营轨道、结构设施病害健康监测系统具体实现以下功能：

（1）结构监测系统能够实时地监测隧道结构变形、裂纹变化，并能根据设置的报警值判断隧道的变形状态，及时报警提醒系统用户隧道轨道、结构及其他安全隐患。

（2）实现多项数据同步采集，可以进行轨检数据批量导入（导入文件为Excel格式），通过整合平台进行所有数据的整合，平台需要预留与其他平台实现数据对接的接口，且支持当前市场上主流监测仪器的数据格式。

（3）在整个系统中，可以进行数据分析，对于现场监控的数据，对于因列车振动、人员碰触等造成的无效数据，能够实现自动筛除。

（4）系统进行不间断的实时监测，通过对预警值控制值的设置，对接收的数据给出报警信息及其具体故障点。通过采用无线传输，从而实现监测系统的远程自动化监控，无需人员多次进入施工现场。系统实现无线传输，无需长距离布设线缆、光缆。

（5）通过数字建模，实现可视化，各个监测点能够在三维图像中体现。

（6）系统具备数据存储的功能，对录入的轨检数据实现同样的分析和超过固定值的预警，并实现后期研究时各项数据的拷贝。一旦出现紧急异常情况，系统能及时发出预警信息，实现综合预警功能；通过声光报警、软件画面报警显示黄色报警、短信报警通知企业和相关领导。可实现监测数据存储，直观显示各项监测、监控数据信息的历史变化过程及当前状态。

（7）安全监测管理分析模块应具备基础资料管理、测量基本参数设定、各项监测内容实时显示发布、图形报表制作、数据分析、系统病害数据分析管理、轨道几何参数分析功能管理、综合预警等功能，同时具备系统完整性与可扩展性（预留接口）。

（8）实现与相关部门数据互连，满足权限管理功能：实现工程安全监测信息在地铁公司内部及主管部门的多级共享；具备权限管理、权限登录、权限协商功能；实现工程安全监测系统的远程登录、远程访问、远程管理及远程维护。系统的分析数据和现场的监测数据可以实时发布，通过互联网可以实时监测运行。

（9）监测成果可实现多种终端查询方式：实现测试数据信息化管理，相关人员可以通过不同权限登录以太网或者利用手机取得现场结构安全数据及安全评估信息，使用PC终端、移动终端（平板电脑、手机）即可在有网络条件下随时随地查看各项监测项数据，使管理更高效、更便捷。

（10）多方巡检：城市轨道交通运营安全各相关方及管理人员可直接参与巡检工作，发现结构物出现问题可通过手机APP将相关相片和文字描述直接上传到软件服务器后台，后台专家、工程师将上传内容和监测数据与现场实际情况进行对比分析，及时发布监测信息并提供相关建议，让用户更加具体地掌握结构物的监测情况。

3. 系统构成

城市轨道交通运营隧道轨道、结构及病害健康监测系统是在具体分析市场需要的基础上，结合工程实践中的经验总结而提出的研究思路。该系统包括：数据上传系统；巡检记录上传子系统；监测数据的自动分析、处理子系统（平台）；三维模型展示系统。

（1）数据上传系统

该系统主要是为满足不同数据来源、不同应用用户的需要，可实现市场上主流监测仪器的接入，如全站仪、水准仪、测斜仪、频率读数仪、水位计等，也可实现隧道施工、运营全生命周期的监测，并可接入隧道周边环境及施工项目监测数据，实现城市轨道交通运营隧道健康监测数据的统一管理。隧道内部实施的监测项目主要包括：①隧道结构变形监测；②隧道三维实景影像采集；③裂缝监测；④渗漏监测；⑤温湿度监测。

1）自动监测系统构成

隧道结构三维位移监测系统主要由四个单元构成：监测设备、参考系、变形体和控制设备。其中，监测设备由自动测量机器人、地铁结构变形自动化监测系统软件和监测控制房组成；参考系由6个基准点（2组×3个点）组成；控制设备由工控机及远程控制电脑组成，系统连接图如图5.3-2所示。

2）隧道结构三维位移监测系统的硬件构成

基于自动化全站仪的变形自动监测系统，以自动搜索目标的全站仪为测量工具，并配备L形单棱镜，采用极坐标的测量方法，测定各变形点的三维坐标。同时将采集的数据通过网络自动传入控制计算机，计算机对所采集的数据进行分析处理，输出变形点的变形及相关信息，便于有关人员及时掌握变形情况。监测网络系统的硬件部分包括高精度自动全站仪、目标棱镜、信号通信设备与供电装置、计算机及网络设备等部分组成，如图5.3-3、图5.3-4所示。

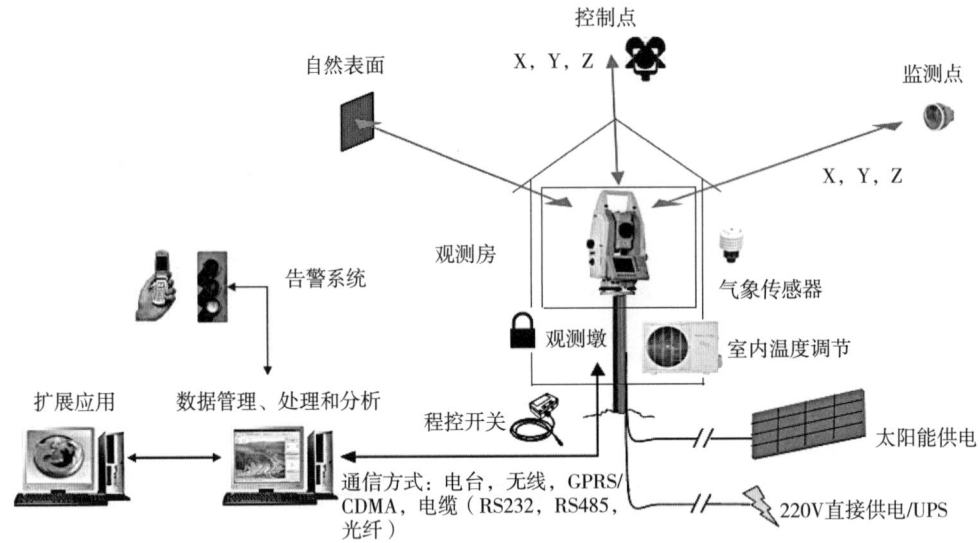

图5.3-2　自动变形监测系统连接示意图

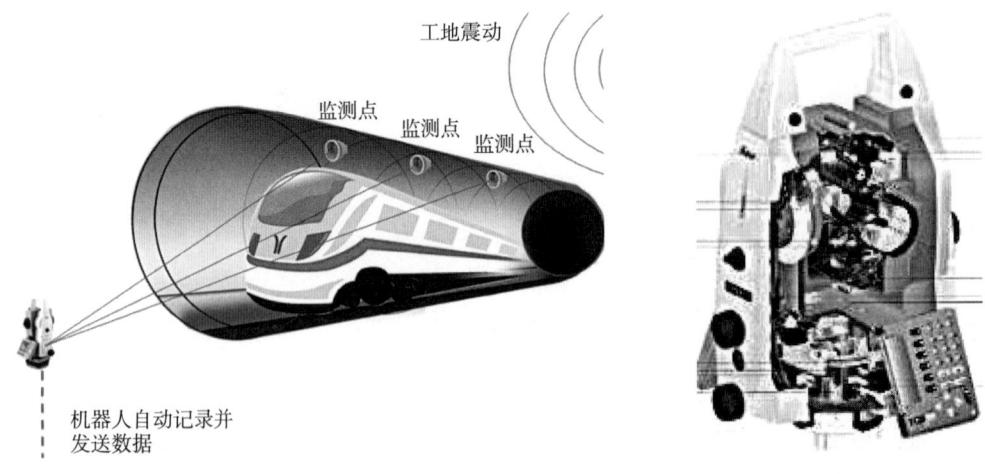

图5.3-3　现场数据采集系统图　　　　图5.3-4　全自动全站仪

①高精度自动全站仪

自动全站仪是具有目标自动识别、照准及自动测量功能的全站仪，瑞士徕卡（Leica）公司生产TS30型自动全站仪属于这一类型，图5.3-4为TS30全自动全站仪的照片。徕卡TS30全自动全站仪具有以下优点：

A. 满足最高精度的测量要求（测角精度：0.5″）；

B. 精度世界最高（EDM精测：0.6mm + 1ppm）；

C. 智能配电（连续工作9h）；

D. 降低成本，节省仪器，远离危险（ATR：3000m）；

E. 避免照错棱镜（小视场角：9.4分）；

F. 高效率快速无干扰（驱动：压电陶瓷电机）；

G. 构件更致密，更稳定，抗低温（低压铸造技术）；

H. 测角的精度更高（度盘尺寸较传统度盘尺寸整整大出15%）；

I. 消除读盘偏心差，减少轴系倾斜影响（四重角度探测，测角精度提高至少30%）；

J. 减少ATR定位时间，提高测角精度（5000Hz的测角频率）。

②通信设备与供电装置

信号通信设备与供电装置包括通信电缆、供电电缆、交直流转换器、串口服务器、电源箱等组成。

③数据传输与存储设备

主控计算机负责测量整体安排，根据时间、测量次序等指示分控计算机进行操作，同时接收分控计算机发来的测量数据，对各站测量数据进行统一处理计算。网络传输设备由网络交换机、无线路由器和网卡等组成，主控计算机通过网络设备实现与全站仪的连接与数据的传输，数据传输示意图如图5.3-5所示。

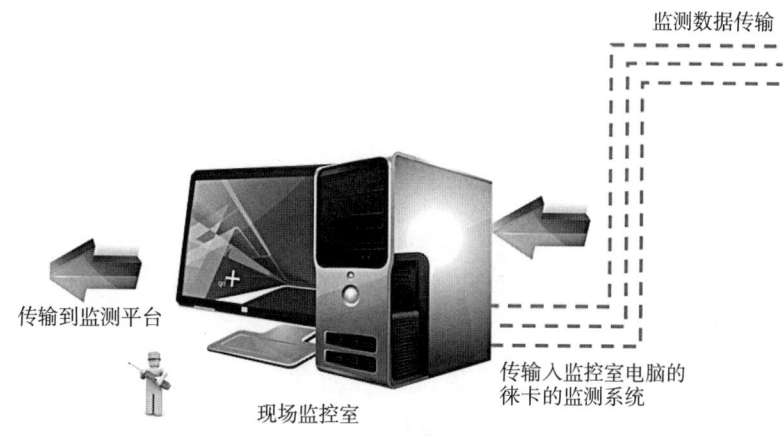

图5.3-5　数据传输示意图

④目标棱镜

目标棱镜设置在基准点和变形点上。目标棱镜一般选择标准圆棱镜或L形小棱镜,当目标较近时可以选择L形微棱镜,目标较远时采用标准圆棱镜,通常基准点上采用标准圆棱镜、监测点采用。如图5.3-6所示为两种棱镜实景照片。

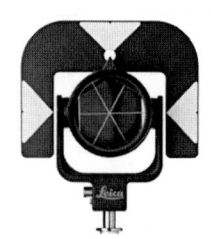

图5.3-6 标准圆棱镜和L形棱镜

⑤系统连接及监测流程

监测系统在无需人工干预的情况下,利用自动监测系统按全圆方向观测法自动照准监测点,完成多测回的边角数据采集,并自动进行解算分析。

3)隧道结构病害监测:

①裂缝监测

本监测参数通过裂缝计、数据采集仪等设备监测裂缝的宽度变化,以反映该结构或构件的当前状况,如图5.3-7所示。可在行车方向两侧安装裂缝计,如图5.3-8所示。

②渗漏监测

隧道渗漏水病害类型包括隧道漏水、涌水(拱部滴水、隧底冒水、孔眼渗水)、隧道衬砌周围积水、潜流冲刷、侵蚀性水对衬砌的侵蚀以及冻害等。渗漏监测参数通过传感器元器件、数据采集仪等设备监测渗漏水的变化情况,以反映该结构或构件的当前状况。

隧道结构渗漏水观测,位于行车方向右侧安装渗漏水观测仪,如图5.3-9所示。

③温湿度监测

隧道内部的温湿度环境影响着作业人员的工作效率和安全,掌握隧道内的温湿

  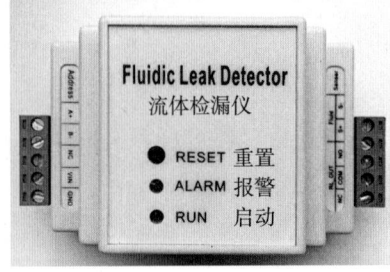

图5.3-7 裂缝监测示意图　　图5.3-8 裂缝观测测点布设图　　图5.3-9 渗漏水现场布设图

度情况还可为机械通风提供参考依据。采用的温湿度计其内部有精密电阻感温、湿元件,可直接测出埋设点周围的温度、湿度的变化量,通过电缆传输至读数装置,经处理显示出实时测量的摄氏温度值,如图5.3-10所示。

（2）巡检记录上传子系统

地铁隧道的病害类型主要包括渗漏水病害、衬砌结构裂损病害、衬砌开裂以及其他类型病害。主要利用钢卷尺、裂缝测宽仪对衬砌结构裂缝长度、宽度进行量测,记录渗漏水病害位置,并用数码相机对所有病害情况进行拍照,出具书面的隧道结构现状病害调查报告。地铁隧道病害智能系统巡检现场如图5.3-11所示。其中,渗漏水病害和衬砌结构开裂、破损病害是影响隧道安全性的主要因素,隧道常见的病害总结如下：

图5.3-10 温湿度计实物图

图5.3-11 地铁隧道病害智能巡检

1）隧道渗漏水病害

隧道渗漏水病害类型包括隧道漏水、涌水（拱部滴水、隧底冒水、孔眼渗水）、隧道衬砌周围积水、潜流冲刷、侵蚀性水对衬砌的侵蚀以及冻害等。

2）衬砌周围积水

隧道运营期间,地表水或地下水向隧道周围渗流汇集,如不能及时排走将引起隧道出现病害就称为积水。

3）隧道衬砌结构裂损

隧道衬砌裂损类型包括衬砌变形、衬砌移动和衬砌开裂三种。

4）衬砌开裂

衬砌开裂是指衬砌表面出现裂缝,是衬砌变形的结果。隧道裂缝一般是指作为隧道主要结构的二次衬砌混凝土表面的可见裂缝,它是指二次衬砌混凝土中的不连续面,这些薄弱部位是引起混凝土破坏的主要原因。

巡检记录上传子系统可实现手机、平板实时编辑城市轨道交通运营隧道相关工程进度或病害信息,通过文字、拍照多种方式描述,对隧道结构、轨道巡查情况、监测设施巡查情况进行跟踪记录并存档管理。

（3）监测数据的自动分析、处理子系统（平台）

该系统的主要工作是对现场的监测数据进行自动处理、分析，并以数据、图表等形式实时输出隧道结构、轨道及病害的变化状况。并通过设定变形警戒值来监测变形状况，当变形超过警戒值时，自动向监测人员及城市轨道交通运营相关单位发出警告信息，为城市轨道交通的运营安全提供有力的保障如图5.3-12所示。

（4）三维模型展示系统

三维模型展示系统主要包含实景图形三维建模、监测数据导入建库、监测数据三维交互式可视化表达、监测数据多方式的二维表达、病害点位置关联及可视化表达等。

三维可视化既是一种解释工具，也是一种成果表达工具。与传统的平面展示方法完全不同，它在表达上更直观、更精准。三维数据采集时在待测物体四周摆放标靶作为各测站点云数据拼接的公共参考点，对待测物体扫描结束后，人工选择四周通视的标靶进行精扫，获取标靶中心的精确坐标，利用相邻测站3个及以上的公共标靶计算坐标旋转矩阵，将各测站点云数据的坐标转换到选定的基准测站上，从而实现点云数据拼接。

城市轨道交通运营隧道健康监测平台将隧道及轨道基础数据进行综合分析，同时用大数据处理模型，深度融合三维可视化技术，及时有效跟进数据变化，以三维模型为基础进行可视化预警展现，提升用户的便利性，如图5.3-13、图5.3-14所示。

图5.3-12 地铁城市轨道交通运营隧道轨道、结构及病害健康监测技术平台

图5.3-13　三维灰度影像图

图5.3-14　三维影像图

5.3.3　系统平台的特色与优势

1. 基于云计算服务中心的健康监测平台创新

（1）规范：通过监测时间、上传时间、上传地点、现场照片等多要素实现对数据源的真实性进行把控。

（2）准确：系统按公式自动解算数据。

（3）实时：即时上传、即时计算、即时共享数据，手机随时查看。

（4）高效：即时计算、自动生成各类报告（减轻技术人员繁琐、重复的工作）。

（5）安全可靠：基于云计算服务中心的安全认证机制和资源访问机制，从物理层、网络层、系统层、应用层及数据层多方面入手，采取不同的安全管理措施与策略，确保用户的监测数据、专业数据各类信息安全。

（6）可扩展性强：可以随着用户的解决方案灵活扩展，云平台架构支持任意数量的设备，可随时增加新设备和新应用。

（7）搭建快速：平台提供方便的设备接入服务，如有新增设备，可达到即接即用。

2. 基于过程的监管

（1）跨部门、跨行业的过程监管

根据不同的结构类型科学选点、合理布置传感器；标准化系统搭建，保证隧道健康监测系统及未来集群监测系统的兼容稳定；通过人工采集实时上传和自动化采集数据直接传送至云平台，平台计算之后将数据实时传送至现场，对监测结果进行初步评估，数据预警之后直接传达至管理者实现快速反应，监测数据存储与后台专家诊断系统结合，保证监测数据科学有用；做到系统多重、分级预警，建设应急处置预案平台，实现系统自动分析预警；提供人性化的软件终端管理界面，同时管理者只要有网络的地方，可以通过手机、电脑等终端设备随时查看被监测结构体的运营状况；报告自动生成，随时下载需要的报告；解决传统检测存在的技术管理弊端，同时节约费用。

（2）对监测工作过程跟踪记录

确保人员、设备、采集时间、采集地点可追踪且可以溯源，可以实现人工监测数据实时上传和自动化监测数据自动采集相互兼容，如图5.3-15所示。

（3）报警处理过程跟踪记录

报警信息按设定发送到相关各方；各方在回复处理意见（同时可以上传附件）后，平台将自动发送信息提醒相关方。如监督部门回复整改意见后，平台自动发送短信给监测、监理、业主、施工、设计，提醒相关方，监督已发布处理意见；各方回复意见可以多次交互；最终由监管人员确定报警处理完毕。

平台不仅可以实现问题结构的远程预警，还可以通过GIS系统，及时定位结构地理信息，采取人员介入、维修加固等应急处理办法，减少事故发生的可能性，如图5.3-16所示。

（4）数据上传跟踪记录

人工上传数据并现场初步确认数据结果无误后，方可进行正常上传；数据结果有误或不确定，放弃计算，存储原始记录和此行为过程记录，但不参与计算，复测后数据结果正常，确定上传；对于误报警或数据结果有误或不确定，但已经上传导致误报，申请数据覆盖，监督员决定是否同意修改（消警），如同意修改删除异常记录，记录删除操作，如图5.3-17所示。

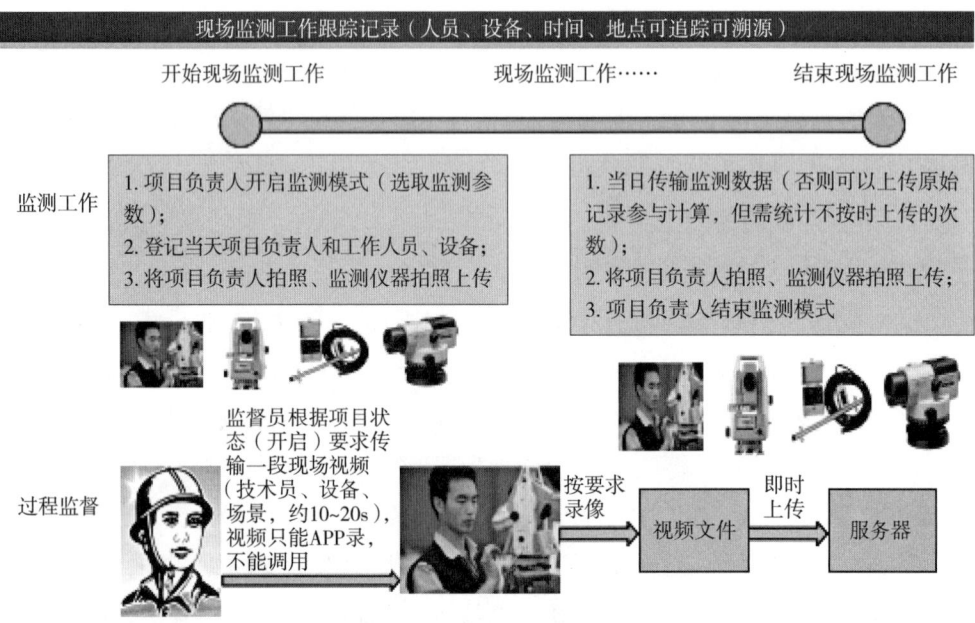

图5.3-15　监测工作过程跟踪

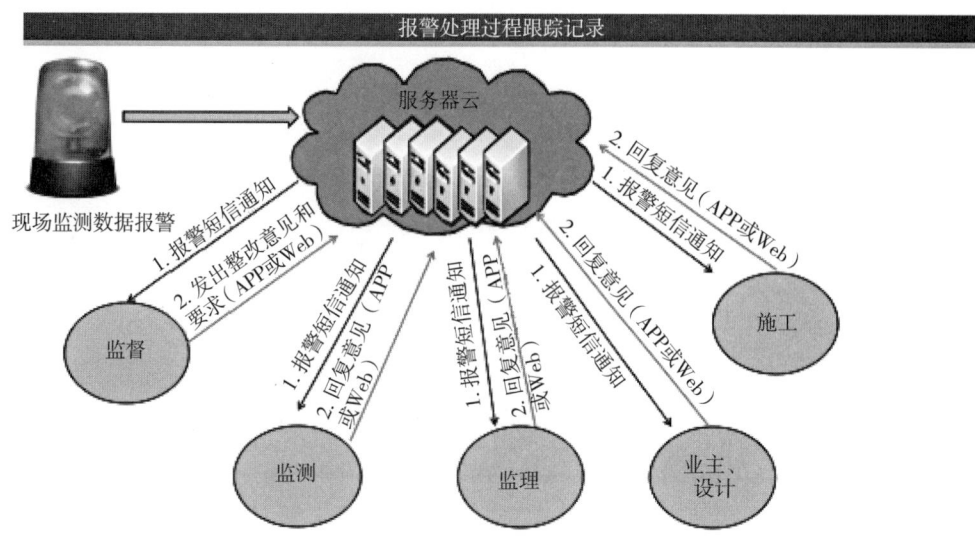

图5.3-16 监测报警处理

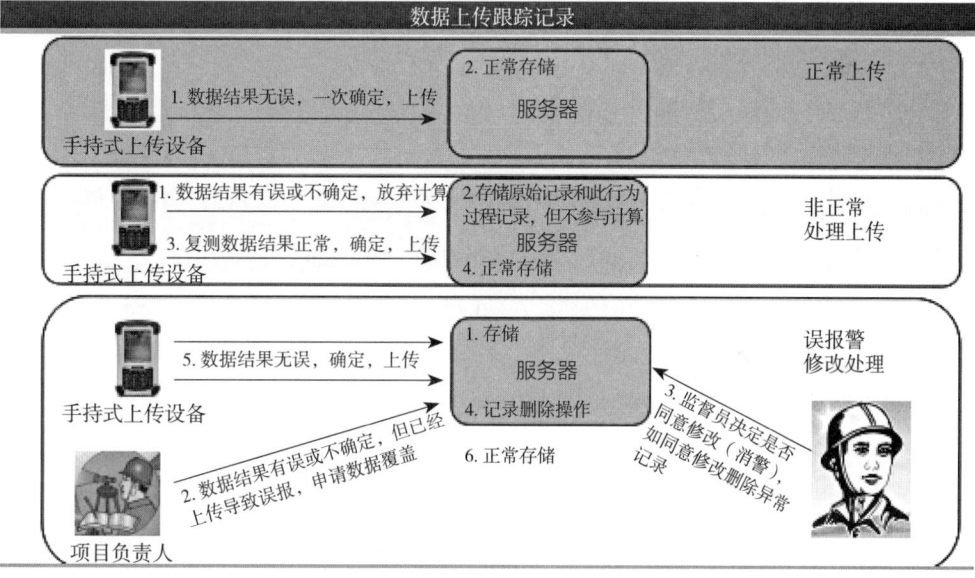

图5.3-17 数据上传跟踪（数据不落地）

（5）行为操作跟踪记录

平台自动记录所有用户登录平台之后的操作行为，以便跟踪维护，如图5.3-18所示。

3. 系统的优势

现有的监测平台都存在一定的缺陷，具体表现在以下方面：

（1）平台对项目的监管能力较弱；

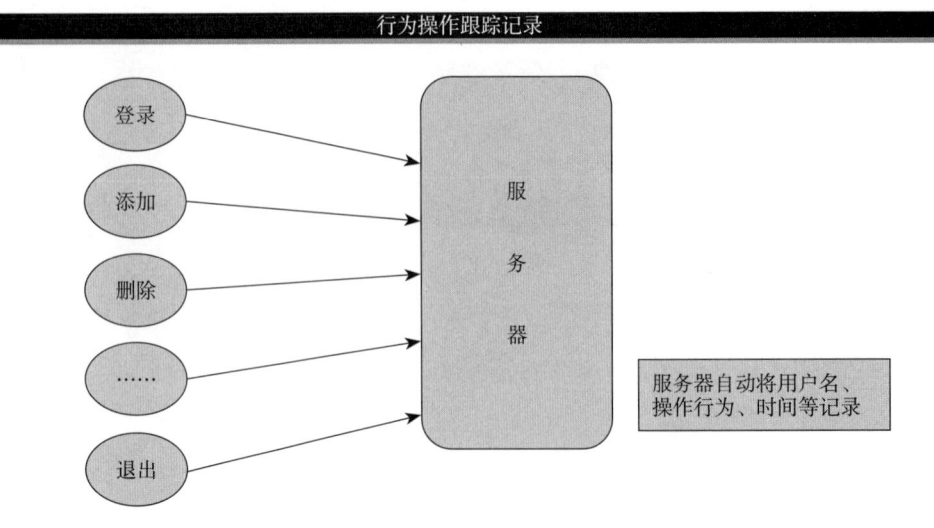

图5.3-18 行为操作跟踪

（2）不能实现对现场人员、设备的监管；

（3）不能进行监测过程的监管；

（4）无法自动判别数据来源等缺陷；

（5）数据不具备溯源性；

（6）不能实现不同角色之间的交互作业；

（7）系统兼容性差，与其他系统或仪器设备对接困难；

（8）不能自动生成完整的监测报告，不能实现现场数据的上传，及时发现监测错误。

一个新的系统平台是否能够具有发展前景，关键在于其实用性和可操作性，城市轨道交通运营轨道、结构设施病害健康监测技术实现地铁运营隧道、轨道和周边影响区域环境变化的在线监测情况与后台的直接联动，对一段隧道的变形、结构病害、轨道几何参数进行有效筛选、分析，通过设置预警值、控制值建立预警机制，并实现可视化展示；在信息传递方面，第一时间将变形情况传递至运营后台控制中心，实现国内首家将轨道、隧道结构监测情况实时结合调度控制中心（OCC）应急机制，使调度员能够第一时间通过三维可视化技术接收轨道、隧道结构病害情况，为调度员行车指挥、应急处置提供充分依据，实现故障判断直接作用于行车组织的快捷流程，使得故障对运营安全的风险可控。

当前在铁路、公路及地铁等运输系统中，对于城市轨道交通运营健康监测系统的需求日益增大。该系统针对城市轨道交通工程尤其是运营地铁的变形数据反馈，根据持续动态的观测需要，开发一套健康监测数据云平台，并对数据进行筛选分析；结合地铁运营的安全需求，建立预警机制，构建一套专门针对运营隧道的监测数据信息预警体系。对于城市轨道交通运营安全、突发事件应急监控、结构病害长期监控都具有重要意义。该系统主要解决和提升的关键点如下：

（1）系统数据来源不受地铁运营影响，连续性好。

（2）数据实时传输，排除人为干扰，安全可靠。

（3）支持三维可视化展示，呈现更直观、更生动。

（4）可进行无效数据剔除，减少误报警发生。

（5）实现自动预警功能，提升事故处置效率。

（6）形成大数据平台，将结构变形、裂纹监测、轨检等数据存储，且可溯源查询，有利于后期全方位地分析研究，并形成更为直观的结构健康状态档案。

因此，该系统平台高效结合城市轨道交通运营特点，对结构安全、行车安全、应急处理方面有很好的辅助作用，同时国内外的大部分研究重点还在提升监测手段、更新监测装置上，该系统在理念上较为超前。该系统的应用为轨道交通行业中的更多专业提供了参考，在更大、更高层面的数据融合和平台搭建上，起到了启发作用。

5.3.4 案例分享

根据国家和广州市地铁设施保护的相关规定，在广州地铁3号线某站至某站部分区间段内（监测的范围为100m，对应里程为YDK0-300～YDK0-400），对该区间隧道结构进行变形（变位）监测及病害监测，实时监测地铁隧道的局部变形或整体变形，判断变形的精确位置、大小量值、变形方向和变化速率，实现车辆运营指导信息化；同时定期开展隧道内病害智能巡视检查，并将数据信息同步至地铁城市轨道交通运营隧道轨道、结构及病害健康监测技术云平台。

隧道内部自动化结构安全监测与环境观测如图5.3-19所示。

该区间隧道内部现场光照较为昏暗，YDK0-300～YDK0-400里程外观病害普查结果主要为渗水、混凝土开裂等，道床细微裂纹较多，该区间段隧道结构病害定期

图5.3-19 现场自动化监测布设图

巡视检查如图5.3-20所示。

三维结构变形监测基准点布置在隧道监测段两端30m外，每端设置3个基准点，每个影响区域设置6个基准点。测站点设在待测隧道中部的间墙上，测站点上安置全站仪，基准点上设置徕卡标准圆棱镜。基准点与测站点构成控制网来测定各监测点的实时坐标。

三维系统主要呈现隧道内各个传感器实时回传的监测数据，具备轨检异常统计、病害异常统计、项目异常统计、行车指导统计、结构数据统计、测点查询、漫游等功能，如图5.3-21所示。

图5.3-20 现场巡检作业成果图

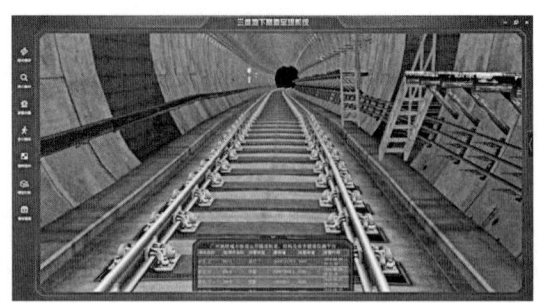
图5.3-21 三维系统示意图

5.3.5 经济效益与社会效益分析

1. 经济效益分析

直线电机列车车载气隙检测装置能及时对正线气隙异常区域进行预报警，避免了列车正线运营过程中直线电机与感应板刮蹭导致的严重影响，达到了降低正线运行风险的目的：

（1）节约了监测部分内外业的人力及管理成本

预计能降低监测人员、地保管理人员40%以上的内业计算工作时间，数据校核人员效率提高90%，报告流程效率提高50%以上，项目管理成本节省人力资源不少于30%，每年节省人工成本约30万元。

（2）技术增值服务推广带来的经济效益

该系统的监测功能首先在广州地铁集团推广，随后又在国内其他地铁公司推广其数据处理及信息发布规范化功能，按每条地铁线不低于100万元收益，一座大型城市推广按1000万元计算，一座大型城市成功推广可获得不少于100万元利润，一个省成功推广利润不少500万元，收益前景可观。

2. 社会效益分析

广州地铁城市轨道交通运营隧道轨道、结构及病害健康监测技术平台实现国内首家将轨道、隧道结构监测情况实时提供给调度控制中心（OCC），使调度员能够第一时间通过三维可视化技术发现轨道、隧道结构病害情况，为调度员行车指挥、应急处置提供充分依据，实现故障判断直接作用于行车组织的快捷流程，使得故障对运营安全的风险可控，对特殊地段的隧道、受外部影响较大且敏感地层的区间进行实时监控，并将现场监测数据进行分析计算，形成直观的动态图像效果和精密的变化曲线，与运营控制中心后台连接，同时对轨道几何数据远程定期录入，综合反映行车条件，建立预警模块，能够在最短时间内发出限速、停车等重要行车调度指令，保障公共交通安全。系统操作简单、可视化程度高、软硬件形成的一体化解决方案经济可行，具有很好的推广价值。

5.4 智能化城市安全管理平台建设

5.4.1 工作内容

1. 总体建设内容

立足"新城建"超大城市风险防控，借鉴先进的安全韧性城市构建理论、方法、技术、平台和标准体系，基于城市信息模型（CIM）基础平台，汇聚各类地下市政基础设施安全信息，构建涵盖地上地下、室内室外、现状未来全要素的智能化城市安全管理平台。同时，还要构建城市重大风险监测感知物联网，实时掌握设施运行状况，覆盖多项典型城市安全专题应用场景，实现风险评估、监测预警、应急协同处置等功能，以"一张图"形式呈现城市整体安全运行态势，并实现综合风险精准分析预警以及跨部门、跨区域的城市级突发事件协同处置，提升城市安全辅助决策及应急协同处置水平，推动城市安全和可持续发展。

2. 本期建设内容

2021年7月，广州市智慧城市投资运营有限公司启动广州市智能化城市安全管理平台项目一期试点建设（图5.4-1、图5.4-2）。通过整合接入CIM平台现有数据资源，面向重点区域，建设覆盖燃气管网、路面塌陷、交通桥梁、综合管廊、供电设施、楼宇消防和路灯安全等风险防控项目的应用场景，以"点、线、面"相结合的方式，统筹分析评估城市复杂耦合风险，开展前端物联网感知系统建设和智能化基础设施改造，搭建"一图总览、一网统管"的城市级管理平台，实现城市安全运行全面感知、实时监测和智能预测，提高城市安全运行保障能力以及精细化服务管理能力。

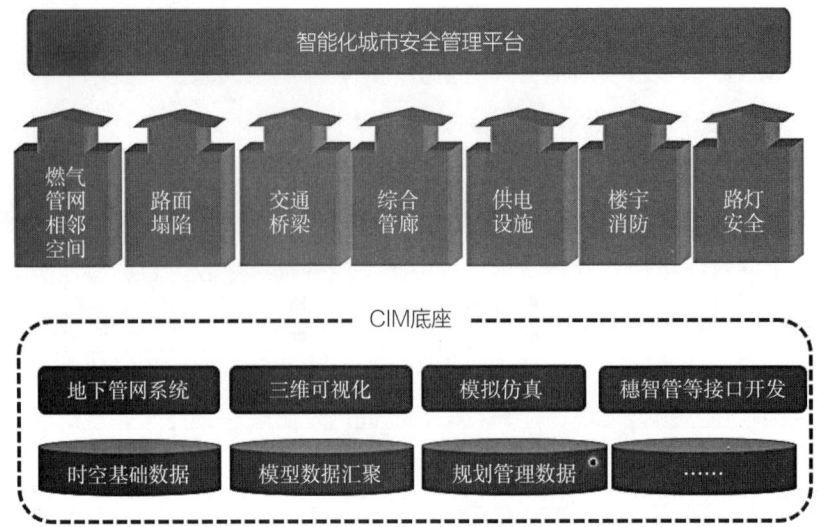

图5.4-1　平台示意图

图5.4-2　综合研判分析功能图

5.4.2　工作进展

随着城市化水平的提升，原有城市基础设施已无法满足人们对城市服务功能和城市安全运行系统的需求。广州智投公司发挥国企担当，聚焦城市"生命线"，综合运用大数据、5G、物联网等先进技术，为城市安全运行提供感知、预警、应急指挥方案。目前，针对燃气管网、楼宇消防和路灯安全等应用场景，广州智投公司已初步搭建基于CIM智慧城市底座的智能化城市安全管理平台，完成试点区域22套燃气监测设备布设、13类11342个点位消防感知终端及3869套路灯实时数据接入，初步完成风险评估、综合评价、监测预警等功能模块的开发部署。

1. 燃气风险实现全流程跟踪

目前运行中的燃气管网存在埋深隐蔽，材质老化腐蚀严重等问题，且受到第三方施工、杂散电流等影响，容易引发泄漏。一旦泄漏，燃气易扩散聚集到与燃气管线相邻或交叉的地下空间，导致大规模燃气爆炸事故。现有燃气安全管理手段难以及时发现燃气泄漏和有效识别交叉风险。当事故发生后，抢险处置缺乏信息化综合分析研判，事态难以科学评估，应急救援无法科学、有效、精准地开展。

针对燃气管网风险，项目通过对地下管线拓扑结构及地面重点建筑分布进行分析，辨识高风险交叉隐患点，结合测点优

图5.4-3　燃气监测设备安装现场照片

化算法，在琶洲新港东路重点区域选取了22个燃气、排水窨井进行试点监测。在窨井中布设的燃气前端感知设备，实时监测甲烷浓度，监测数据实时上传到系统，一旦浓度超过阈值将发生报警。发生报警后，系统将快速调取报警点地上地下周边环境信息，结合扩散分析、爆炸分析、风险要素分析等各类分析模型，综合研判分析泄漏可能造成的次生衍生事故并预演评估事故后果，制定有针对性的应急处置方案，形成事故分析报告。报警信息和分析报告可实时推送给主管部门，辅助应急救援管理，实时反馈处置进度，实现安全事件全流程跟踪，如图5.4-3、图5.4-4所示。

2. 楼宇消防实现闭环管理

高层建筑内部消防设备设施种类及数目庞大，巡检维修消防成本较高，消防管理部门工作压力较大，导致部分消防设施疏于日常监管，误报率高。当火情发生时，设备设施难以发挥作用，初期火灾得不到及时控制，待火情发现后，部分高层建筑内部结构不清晰，周边危险源情况不明，难以判断火灾蔓延趋势及燃烧态势，应急救援难度大。

针对楼宇消防风险，项目选取广州报业文化中心作为试点区域，接入楼宇消防主机监测数据及消防相关视频数据，并将各种消防设施的位置、报警、危险源等信

图5.4-4　燃气监测界面截图

息进行数据整合。同时根据楼宇内部结构图构建楼宇BIM模型，实现可精细到每层楼的可视化管理，一张图呈现建筑的结构情况、室内布局、消防设备分布情况和运行状态。报警发生时，系统将快速定位报警楼层和具体位置，自动调取周围视频监控，直观展现报警点情况。如远程判定为高度疑似真实火情，报警信息将实时推送给消控室工作人员进行现场复核。同时系统将提示周边重要目标、危险源、隐患情况，科学评估火灾发展趋势，辅助消防应急决策，指导消防人员现场处置，后续整理完成火警报告，并在系统中将该区域列为重点监测对象持续监控，实现消防安全应急闭环管理，如图5.4-5、图5.4-6所示。

3. 路灯安全实现智慧化管控

路灯作为城市道路的末端基础设施，容易受到野蛮施工的影响，造成破坏。同时，路灯管理部门冗杂，责任主体多而不实，监管清单不明确，管理不流畅，统筹协作存在困难。

项目针对路灯安全风险，接入琶洲区域3869套路灯编号、类型、材质等基础信息，实时采集在线、亮灯、异常状态及三相电压、电流、功率等数据，在统一的监测管理平台上对路灯运行状态进行实时监管，实时感知路灯的邻近场景状况，及时反馈漏电、故障等风险信息，辅助路灯安全事件应急处置，跟踪巡检维护处置全流程，实现辖区路灯安全的一体化、协同化管控，如图5.4-7、图5.4-8所示。

图5.4-5　消防监测界面截图

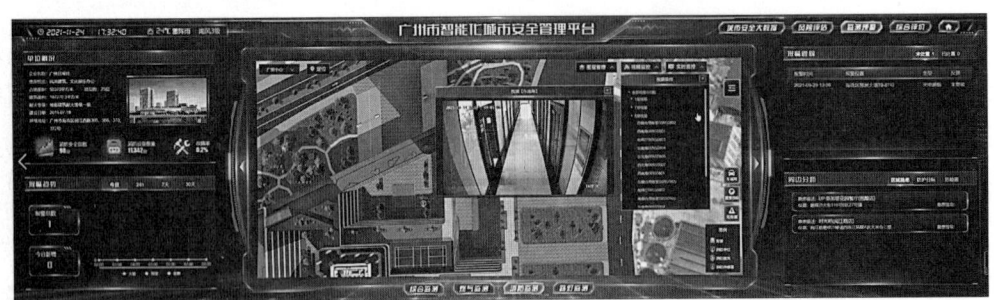

图5.4-6　消防视频监控界面截图

第5章 智能化城市综合安全管理体系建设

图5.4-7 路灯监测界面截图

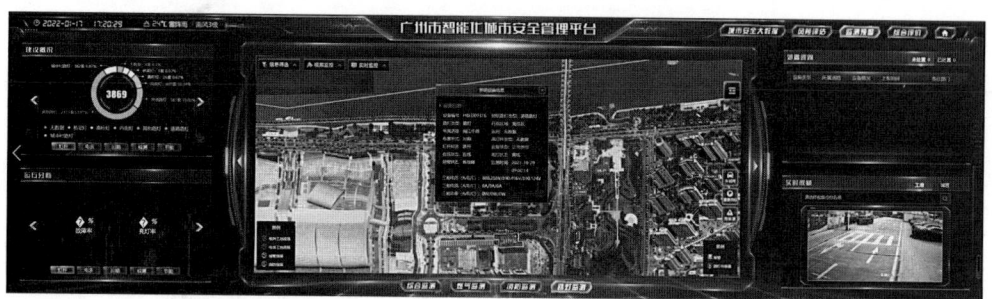

图5.4-8 路灯基础信息及监测数据界面截图

5.4.3 工作亮点

1. 创新国企牵头投资、政府统筹管理的建设运营模式

广州智投公司充分发挥国有企业在新城建中的引领作用，探索新型城市基础设施建设投资模式，建立新城建资金多元合作机制。通过推动项目的持续建设，带动广州公共安全"科技+装备+社会化服务"产业高质量发展，促进产业升级，优化产业结构，依托实体产品催生安全服务，激发市场需求，扩大产业规模，产生"虹吸效应"。同时，项目作为广州市"新城建"试点建设工作的重要抓手，对周边地区辐射影响巨大，在打造城市特色、商机拓展、推广应用等方面具有明显优势。

2. 创新智能化、精细化的城市治理模式

广州市智能化城市安全管理平台建设以物联网、云计算、大数据、CIM平台等信息技术为支撑，构建全方位、多角度、立体化的城市安全运行监测物联网，实时感知运行动态。依托多灾种耦合和灾害事件链综合预警技术，对城市重大安全风险隐患进行科学分析研判，实现对重特大事故的运行风险分析、事前预测预警，以及对城市综合安全风险态势的精准反应，防止重大安全事件的发生，为精细化开展风险分级管控工作、完善闭环处置工作机制提供决策支持。

3. 建立全市统一的协同联动处理机制

目前城市安全问题管理存在多头管理情况，风险管控领域条块分割，数据资源无法有效整合，导致全域城市级安全应用场景建设难以深入开发，城市运行情况难以及时掌握。

作为城市运行管理服务平台的重要组成部分，广州市统一的城市级智能化安全管理平台将结合试点经验打造更多城市安全风险重点领域的专项应用场景，逐步完善城市安全监测体系，建立协同指挥、应急联动、综合治理的长效机制，明确各管理机构责权边界，破除管理盲区，强化城市公共安全综合保障能力，推动实现统建统管，形成全景呈现城市安全态势、精准识别预警安全风险、高效科学处置突发事件、及时复盘提升治理效能的有机闭环，切实保障城市安全和社会和谐稳定。同时，通过集约化建设，降低平台建设及运营成本，实现治理主体、治理模式、治理效益和治理成本的"四个优化"。

5.4.4 工作展望

1. 汇聚整合监测数据，深化平台功能应用

结合城市运行管理服务平台建设要求，持续推动智能化城市安全管理平台汇聚整合各类城市安全相关实时监测数据，并通过数据治理对交换共享的数据进行清洗、分析和挖掘，深化综合分析研判、展示与辅助应急处置决策等功能应用，全方位保障城市日常运行管理和突发事件高效处置。

2. 结合各类专项行动，拓展项目应用场景

平台充分预留安全专项拓展功能，未来将结合老旧小区改造，风险普查等各类专项行动，合理规划部署，逐步拓展风险防控应用场景，提升平台安全保障能力，以应对未来广州城市安全管理中面临的新问题、新挑战，全方位保障城市"生命线"安全。

3. 协同基础设施建设，带动城市产业发展

结合管网、物联网和城市基础设施智能化改造，以智能化城市安全管理平台建设工作为牵引，不断丰富城市安全产业场景供给，充分发挥广州新一代信息技术产业基础优势，提升城市智能化运行监测、探测装备的设计研发和集成能力，创新城市安全管理新模式新业态，带动智能化产业发展。

4. 拓展项目服务收入，探索投资运营模式

在项目推进过程中，将积极协调相关政府主管部门，如广州市城市管理和综合执法局、广州市住房和城乡建设局等推动采购服务立项，争取通过政府购买服务的方式，拓展项目收入来源；同时，面向权属责任单位，如燃气公司、自来水公司等

提供如风险评估、事故预警、辅助决策、维护建议、问题定位溯源、技术支撑等定制化服务，拓展项目服务收入，探索投资运营模式。

5.5 基于CIM的房屋抢险创新应用

5.5.1 应用背景

房屋应急抢险是房屋安全管理的重要环节，也是城市安全管理体系建设的重要组成部分。本项目开展之前广州市房屋应急抢险工作尚未建立智能化信息系统，存在着信息资源获取迟缓、指挥调度效率不高等一系列问题。因此，建立广州市统一的抢险资源管理、抢险事件报送、抢险指挥调度和抢险培训演练等信息系统是房屋抢险工作的重中之重。实现对房屋应急抢险工作全过程、全流程的覆盖，提高应对各种房屋突发险情的能力和水平，保障人民群众生命财产安全。

5.5.2 系统介绍

基于广州市城市信息模型CIM平台，依托云计算、物联网、5G、3D GIS和大数据等技术，遵循"严格管理、提高能力，及时响应、快速抢险"的工作原则，建立集房屋抢险指挥调度、物资储备、专家评估、人员培训、训练操练、预案演练、信息报送于一体的综合性信息系统，为房屋抢险救援的快速响应、快速处置提供信息化、可视化的支撑，实现了房屋抢险指挥可视化应急智慧调度，为房屋突发事故的跨区域、跨部门抢险处置提供技术保障。该系统不但能节省房屋应急抢险救援时间、提高救援效率，还能为城市房屋安全和人民生命财产安全提供迅速、高效的技术保障，维护了社会和谐稳定。

1. 房屋抢险一盘棋

通过建设房屋应急抢险驾驶舱，总览广州市房屋应急抢险相关数据，实时反映广州市房屋应急抢险工作的现状，基于形象化、直观化、具体化的实时数据实现对全市房屋抢险工作的综合监管，以"一屏"观"全局"，辅助指挥部实时掌握广州市房屋应急抢险总体情况。

2. 抢险资源一张图

提供基础地理数据、房屋安全风险源（点）数据、抢险事件数据、抢险物资数据、抢险演练数据等各类数据资源的查询、浏览和展示，全方位支撑房屋抢险数据资源的图文一体化管理，用数据驱动精准抢险和辅助决策，全面提升房屋抢险处置能力，如图5.5-1所示。

3. 指挥调度一张图

实现抢险队伍、车辆、物资等资源的统一调度指挥，快速组织专家、救援队伍及调用相关救援物资，采用现场救援与远程指挥相结合的方式，通过无人机、智能机器人进行事故现场的视频画面采集，实时回传应急抢险现场情况，可为现场或远程指挥及专家决策提供第一手的事故现场信息，便于指挥调度和及时有效地处置突发事件，提升房屋抢险救援的快速处置能力，如图5.5-2所示。

4. 抢险实训一张图

构建虚拟现实的演练平台，提供房屋抢险模型动态演练。通过培训与演练的结

图5.5-1　抢险资源

图5.5-2　指挥调度

第5章 智能化城市综合安全管理体系建设

图5.5-3 抢险实训

合,既能对抢险队员进行知识技能培训,又能依据房屋应急抢险预案开展演练。通过抢险演练实训,及时发现处置过程中存在的问题,检验和评估应急预案的可操作性和实用性,提高房屋抢险救援能力,如图5.5-3所示。

5.5.3 系统平台的特色

1. 资源展示,抢险决策精细化

以二维、三维场景为核心的"房屋抢险应急指挥一张图",全方位支撑房屋抢险数据图文一体化展示、查询,能够全局、立体、实时地呈现周边应急队伍与装备、应急专家、应急物资等保障资源信息,并提供房屋安全风险源、房屋抢险事件、抢险物资和抢险队伍等数据分析功能,辅助决策者合理制定房屋抢险方案,实现有效指挥调度和快速应急抢险,提升抢险处置能力的现代化水平。

2. 科技创新,指挥调度远程化

对接无人机、侦查机器人等先进监测设备,结合平台的实时语音通信、视频连线等场景功能,全面监控现场救援情况,提升房屋应急抢险指挥能力。通过融合通信功能实现远程指挥,智能调度各级应急物资和救援力量,精准有效地实施救援,为有效妥善应对房屋突发事件提供先进的信息化技术支撑手段,全面提高应急管理水平和突发事件应对能力。

3. 全程管控,房屋抢险智慧化

依托二维、三维可视化的CIM基础平台,实现了房屋应急抢险管理工作从事故接警上报、现场核实、现场处置再到沙盘演练的全流程管理。战时可快速汇集现场及周边抢险力量进行统一应急调度和指挥救援，平时可开展突发事故回溯、预案演练和培训学习，从而实现房屋应急抢险管理的数字化和智能化。

5.6 基于CIM的玻璃幕墙监管创新应用

5.6.1 建设目标

1. 建设广州市统一的玻璃幕墙监管数据库

制定玻璃幕墙监管底层数据标准，通过多种方式，汇集广州市所有区县下辖的建筑玻璃幕墙的地理信息（名称、门牌号、经纬度、归属网格单元、区县等）、责任主体信息（业主/物业单位、幕墙安全联络人、联系电话等）、基础档案信息（《建筑玻璃幕墙使用维护说明书》、竣工日期、幕墙构造、幕墙高度、建筑用途等）、安全管理行为信息等，形成广州市统一标准的建筑玻璃幕墙监管数据库，为信息化监管做好数据准备。

2. 建设广州市统一的玻璃幕墙监管系统

由广州市住房和城乡建设局统一建设玻璃幕墙监管信息系统，并按需为各区县、属地街乡镇、社区开通监管账号，按权限监管各自辖区的建筑玻璃幕墙安全，并对玻璃幕墙实行安全分级监管（比如参照气象领域的红、橙、黄、绿四级分类等），对监管过程发现的安全隐患，按照安全等级逐级提升预警和管理力度——黄色预警的由属地部门处理、橙色预警的由区县介入处理、红色预警的由市级介入处理。

3. 建设玻璃幕墙安全监管的管理闭环系统

严格按照《广州市建筑玻璃幕墙管理办法》的规定，建设玻璃幕墙安全管理流程的闭环系统—监管部门—责任主体之间的管理行为、管理动作，固化到系统的看板模块，形成在线管理闭环。

4. 建设玻璃幕墙安全管理决策支持系统

建设玻璃幕墙安全监管决策支持系统，从多维度开展统计分析、支持监管部门进行数据决策、科学决策。对监管过程发现的问题，形成问题清单、责任清单，采取针对性措施，比如红色预警建筑的精准定位、应急抢险资源调度等；通过进度看板，及时跟踪管理闭环（告知、监督、反馈的各环节）完成情况，对于进展不顺的环节采取针对性措施；通过问题的归因分析，进一步发现规律，预防未来风险。

5.6.2 建设思路

玻璃幕墙监管主要面向3大类用户：监管类用户、业主/物业用户和行业专家/

服务商，按权限进行数据共享、业务协同，共同管理幕墙安全。其中，责任主体、行业专家/服务商等用户，在外网进行现场操作——巡查/抽查现场录入、业主签收、自查、上传图片、填报内容等的实际需求。通过专业设施同步到内网，监管部门及时发现和处置、形成管理闭环，并据此进行数据决策。玻璃幕墙监管平台架构如图5.6-1所示。

图5.6-1 玻璃幕墙监管平台架构图

5.6.3 建设任务和内容

1. 发现子系统

实现安全隐患登记，记录房屋幢信息，登记业主、物业企业、竣工日期、幕墙属性、玻璃性质等相关内容。信息来源渠道为热线、信访等立案信息。

发现潜在隐患，形成问题清单。问题单自动生成巡检检查填报任务，由监管人员安排实地检查。发现隐患的主要方式包括防汛防台填报、日常巡查填报、定期检查填报、维修维护填报、安全性鉴定填报、安全抽查填报、年度填报等。

2. 告知子系统

推送告知信息给责任主体，抄送给属地监管人员。市、区局管理人员，通过选择告知业务类型，加载既定的模板，可以对加载的模板进行编辑修改，选择接收人、抄送人，点击发送后，接收人、抄送人可通过短信接收、小程序端的预警中心接收、通知模块接收发送信息。业务类型主要包括防汛防台、培训通知、应急措施等，使得全部属地监管人员能够第一时间掌握相关告知信息，并合理地安排下一步相关工作。

3. 监督子系统

根据隐患严重程度进入不同的处置流程，如抢险、处罚、约谈、整改单、催告等。

对于安全隐患问题自动生成问题单并派发到对应负责人，系统里实时监督跟踪处理情况。对于超期未处理或处理不到位的进行预警推送、约谈或者行政处罚。

4. 分析子系统

从楼栋、年份、高度、用途、属性等多角度分析。决策可视化功能，从发现—告知—处置—反馈流程，分析处理时效性，进行问题分析、辅助决策支持。

通过可视化展示玻璃幕墙监管情况，从广州市宏观角度分析幕墙总体情况、责任划分情况、隐患分布情况，为管理人员制定监管政策提供数据支撑。同时，还可从单体幕墙建筑层面进行分析，通过了解单体项目的检查情况、问题处理情况掌握其安全状态，辅助基层管理单位制定工作计划。

5. 服务子系统

服务子系统包括地图服务、搜索引擎、知识库等。通过对接基础地图服务，实现地图标记，定位建筑以及隐患点。通过对接CIM地图建筑模型，建设可视化监管大屏，直观监控广州市幕墙建筑情况。通过辖区地图标注与管理，将隐患点、隐患严重程度等，标记在地图中，方便查阅跟踪。同时，利用搜索引擎、知识库从不同维度快速定位信息，包括幕墙检索、行业人员检索、检查报告检索、问题处理报告检索等，提升监管效率。

5.6.4 关键技术与创新点

1. 基于CIM技术的可视化管理

本项目通过接入广州市CIM应用平台服务，将幕墙建筑挂接到CIM建筑模型，通过三维可视化模式管理幕墙信息，能够一目了然地了解幕墙建筑的外立面情况，以及周边建筑、交通、环境等情况，如图5.6-2、图5.6-3所示。基于CIM可以进一步扩展和对接更多信息，比如实时摄像头、绿化、道路情况等，为监管或者安排现场任务提供更直观的依据。

2. 移动应用实地检查即时填报

缺乏信息化手段的幕墙监管，一般检查经过维修人员处理后，手动记录处理情况、手动填写处理地址位置，返回单位后再录入内部系统。流程繁琐，操作复杂，定位信息不准。移动互联网时代，为人们带来了随时随地掌上办理的便捷。玻璃幕墙的监管工作也顺应潮流，为各级用户量身订做了移动功能。一线用户在现场掏出手机"拍照—填写—提交"一步到位，监管部门实时看到现场处理结果。同时，监管决策人员也可在移动端便捷地查看幕墙画像，分析幕墙数据，查看报告，如图5.6-4所示。

图5.6-2　幕墙监管大屏

图5.6-3　建筑物单体幕墙信息展示

图5.6-4 移动端应用界面

3. 各级用户群体全覆盖

传统的幕墙监管,往往仅提供维护服务的中标供应商具备部分信息化管理能力,会将一部分信息纳入自建系统管理。而各级监管部门、物业业主在执行工作中,只能通过纸质档案或电子表格的形式归集数据。若中标供应商发生了变化,历年数据也无法完善衔接,不利于总体的分析监管。本项目的系统功能则从市局、区局、街道、供应商到物业业主实现了全覆盖,所有用户共用一套系统,共享一套数据。各群体之间信息无障碍流转,监管部门的通知、任务能够直达基层管理单位,基层人员的信息填报也能够在监管端实时查阅。检查功能覆盖全部监管需求,及时更换不同的供应商也能够完美衔接历史数据。

4. 一楼一档信息化留存

以往供应商的更换,导致幕墙管理的成果文件或数据结构发生较大变化。不同年份、不同供应商的数据之间无法关联衔接。大量纸质档案打印封装存档,基本无法用于分析管理。本项目的建设,为幕墙建筑制定了统一的数据规范,系统依照规范进行功能建设。从此以后的幕墙档案、巡查数据、处理数据都将基于"一楼一档"的幕墙数据为基础,未来新需求、新政策的调整,也将基于此档案进行扩充完善,确保各类关联数据在时间维度上均可追溯。监管部门在数据统计分析时将更加高效便捷,如图5.6-5所示。

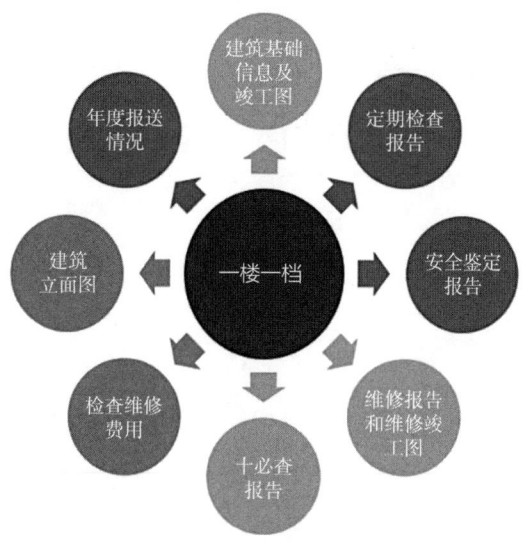

图5.6-5 "一楼一档"信息留存

5.6.5 建设任务及内容

1. 与智慧城建对接实现智能化监管

广州市目前正在推进的智慧城建工程包含了住建行业方面的新兴技术以及相关数据,其中围绕玻璃幕墙监管有很多信息可以对接加以利用。例如建筑BIM模型,不仅可以可视化展示建筑立体外观,还可以进一步查看内部结构,对于建筑的整体情况有更清晰的认识,对于风险点的标记也能够更精确;例如建筑周边的摄像头网络,能够实时拍摄幕墙情况,通过接入视频信息则能够掌控即时幕墙信息,针对隐患的确认、处理情况的核查会更加可靠,改善以往只能依赖当事人的专业性和责任心的情况,可以做到高质量的监管。智慧城建还包括其他方面的信息,通过各方协调沟通,必定能发掘出更多创新的智能化监管方案。

2. 深入挖掘数据分析决策支撑需求

与监管部门进一步沟通挖掘深层次的数据分析需求,从更多角度扩展完善统计分析以及可视化管理功能。通过大数据分析实现各项数据之间的关联关系与规律,实现初步的风险预测预警,为监管决策提供更科学翔实的数据支撑。

第6章　智慧社区、智慧园区建设

6.1 智慧社区建设

6.1.1 建设背景

智慧社区是充分应用大数据、云计算、人工智能等信息技术手段，整合社区各类服务资源，打造基于信息化、智能化管理与服务的社区治理新形态，是城市精细化治理的"最后一公里"，是智慧城市的基本单元，是为居民提供精准化、精细化服务的基础性工程，直接影响人民群众的安全感、体验感和获得感。在数字社会、数字政府、新型智慧城市建设方兴未艾的大环境下，国家政策层面对智慧社区建设作出了重要部署。《中华人民共和国国民经济和社会发展第十四个五年规划和2035年远景目标纲要》明确提出，推进智慧社区建设，依托社区数字化平台和线下社区服务机构，建设便民惠民智慧服务圈，提供线上线下融合的社区生活服务、社区治理及公共服务、智能小区等服务。

2020年10月，广州市成为全国首批"新城建"试点城市，试点开展以来，广州市人民政府率先印发了《关于加快推进广州市新型城市基础设施建设的实施方案（2020—2022年）》（简称《实施方案》），《实施方案》涵盖了"推进智慧社区、智慧园区建设"等7项任务，目前，智慧社区建设正稳步推进，逐步构建"政府引导、社会参与、拓展场景、智慧提升"的工作格局。

2021年11月17日，广州市新型城市基础设施建设试点工作联席会议办公室印发《关于落实老旧小区引入社会力量建设智慧社区试点工作的函》，明确老旧小区智慧化等提升类改造要按照政府引导、市场化运作的模式，依托社区数字化平台和线下社区服务机构，建设便民惠民智慧服务圈，提供线上线下融合的社区生活服务、社区治理及公共服务、智能小区等服务，推进老旧小区智慧社区建设。探索形成"老旧小区引入社会力量建设智慧社区"可复制可推广的推进机制和运作模式。要求"全市每个区选取不少于3个老旧小区按照越秀区三眼井老旧小区智慧化改造示范项目"的模式推动落实。截至2022年11月，荔湾、白云、天河等8区已报送试点项目22个，其中接近完成项目5个，实施中项目2个，前期设计项目15个。

第6章 智慧社区、智慧园区建设

2022年8月29日，广州市新型城市基础设施建设试点工作联席会议办公室组织编制并印发了《基于城市信息模型的智慧社区建设、运营及评价技术指引（试行）》（以下简称《技术指引》），为智慧社区建设和运营标准化提供技术支撑。

6.1.2 应用案例

1. 越秀区三眼井社区根据需求布局产业导入，系统推进社区产业赋能

通过政府引导、市场化运作的模式，引入华润集团润高智慧产业有限公司，从完整社区角度解读老旧城区，围绕居民"医、食、住、行、商、文"等需求，借助华润集团强大的商务物流体系，接入电商、配送、健身、文化、旅游、家装、租赁等优质服务，拓展家政、教育、护理、养老等增值服务，引入居民体验式抢单服务机制带动灵活就业，补齐社区服务短板，系统推进产业赋能；推进社区智慧服务体系和水电气热智慧物联体系建设，协同社区建设"透明账户"，依靠产业租金和收入分成等方式平衡建设及运营的支出，通过数字智慧运营提供便利、高效、温馨的生活服务，逐步实现可持续、长效运管的智慧化社区，如图6.1-1所示。

三眼井社区通过智慧社区管理平台与广州市CIM平台对接，实现社区物联感知数据、社区管理运行数据与广州市CIM基础平台数据的共享互通，实时掌握社区运营管理态势，最终实现CIM对社区运营、管理的全面赋能。利用虚拟世界对现实世界进行全真模拟，社区居民可通过ID在元宇宙社区里漫游并参与社区活动，物业公司可通过元宇宙社区实现事件发布、社区巡逻、设备管理等业务功能，商家也可在元宇宙社区进行商品展示以及销售等，如图6.1-2所示。

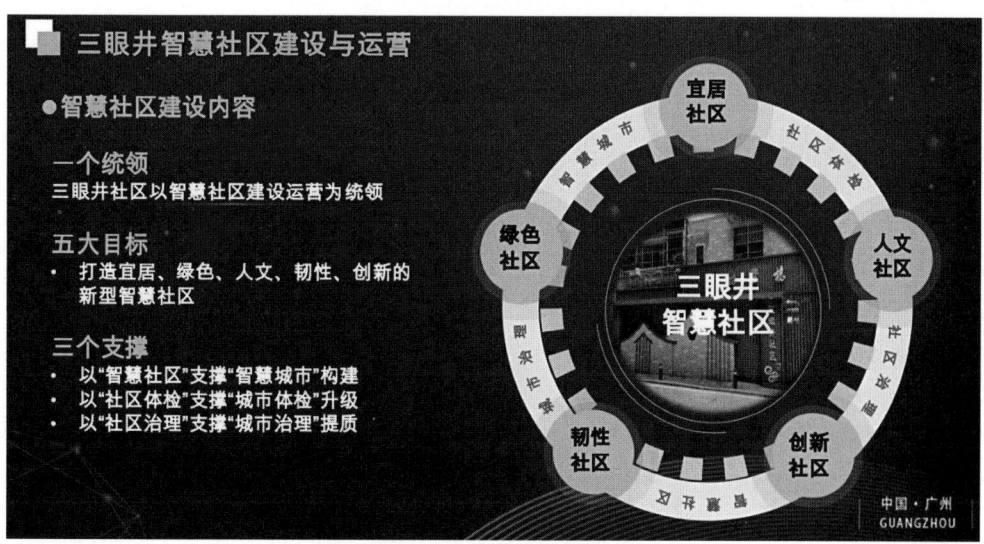

图6.1-1　三眼井智慧社区建设内容

社区建设内容包含了PC端平台系统和移动端小程序。目前智慧社区服务场景已应用于高空抛物、环境监测、火灾预警、电梯监控、社区防疫、环境卫生、安保巡逻、智能安防、垃圾分类、社区保洁、白蚁监测等十余种场景。通过科技赋能基层党建工作，搭建智慧党务、智慧政务系统提升社区治理能力。搭建智慧运营服务平台提升物业服务水平，以数字化赋能社区安防、社区交通、社区医养等多个领域，为居民提供安全、便捷、整洁、舒适的社区生活环境。按照"零碳社区"建设原则，通过新能源充电设备、垃圾分类回收、雨水收集等多种举措，充分降低社区碳排放量，同时建立社区碳账户，并通过智慧社区平台连接充电桩、智能垃圾桶等设备数据，记录社区的碳积分，如图6.1-3所示。

图6.1-2 三眼井智慧社区宜居社区建设

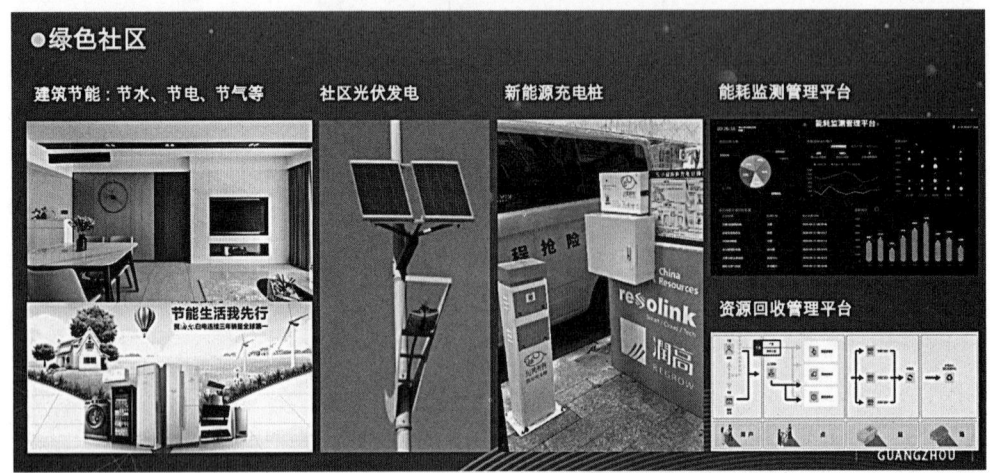

图6.1-3 三眼井智慧社区绿色社区建设

社区通过智慧社区小程序引领社区居民以及各类社团组织在社区开展花艺、声乐、公益等各类活动，陶冶居民生活情操，引领居民共建人文社区。为丰富人民群众的精神文化生活，更好地服务群众，三眼井智慧社区积极举办各式活动，通过组织"品社区史、建社区家"活动，讲述社区历史，溯源三眼汲泉颂万家灯火历史典故，留下社区历史记忆，留住乡愁，并凝练形成了"汲泉惠民、同心共治"新时代社区公约。搭建智慧社区物联平台，布设防疫、防涝、消防、有害气体、房屋安全、电梯安全、白蚁监测等物联传感设备，实现社区隐患实时感知，及时预警突发情况，保障社区安全。通过智慧社区物联平台，对社区多个维度全面体检，实施监测，及时预警，保障社区基层治理各项工作顺利运行，如图6.1-4所示。

2. 六榕街旧南海县社区建设智慧社区平台，融合共享多维数据智能关怀独居老人

该社区位于广州市越秀区，因曾为明清南海县衙所在地而得名，是著名的历史文化街区。作为广东省首个数字政府改革建设示范区，越秀区深入贯彻落实习近平总书记基层治理思想，持续探索智慧化社区服务治理模式，以旧南海县为试点，打造"多元赋能、减负便民"智慧社区，如图6.1-5所示。

旧南海县智慧社区建设的整体蓝图，是在原先社区微改造的基础上，充分利用5G、人工智能、云计算、物联网等技术，建设智慧社区IOC平台，将"传统社区"与"数字世界"深度融合，在一个平台上集成映射，打造智慧社区服务中心。该平台以越秀区"令行禁止、有呼必应"综合指挥调度平台为"数据中台"，打造"小前台、大中台"的数据共享模式，多类数据资源双向对通。平台纳管整个社区的

图6.1-4　三眼井智慧社区人文社区建设

人、事、物，提供VR全景视角、社区多维观测和全量数据分析，智慧安防、智慧消防、智慧医养等场景落地。

越秀区在旧南海县社区广泛布设消防占道、垃圾堆放、高空抛物、人脸识别等多种AI算法和高清摄像头，通过与"越秀先锋"打通，实现事件"发现—告警—响应—处置—办结"五步闭环，有效提升工作效率，为基层减负赋能。以人员密度算法为例，社区幼儿园在非接送时间出现人员群聚，视频监控即可自动识别、迅速告警，提示工作人员留意，保障幼儿园小朋友的安全，如图6.1-6所示。

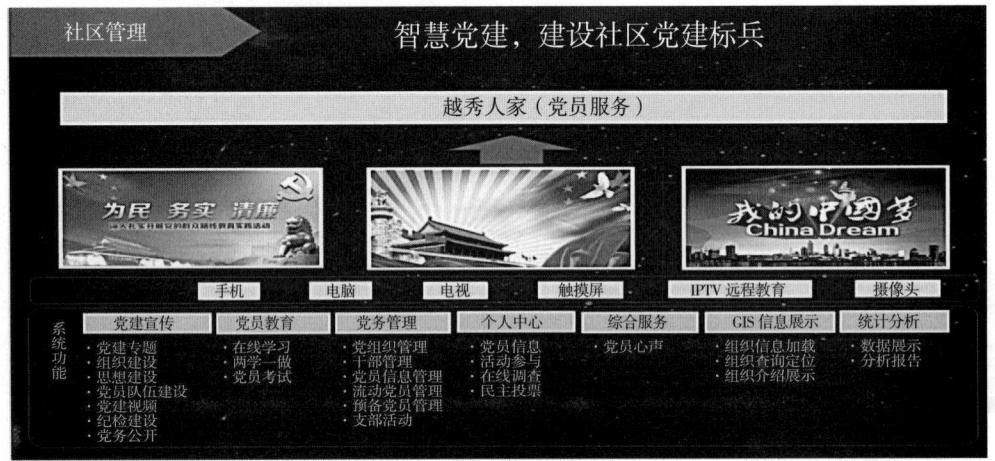

图6.1-5　旧南海县智慧社区智慧党建

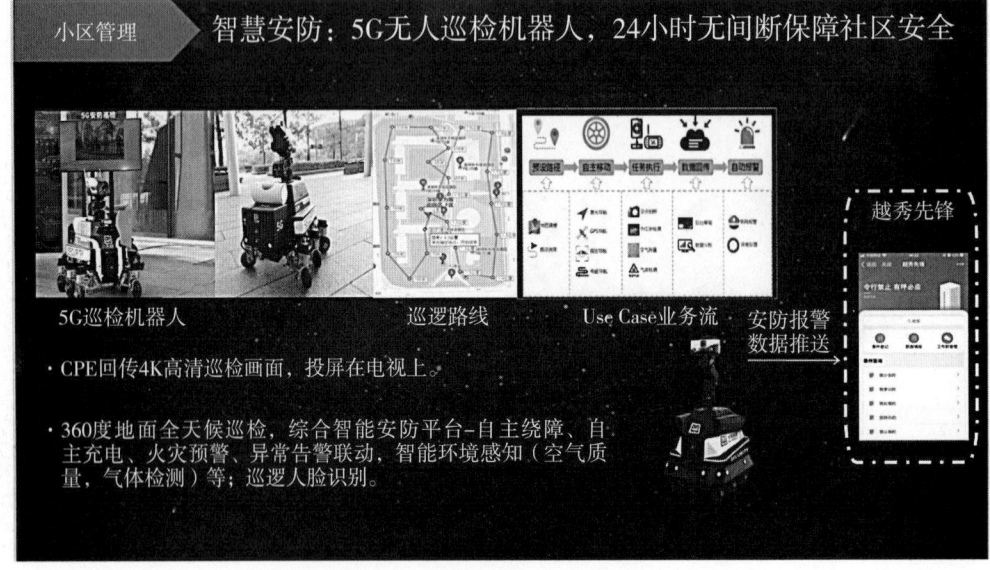

图6.1-6　旧南海县智慧社区智慧安防

当定时投放点出现垃圾堆放时，垃圾堆放算法启动，第一时间识别告警，自动推送"越秀先锋"，由环卫工人跟进处理，垃圾堆放处置效率提升5倍，更大力度维护市容市貌干净整洁。视频监控遍布社区，串联治安巡逻沿线，社区工作人员通过平台即可在线"视频巡逻"，发现异常立即发起事件，相关工作人员协同处置。在相同时间内，视频巡逻范围是实地巡逻的三倍以上，极大为社区工作人员减负。通过布控指纹锁、无线感应门磁、智能监控、可视化报警盒、广播音箱等设备，将社区安防触角深入到一房一屋，全面提升智慧安防水平，如图6.1-7所示。

一直以来，社区消防都是社区管理的一项重要工作，社区消防管理的完善与改进，对促进社区安全稳定、和谐发展具有重要作用。为了实现社区消防的高效性与实时性，真正做到防患于未"燃"，越秀区重点在旧南海县高龄独居老人住所、沿街商铺等安全隐患较大的场所试点安装了近百个物联网智能烟感探测器。当监测数据达到一定阈值后，平台会自动弹出告警信息，通过"越秀先锋"发起预警，社区指挥中心即刻派员上门或电话核查，实现前置监测、实时监测，从苗头上掐住消防隐患。社区还可以根据实际情况，调整烟感探测器的灵敏度及阈值，灵活满足商店、餐馆后厨等不同场所的需求。

通过平台与"越秀先锋"的双向联动，旧南海县社区形成了"即时响应、高效处置"的社区治理机制，突发应急全域协同，指挥调度周边资源。居民诉求"接诉即办"，各类隐患高效化解，有效提升社区全域精细化管理水平。建设宜居社区、

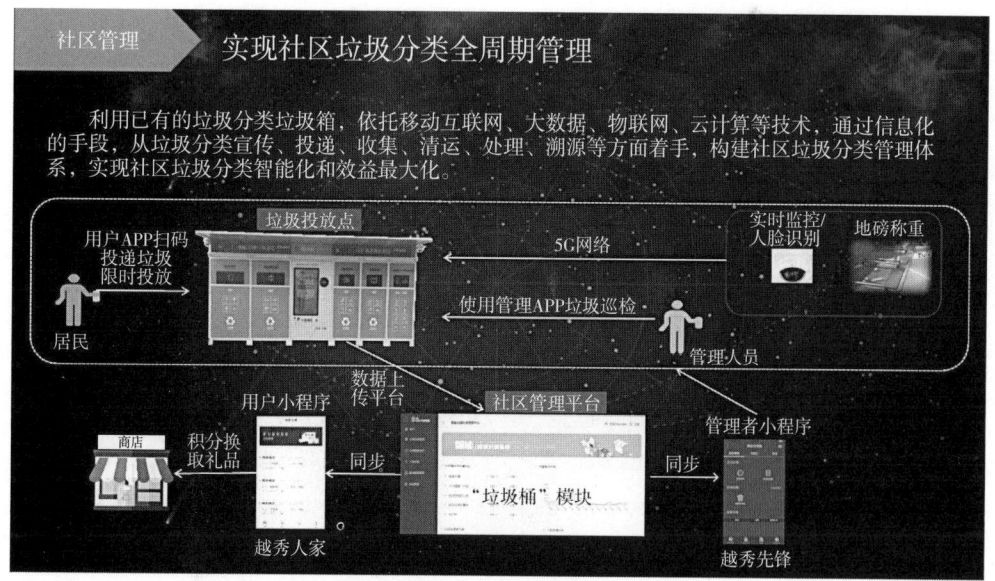

图6.1-7　旧南海县智慧社区垃圾分类

长者乐园，是智慧社区应有之义。基于老龄化人口增长、医养任务重的现实难题，越秀区在旧南海县试点创新智慧社区合作新模式，由"政府+企业"联合建设运营，将政府、运营商、服务商三方角色进行资源整合、平台互通、数据共享，推动社区居家养老可持续发展，实现共建、共治、共享、共赢。

社区还向辖内高龄、独居或者患有严重基础病的老人发放智能手环。目前手环主要可实现防走失定位、跌倒监测报警、健康跟踪、紧急呼叫等智能感知服务，后台数据实时分析，动态维护健康档案。各项数据信息同时传递社区及监护人，筑牢社区医养双重保障。佩戴智能手环后，老年居民离开约定范围，手环将自动告警，告警信息通过"越秀先锋"告知社区，并同步以短信方式通知监护人，双管齐下确保老人安全，织密老人保护网，如图6.1-8所示。

此外，基于元知科技"壹镇通"的社区团购、居家养老、社区医疗等服务也陆续展开。"越秀人家"掌上服务资源下沉，党员服务、微心愿、长者饭堂、家政服务等线上线下一体融合，精准对接服务需求。今年以来，社区已开展多场康养义诊活动，为社区老人提供健康体检、医疗咨询等服务，获得辖内居民的一致好评。多方共治、常态高效的社区医养模式正初现雏形。

目前，旧南海县社区已通过5G网络实现物联网全覆盖，实现社区数据一点集中、社区事件一屏指挥、社区服务一键触达。未来，将在省、市的指导下，不断总结旧南海县智慧社区试点建设经验，进一步整合政企资源，发挥数字优势，多元赋能深化减负便民，打造更多安全、高效、舒适、便利的智慧宜居社区。

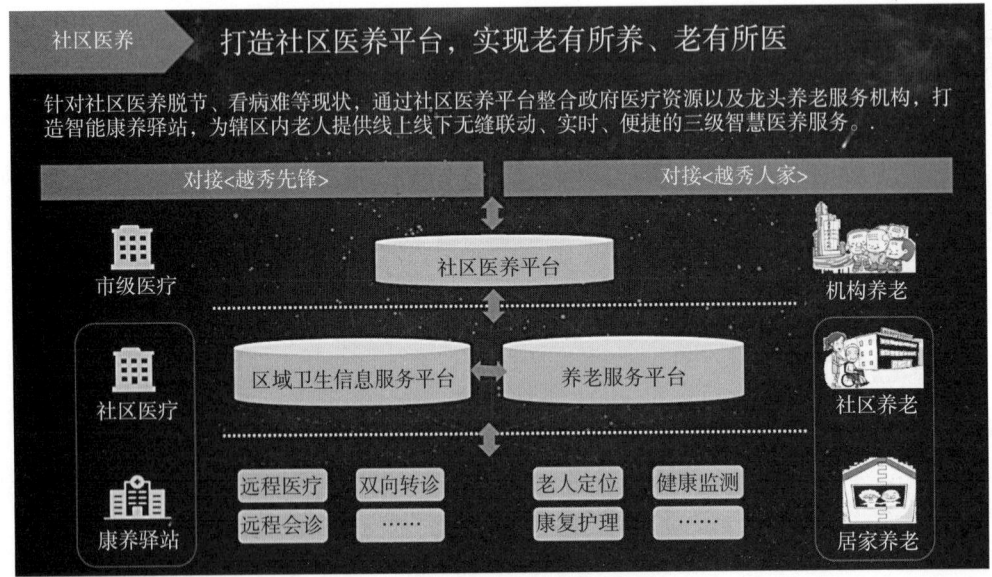

图6.1-8 旧南海县智慧社区社区医养

6.2 智慧园区建设

6.2.1 建设背景

"新城建"为数字经济的加速提供有力支撑，为"产业数字化"和"数字产业化"的进一步升级提供保障。通过新城建，将为城市和园区的建设运营提供数字转型、智能升级、融合创新等服务的基础设施体系，例如，到2020年年底，中国的5G基站超过60万个。在"新城建"的助推下，数字经济也将为"新型城镇化"发展按下"加速键"，实现"空间数字化"。小到店铺和车间，大到整个城市，将在"数字"的带动下，成为不同规模下"有温度、善感知、智生长"的数字智慧空间。数字智慧空间的园区承担着"承上启下"的重要作用。从规模上看，园区是仅次于城市的空间单位，囊括了智慧工厂、智慧社区、智慧商区以及更小的智慧空间；从影响来看，园区是城市经济和社会发展的重要推动力量。作为新环境中"空间数字化"的主角，园区将发挥集聚产业效能、推动技术创新、改善城市居民生活、提升企业价值的重要作用。

广州市人民政府办公厅印发《关于加快推进广州市新型城市基础设施建设的实施方案（2020—2022年）》中提出，基于园区的建（构）筑物和配套市政基础设施，提升各类园区智慧化管控水平，应用物联网技术感知、监测、分析、控制、整合园区各个关键环节的资源，实现园区视频监控、车辆识别管理、身份识别、入侵报警、公共广播、消防状态、环境监测、公共照明节能、电动车充电服务、LED（发光二极管）屏信息发布、5G微站预留等数据接入，实现园区各个系统集中化管理，建设一批"5G+工业互联网"示范园区，打造一批典型应用场景，完善智慧园区分级建设标准。

为推动基于城市信息模型（以下简称CIM）的智慧园区建设和运营的标准化，快速有效地推广CIM平台在各领域的应用，提升园区管理、服务及治理水平，形成一批智慧园区示范项目和可推广的智慧园区建设经验，广州市新型城市基础设施建设试点工作联席会议办公室组织编制了《基于城市信息模型的智慧园区建设、运营及评价技术指引（试行）》，于2022年8月印发，总结了广州CIM的试点经验及各相关城市的智慧园区建设经验，提出基于CIM的智慧园区在建设、运营及维护方面的技术要求，并建立评价体系，鼓励智慧园区建设各方结合实际，积极探索创新，拓展丰富应用场景。

6.2.2 应用案例

1. 广州民营科技园智慧园区

广州民营科技园（以下简称民科园）地处白云区中部，是广州市高新技术开发区"一区五园"之一。园内以民营科技企业为主体,按照"一核三园"的规划发展("一核"指的是未来产业创新核心区;"三园"指的是轨道交通装备产业园、美丽健康产业园、智能家居产业园),民科园聚焦科技创新和高新技术产业,是首个"全国工商联民营企业科技创新示范基地"。民科园基于"一核三园"的规划布局,初步建成"1+6+N"智慧园区体系,形成1个辅助运营决策的大数据中台,赋能"规划、建设、党建、产业、招商、智慧"6个业务的孪生智脑中心,以及N个全面提升精细化管理服务水平的智慧安防、智慧能耗、智慧交通等重点应用场景,入选工业和信息化部2022年智慧园区解决方案优秀案例名单。

民科园智慧园区的整个平台由感知层、基础设施层、平台层、应用层、运营中心及门户层组成,如图6.2-1所示。其中感知层包括生态环境、烟感、视频感知、监控系统等。基础设施层包括园区网络、云数据中心(政务云)、智能设备集成等。平台层包括平台所需的数据源、公共组件以及提供的服务。应用层包括园区监测控制、公共服务、物业服务等场景。运营中心及门户层包括安全生产、环境监测、园区管理、经济运行、企业服务、交通出行。

项目依托于园区智脑中心,结合云计算、物联网、互联网、大数据等技术汇集园区海量信息,通过智能化分析,打造"可视、可管、可控"的数字大脑,进行大数据产业链分析,实时展示园区状态,如图6.2-2所示。园区智脑中分为数字孪生中心和主题应用中心。数字孪生中心通过建立园区的三维地表模型,实现对未来产业创新核心区的精细化建模以及智能家居产业园、美丽健康产业园、轨道交通装备产业园建模处理。通过数字孪生中心,用户可以飞行和步行的视角对整个园区的实时状况进行浏览,支持俯视、漫游、平移、放大缩小等浏览效果,并可通过透视和剖切模式,对核心区重点建筑的内部信息进行查询。主题应用中心从园区规划、园区建设、园区产业智脑、园区招商、党建引领、智能化管理6个主题,实现对园区

图6.2-1 可视化平台

图6.2-2 大数据产业链分析系统

的多维度监测和管理。

园区实现了效益提升。一是助力园区精准招商，将园区智慧化与区域产业发展融为一体，通过产业经济大脑、企业信用库，洞察园区企业经营实况，预判产业趋势和经营风险，助力园区精准招商；二是构建宜居社区空间，搭建一站式企业服务平台，统筹园区产业发展、企业经营、公共服务等基础需求和关键需求，提高服务质量，为园区企业和从业人员提供良好的经营环境及舒适的宜居空间；三是打造绿色低碳标杆，建立智能能耗平台，配合园区"绿色低碳智慧园区"战略；四是提升精细管理水平，园区企业可全面掌握经营情况，并基于智能分析工具，获取申报项目、金融服务的精准推送，带来实际的经济收益；五是拓宽主营业务盈利渠道，搭建园区一站式企业服务平台，联动区级政府部门为相关服务背书，构建区属国企与民科园企业的业务通道，拓宽金融服务、人才服务等盈利渠道，提高区属国企经营收益。

2. 中国联通互联网应用创新基地智慧园区

中国联通互联网应用创新基地的总建筑规模约19.8万m^2，该项目的功能定位为中国联通华南区域的互联网新业务创新运营基地、省级通信枢纽、IDC数据中心和互联网电商配送中心等。工程建设地址位于"中新知识城"，"中新知识城"位于广州市区东北部（萝岗区北部九龙镇），距广州中心城区35km，距广州白云国际机场约25km，距广州科学城约26km，距中国联通广东分公司约38km，本工程建设用地在凤湖三路以南、永九快速路以东、科技大道以西，用地面积约11.02万m^2，用地性质为工业用地，容积率1.5～2.0，建筑密度≤45%，绿地率≤20%，建筑限高70m。

全部工程采用统一规划，分期建设的方式实施。计划首先启动的一期工程的建筑面积7.37万m^2。一期工程主要建设广州知识城通信枢纽楼（1栋）、网管配套用房（1栋）、IDC机房楼（1栋）、动力中心楼（2栋）。其中，枢纽楼共8层，总建筑面积约3万m^2；IDC机房楼共4层，总建筑面积为1.5万m^2，如图6.2-3所示。

一期建设对基地进行智能化和智慧园区工程建设，依托各类先进通信及智能化技术，以局域网络、综合布线的部署为基础，提供智能安全防控、智能照明、信息发布、一卡通、可视化对讲等智能化服务，通过对园区进行信息化建设，依托互联网，通过各类先进信息化技术的使用，为园区提供智慧管理、节能环保、数据聚合、智能展示四个方面的信息化服务，形成园区运营者、环境和人的有机整体，实现集约高效园区资源利用和园区可持续发展，如图6.2-4所示。

园区打造广州本地智慧园区标杆案例。项目属于华南地区首个运营商级别数据中心类型的智慧园区建设项目，安全等级高，弱电智能化规模和信息点位相对其他类似园区多1~2倍，如每层楼每个机房均部署足够多的视频监控点以最大程度覆盖监控范围，同时实现创新智能化展示需求（人员精准跟踪、人员行为精准分析等），树立数据中心智慧园区项目新标杆。从管理方面来说，智慧园区借助AI、物联网和大数据等多项信息技术，实现了园区的信息化、可视化管理、协同调度和应急指挥、智能安防管理和大数据分析等，提高了园区的运行效果和效率。

智慧园区利用智能化的控制与管理，一站式的管理实现了园区的低碳运行和楼宇自控，减少园区主机系统的数量和电耗能，提高园区电能运行效率，如图6.2-5

图6.2-3　中国联通互联网应用基地综合态势操控台

所示。由于园区信息资源的深度开发，因此园区在进行发展决策时有了可靠的数据支持，从而制定契合内外状况的经营策略，增加营收，降低风险。此外，智慧园区具有设备监控、数据记录、工作状态监督和路线安排等功能，能够有效降低员工的重复劳动，优化工作流程，提高总体的生产效率。

图6.2-4　中国联通互联网应用基地智慧安防操控台

图6.2-5　中国联通互联网应用基地楼宇自控操控台

第7章 智能建造与建筑工业化协同发展

7.1 推动装配式建筑发展

当前我国建筑业仍以现场浇筑的施工方式为主,与发达国家相比还存在很大的差距和不足。一是高消耗,仅房屋建筑年消耗的水泥、玻璃和钢材就占了全球总消耗量的40%左右,北方地区供暖单位面积能耗达到了德国的两倍;二是高排放,仅建筑垃圾年排放量就达到了20多亿t,占整个城市固体废弃物总量的40%,建筑碳排放更是逐年快速增长;三是低效率,据有关统计,建筑劳动生产率仅是发达国家的三分之二左右,建筑业的机械化、信息化和智能化程度还不够高;四是低品质,总体来看,建筑业施工还不够精细,房屋漏水、隔声等问题仍很突出。因此,作为国民经济支柱产业的建筑业急需转型升级。

装配式建筑是用预制部品部件在工地装配而成的建筑。这种方式将以往建造过程中大量的现场作业转移到了工厂之中,使得构件品质、生产能耗及作业环境均得到极大的提升,同时借助数字化、网络化、智能化等手段大量减少了人工投入,对于建筑业实现工业化转型升级提供了解决方案。实现建筑业工业化转型是城乡建设领域绿色发展、低碳循环发展的主要举措。发展装配式建筑是建筑业实现工业化建造转型升级的重大变革,是推进供给侧结构性改革和新型城镇化发展的重要举措,有利于节约资源能源、减少施工污染、提升劳动生产效率和质量安全水平,有利于促进建筑业与信息化工业化深度融合、培育新产业新动能、推动化解过剩产能。发展装配式建筑既是稳增长、促改革、调结构的重要手段,又是打造经济发展"双引擎"的内在要求。在全面推进生态文明建设和加快推进新型城镇化进程中,意义重大而深远。

为了推动我国装配式建筑高质量发展,国务院办公厅于2016年9月印发了《国务院办公厅关于大力发展装配式建筑的指导意见》(国办发〔2016〕71号)。此后,住房和城乡建设部、国家发展和改革委员会、科学技术部、工业和信息化部等多部委联合颁布了多项政策文件,装配式建筑的发展步入了快车道。依据住房和城乡建设部标准定额司发布的数据可知,自2016—2020年间,我国装配式建筑新开工面积年均复合增长率超过了53%,占新建建筑面积的比例更是由2016年的4.9%快速提升到了2020年的20.5%，完成了《"十三五"装配式建筑行动方案》中确定的到2020年装配式建筑占比达15%以上的工作目标。虽然以上数据表明我国装配式建筑的发展取得了很大的成绩，但是与美国、日本、新加坡、欧洲等发达国家和地区相比，我国装配式建筑行业依然存在一些问题。

当前，我国装配式建筑行业信息化应用水平仍然存在较大的提升空间，各专业之间信息流通的效率不高。因此，应大力发展DFMA技术+BIM技术，提升行业信息化应用水平，实现各专业之间数据的高效流通，以便于对数据进行深度挖掘，最大程度发挥数据价值。由于我国装配式建筑行业发展历程存在断续，且近年来发展速度极快，因而各地之间出现了较多各具特点的装配式技术体系。这一现象对于装配式建筑区域发展益处良多，但对于行业整体进步及装配式建筑推广应用存在一定桎梏。因此，应当针对装配式建筑特点推广各地适用的装配式技术体系，促进行业整体发展的同时便于装配式建筑应用推广。由于各地应用的装配式技术体系种类繁多，且各技术体系之间存在明显差别，因而难以实现装配式建筑标准化。装配式建筑标准化程度较低增加了其相应的实施成本，且实施周期也相应延长，不利于装配式建筑的应用推广。因此，应大力提升装配式建筑的标准化程度。此外，装配式建筑发展历程的断续使得整个产业链条不够健全，且相关专业人才存在较大缺口。为了实现建筑业工业化转型升级，推动装配式建筑发展，应当大力支持同时具备研发能力和设计、施工资质的大型建筑企业健全装配式建筑全产业链条，组建装配式建筑智能建造研究院以培养高端人才、管理骨干及产业工人。

作为装配式建筑重点推进地区，广州市积极推动装配式建筑发展，于2022年3月发布了《广州市构建"链长制"推动建筑业和规划设计产业高质量发展三年行动计划（2022—2024年）》，并积极发挥装配式建筑示范工程和示范基地的引领作用，在试点项目中实现标准化设计、工厂化生产、装配化施工、信息化管理和智能化应用，并借助粤港澳大湾区的产业配套优势，完善装配式产业链的布局，推进广州市智能建造快速发展。

7.1.1　装配式建筑示范项目

在推进装配式建筑发展的过程中，通过示范项目的建设，全面提升设计、生产和施工水平，大力支持广州城市品质化建设的工作。如恒盛大厦、华南理工大学广州国际校区一期工程、石丰路保障性住房建筑产业化项目施工总承包标段一等。

恒盛大厦是广州市第一个高装配率示范工程项目、广东省装配式建筑示范项目，装配率达到了67%。总建筑面积约44036m^2，其中地下室建筑面积约13559m^2，地上建筑面积约30476.7m^2。该项目高度为78.65m，地下3层，地上19层，属一类高层办公楼建筑。主体结构形式为装配整体式框架——现浇剪力墙结构，预制构件包括柱、主梁、次梁、叠合楼板、阳台、楼梯、部分剪力墙，外围护结构采用单元式玻璃幕墙。

恒盛大厦（图7.1-1）采用了EPC管理模式，充分发挥装配式建筑的优势，采用PC构件游牧式生产技术、灌浆套筒续接技术、节点钢筋安装技术等，整个建造过程节水60%，节能50%，节时20%，节材20%，节地20%，节省人力40%，减少建筑垃圾80%，实现了"五节一环保"，在模板、木枋、钢管、砂浆、外排架、施工生活用水、建筑垃圾、劳务用工、扬尘、噪声等均有显著的节约和节能成效，符合现行国家标准《声环境质量标准》GB 3096、《公共建筑节能设计标准》GB 50189和《民用建筑隔声设计规范》GB 50118等有关规定。

华南理工大学广州国际校区一期工程（图7.1-2）是广东省第一批装配式建筑示范项目，装配率达60%以上。该工程具有"六个第一"：广州市第一个城市街区式大学校园；广州市第一个以设计牵头的EPC项目；广州市第一个设计、施工、运维全过程BIM应用项目；广州市装配式建筑面积最大且达到A级评价标准项目；广州市第一个借助国家重点研究项目探讨珠三角地区气候适应性的绿色建筑项目；广州市第一个全信息化施工的智慧工地项目。该项目先后获得2019年度工程建设质量管理小组活动二等奖、全国工程建设质量管理小组活动成果交流会Ⅱ类成果、2019

图7.1-1　恒盛大厦

图7.1-2 华南理工大学广州国际校区一期工程

年广东省工程建设优秀质量管理小组一等奖与二等奖、2019年度广州建设行优秀QC小组一等奖等殊荣。该项目是装配式工程应用和绿色科学研究相结合的成果，应用预制混凝土新型干法连接技术以及再生块体混凝土预制构件等新型绿色装配式建筑技术，并获得2018年度国家科学技术进步奖二等奖、2017年度全国发明展览会金奖、2016年度教育部科学技术进步奖一等奖。

该项目总建筑面积为15.2万m^2，建筑高度为28.7~75.5m，地下1层，地上6~18层。主体结构形式为装配整体式框架——剪力墙结构，预制构件包括柱、主梁、次梁、阳台、楼板、剪力墙、保温夹心外墙板、内墙板、卫生间沉箱等。

华南理工大学广州国际校区一期工程是借助国家重点研究项目探讨珠三角地区气候适应性的绿色建筑项目，充分发挥华南理工大学的相关学科优势，做到工程应用和科学研究相结合，一方面在施工建设过程中攻克了一批技术难题，另一方面将绿色节能等技术成果应用到广州国际校区中，积极将学术成果转化为工程实践，在节能的前提下提高建筑环境的舒适性，打造珠三角地区具有创新意义的低能耗、高效率的绿色建筑。

石丰路保障性住房（图7.1-3）建筑产业化项目是广州市第一个装配式保障性住房及BIM技术应用试点示范项目、广东省装配式建筑示范项目，装配率达57.8%。该项目总建筑面积为28.9万m^2，规划为11栋住宅楼，共3450套公共租赁住房，建筑最大高度为94.1m，地下2层，地上33层。主体结构形式为剪力墙结构，预制构件包括飘窗、楼梯、叠合板、空调板构件等。

图7.1-3 石丰路保障性住房建筑产业化项目

该项目采用智慧工地系统、装配饰施工技术、铝合金模板施工技术、集成附着式升降脚手架技术、轻质隔墙免抹灰施工技术等创新技术，并利用BIM信息模型技术，通过三维模型展示传统图纸，指导和优化装配式设计和施工的各个环节。在有效提高工程施工质量的同时，减少了建筑模板用量85%、减少脚手架用量60%、减少抹灰工程量25%、节水40%、节电10%、节约耗材40%、施工现场垃圾减少70%，充分实现建造过程节能环保，施工周期缩短约5%～10%，时间进度和资金成本得到了有效控制。

广州职业技术院校迁建项目（图7.1-4）一期12所院校生活区房建工程设计施工总承包（标段二）是全国装配式面积最大的EPC项目，装配率达50%。总建筑面积约50.74万m^2，采用EPC管理模式，充分发挥装配式建筑的优势。该项目作为广州市政府重点规划建设项目，将打造集职业教育、培训、实训（鉴定）、研发、职业指导和创业孵化于一体的国际一流教育聚集区及南方职业教育高地，与广州大学城联袂构建粤港澳大湾区的"最强大脑"。

何贤纪念医院医疗综合大楼改扩建工程（图7.1-5）是广东省第一批装配式建筑示范项目，获得广东钢结构金奖"粤钢奖"、广州市建设工程结构优质奖等奖项，装配率达76%。总建筑面积约33165m^2，其中地下室建筑面积约3722m^2，地上建筑面积约29443m²,地下1层,地上15层,属一类高层办公楼建筑。该项目研究并总结了"大跨度钢桁架转换层不规则构件吊装施工关键技术""装配式新型生态多功能一体化外墙安装施工关键技术",并通过了广东省工法评审。

广州国际生物岛标准产业单元四期项目(图7.1-6)施工总承包是广东省装配式建筑示范项目,获得广州市建设工程安全文明绿色施工样板工地、广州市建设工程结构优质奖、国家级QC成果一等奖等殊荣,装配率达80.8%。总建筑面积156744.2m²,建筑高度58.5m,地下1层,地上3~12层。

该项目采用的《带钢牛腿装配式预制梁柱节点连接工法》《带钢牛腿装配式预制主次梁节点连接工法》《装配式带钢牛腿钢筒预制柱施工工法》《装配式转换层预制柱钢-混凝土组合结构施工工法》等6项技术获得广东省工法证书。

图7.1-4　广州职业技术院校迁建项目

图7.1-5　何贤纪念医院医疗综合大楼改扩建工程

图7.1-6　广州国际生物岛标准产业单元四期项目

7.1.2 装配式示范基地建设

广州市积极规划装配式建筑布局与建设，并以"链长制"推动建筑业和规划设计产业高质量发展，构建广州市装配式建筑产业核心能力，全面推广装配式建筑、健全技术体系、整合行业资源，重点培育以广州建筑和中建四局为表率的龙头企业发展装配式建筑，提升装配式建筑产能与智能化生产水平，通过示范项目引领广州市装配式建筑产业发展，同时开展构件模块化装配，打造数字化协同平台，推动广州装配式建筑技术进步及其在新建建筑中的占比。

1. 广州建筑湾区智造预制构件生产基地

广州建筑湾区智造粤港澳大湾区绿色建造科技创新展示平台预制构件生产基地（以下简称广州建筑湾区智造）在装配式建筑预制构件生产过程中综合运用信息化、数字化技术，结合5G、物联网与智能装备，实现了预制构件生产过程少人化，重构了工厂运作模式，形成了预制构件生产数字工厂，推动了预制构件智能化建造产业的发展。

广州建筑湾区智造在广州市建筑集团的统一部署下，结合集团公司在设计、生产、施工等领域的优势，通过与产线制造商、软件开发商、智能装备开发商等单位的全方位通力合作，大力开展智能装备与相关技术的攻关工作，成功实现了预制构件生产线中部分工位以智能装备替代工人，大大提升了产线效能。

广州建筑湾区智造预制构件生产基地（图7.1-7）——湾区智造工厂配备有两条自动流水线、三条固定台模线，并设有一条钢筋加工线和一座环保型搅拌站。该基地拥有最先进的SPCI-MES智能智造执行系统、PCM云平台管理系统和ERP管理系统，并配备了钢筋网片机、钢筋弯折机、划线机器人、布模机器人、布料机器人等智能装备，是国内少有的达到工业4.0标准的预制构件生产基地。湾区智造工厂的主要产品包括梁、柱、叠合楼板、剪力墙、飘窗、双皮墙、轻质隔墙、楼梯、阳台等，同时具备集成厨卫、MIC模块集成等产品的定制生产能力。

广州建筑湾区智造通过PCM云平台信息管理系统，实现了项目从设计、采购、生产、质检、仓库、运输到交付的每一个环节中管理的信息化和数字化，大大降低了各部门之间、各环节之间的沟通成本，提升了工厂的运转效率。现阶段布置了综合墙板自动化流水生产线，实现了模台的自动流转及一天多模。通过工位固定，模台流转的方式不仅提升了生产效率同时还降低了工作强度。其中自动化流水生产线设置清扫装备实现了模台自动清扫，采用前铲后扫、旋转滚刷等高线清扫方式，可实现模台一次清扫到位。混凝土生产线设置智能化运输系统，实现了混凝土由搅拌站到预制构件生产线的自动化精准运输。自动化流水生产线设置智能振动模台，实现了预制构件生产的自动化振捣。通过采用分部、分频振动智能控制技术,提升了预制构件振捣质量的同时减少了能量消耗,产线智能装备如图7.1-8所示。

广州建筑湾区智造在钢筋生产线布置了数控智能钢筋桁架焊接机、数控智能钢筋弯箍机及数控智能钢筋网片机,实现了钢筋加工全伺服精准控制,钢筋网片和桁架焊接一次成型,无需人工修正,在提升生产效率的同时大大减少了钢筋损耗,钢筋自动化加工线如图7.1-9所示。生产线中设置了立体式智能养护窑,通过抓钩式堆垛机减少了模台入窑所需时间,加快了预制构件的入窑时间。通过立体式智能养护窑减少了构件脱模所需时间,大大提升了预制工厂的效能。通过科技创新及工程实践,在预制构件生产时,部分工位实现了无人化操作,大部分工位实现了少人化,以此提升了整个工厂的效率及产能。在以上工作的基础上,广州建筑湾区智造重构了预制构件生产工厂的运作模式,通过信息化、数字化技术实现了工厂效能提

图7.1-7 湾区智造装配式示范基地

图7.1-8 产线智能装备

图7.1-9 钢筋自动化加工线

升的目标，取得了较为明显的成效。

现阶段广州建筑湾区智造产能正处于爬坡阶段，需要以产能提升作为工作开展的主要目标，部分工位作业采用传统模式，并采取信息化技术优化预制构件生产流程。目前广州建筑湾区智造正不断研究并迭代出更符合生产效能的智能产线设备与生产方式。大部分工位将实现无人化操作，以数字化信息化模式完成预制构件智能化建造产业的转型。当前，预制构件生产过程中梁、柱、楼梯、剪力墙等异形构件的钢筋笼绑扎以人工为主，对于产能提升有着明显影响。此外，固定线模台每天仅可进行一次生产，无法像流水线一样自动流转实现一天多模，场地利用效率有限。因此，广州建筑湾区智造拟研发采用智能装备改变这一现状，为预制构件智能化生产开拓新思路。

广州建筑湾区智造通过在工厂内引进AGV智能小车，实现了固定生产线低成本高效率流转，实现了固定生产线一天多模的生产方式转变，大大提升了工厂产能，如图7.1-10所示。同时，通过AGV智能小车实现了生产线物流的智能化高效流转。同时拟通过联合研发钢筋笼自动绑扎（焊接）智能装备，分别实现梁柱钢筋笼、楼梯钢筋笼、叠合板桁架网片筋集成、剪力墙钢筋笼的自动化

图7.1-10　AGV智能小车

绑扎（焊接）。大大减少钢筋笼绑扎流程所需工人数量，极大提升了钢筋笼绑扎（焊接）的效率。

2. 中建·智造装配式示范生产基地

中建四局作为广州市建筑业链主企业，充分发挥产业链龙头带动作用，积极推进一批重点项目、重点园区和产业集群建设，通过建设装配式建筑全产业链条集成化智能生产基地与技术配套支持，形成产业集聚效应，打通全产业链上下游各环节间的互联互通，为智能建造示范项目的一体化、绿色化实施提供支持，形成现代化装配建造的能力。中建·智造基地致力打造研究绿色新能源、新材料、智慧化建造、科技创新展示平台的智造生产基地，以此推动广州市建筑业全产业链融通协同高质量发展。

中建·智造基地（图7.1-11）位于广州市花都区，预制构件可服务供应大湾区全域，通过智能化应用、科学化布局、绿色化研发等突破，中建·智造将智能化制造、智慧化管理、立体化储运、一站化物流、绿色化运营与生产技术结合，实现年

图7.1-11 中建·智造装配式示范生产基地

总产能可达25万m^3,可建设400万m^2装配式建筑空间,是目前粤港澳大湾区产能配置最大的智能生产基地。

中建·智造基地配备了两条自动流水线、三条固定台模线,并设有一条钢筋加工线和一座环保型搅拌站。同时还配置了国内最先进的智能智造执行系统、PC-MES云平台管理系统,并配备了钢筋网片机、钢筋弯折机、桁架焊接机器人、布料机器人等智能化装备（图7.1-12），是国内少有的达到工业4.0智能的生产基地。中建·智造基地的主要产品包括梁、柱、叠合楼板、剪力墙、飘窗、双皮墙、轻质隔墙、楼梯、阳台等，同时具备集成厨卫、装饰装修一体化外墙板、MIC模块集成等

图7.1-12 智能化装备

新技术及超高性能混凝土、陶粒混凝土、机制砂等绿色新材料产品的定制生产能力（图7.1-13）。

中建·智造装配式示范生产基地通过PC-MES云平台信息管理系统，实现了装配式项目从设计、采购、生产、质检、仓储、运输到交付的每一个环节中管理的信息化和数字化，打通了各部门之间及各生产环节之间的信息差，降低沟通成本，提升了生产的运转效率。现阶段布置了两条综合墙板自动化流水生产线，实现了模台的自动流转及产能的提升。通过工位固定及模台流转节拍的精准把控，模台流转提升生产效率的同时降低了工作强度及人工的依赖。其中自动化流水生产线设置立体智能养护窑及天轨式码垛机，利用立体空间增加了约6倍的储存面积，实现了自动识别模台和仓位，自动存、取模台，自动开闭仓门。混凝土生产线配备了智能化运输系统，实现了混凝土由搅拌站到预制构件生产线点对点的自动化精准运输。自动化流水生产线设置智能振动模台，实现了预制构件生产的自动化振捣。通过分部、

图7.1-13 装配式建筑预制构件产品

定频振动智能控制技术，降低混凝土振捣不密实的质量问题，提升了预制构件振捣质量的同时减少了能量消耗，信息化管理与产线智能装备如图7.1-14所示。

中建·智造装配式示范生产基地在钢筋生产线布置了数控智能钢筋桁架焊机器人、数控智能钢筋弯箍机、数控智能钢筋网片机等，实现了钢筋加工全伺服精准控制，钢筋网片和桁架焊接一次成型，无需人工修正，在提升生产效率的同时大大减少了钢筋损耗，钢筋自动化加工线如图7.1-15所示。依据产线科学合理规划，钢筋自动加工生产线布局在生产智造基地的中央，两侧分别为自动化流水生产线及固定台模生产线，实现物料转运距离最小化，减少了钢筋物料转运需时间。同时产线内

图7.1-14　信息化管理与产线智能装备

图7.1-15　钢筋自动化加工线

设置了立体化转运空间，将钢筋物料生产动线与物料转运动线交错设计，避免钢筋加工生产与物料运输冲突，导致钢筋供应中断，大大提升了预制工厂的效能。

中建·智造基地通过科技创新及工程实践，合理规划生产运输动线，并在生产部分工位实现了无人化操作，大部分工位实现了少人化，以此提升了整个工厂的效率及产能。

现阶段中建·智造基地以服务装配式建筑市场预制构件为主要目标，以生产产能支撑服务，部分工位作业采用人员与设备协同生产的模式，并采用信息化技术及预制构件精益化生产，在设计、技术、质量、效率与服务等方面持续为行业输入高质量的预制构件。

中建·智造基地不断思考总结生产经验，研究迭代出更符合生产效能的智能产线设备与生产工艺。大部分工位实现无人化操作，以数字化和信息化模式完成预制构件智能化建造产业的转型。当前，预制构件生产过程中梁、柱、楼梯、剪力墙标准化程度较低的异形构件钢筋笼绑扎以人工为主，质量与产能高度依赖人员素质与经验，这对提升有着不确定性的风险。此外，固定线模台每天仅可进行一次生产，无法像流水线一样自动流转实现一天多模，场地利用效率有限，无法实现高效率生产。因此，中建·智造基地致力研发采用智能装备改变这一现状，为预制构件智能化生产开拓新思路。

中建·智造基地成功自主研发"全自动箍筋接料机器人"，在钢筋生产加工的过程中，机器人可自动分拣钢筋物料，钢筋进料、调直、弯曲成型、剪切、分拣到入库等生产链实现智能化、无人化，大大提升了钢筋加工产能，减少了对人员的依赖，如图7.1-16所示。同时通过与大专院校及外部企业联合共

图7.1-16　全自动箍筋接料机器人

同研发钢筋笼自动绑扎（焊接）智能装备，分别实现梁柱钢筋笼、楼梯钢筋笼、叠合板桁架网片筋集成、剪力墙钢筋笼的自动化绑扎（焊接），大大减少了钢筋笼绑扎流程所需工人的数量，极大提升了钢筋笼绑扎（焊接）的效率。

7.2　智能化建造产业培育

当前，世界正在进入以信息产业为主导的经济发展时期。我们要把握数字化、网络化、智能化融合发展的契机，以信息化、智能化为杠杆培育新动能。要推进互联网、大数据、人工智能同实体经济深度融合，做大做强数字经济。

建筑业是我国国民经济的支柱产业。近年来，我国建筑业持续快速发展，产业规模不断扩大，建造能力不断增强。2019年我国全社会建筑业实现增加值70904亿元，比上年增长5.6%，占国内生产总值的7.16%，有力支撑了国民经济持续健康发展。但当前我国建筑业生产方式仍然比较粗放，与高质量发展要求相比还有很大差距。为贯彻落实习近平总书记重要指示精神、推进建筑工业化、数字化、智能化升级，加快建造方式转变，推动建筑业高质量发展，住房和城乡建设部于2020年7月联合国家发展和改革委员会、科学技术部、工业和信息化部等十三部委联合印发了《关于推动智能建造与建筑工业化协同发展的指导意见》，明确提出了推动智能建造与建筑工业化协同发展的指导思想、基本原则、发展目标、重点任务和保障措施，为当前和今后一个时期内建筑业转型升级、实现高质量发展指明了方向。

2022年11月9日，住房和城乡建设部发布《关于公布智能建造试点城市的通知》，广州等24个城市列为全国首批智能建造试点城市，利用智能技术和相关技术，通过智能化系统，提高建造过程智能化水平，减少人员的依赖，提升建设安全性，提高建筑性价比和可靠性。智能建造涵盖建设工程的设计、生产和施工三个阶段，借助物联网、大数据、建筑信息模型（BIM）等先进的信息技术，实现全产业链数据集成，为全生命周期管理提供支持。

广州市正紧抓粤港澳大湾区建设的战略机遇，发挥本地建筑业全产业链条优势，整合建筑业全产业链资源，利用数字化科技与绿色化技术实现装配式建筑智能建造关键技术突破，实现预制构件智能化生产与吊装，通过智能化、集约化、专业化管理提升装配式建筑的建造品质与效率，打造广州市具有国际竞争力的装配式建筑智能建造产业体系。

7.2.1　粤港澳大湾区高端装备制造创新中心

"粤港澳大湾区高端装备制造创新中心"（以下简称创新中心）作为广州市建

第7章 智能建造与建筑工业化协同发展

筑集团有限公司产业转型升级总体布局的起步区、核心区、创新区、示范区，集"产、学、研、展、贸、游"多业态于一体，涵盖投资、研发、设计、制造、物流、施工、检测、运营、回收等建筑业全产业链，构建数字化、智能化、绿色化、国际化的新型绿色建筑工业化全产业链生态型产业园区，助力广州建筑高质量发展，如图7.2-1所示。

紧紧围绕建筑产业上下游产业链，发挥广州建筑金博集团在建材贸易、物流运输、信息平台建设等方面的优势，结合住房和城乡建设部全国建筑垃圾治理试点城市"先行先试"要求，构建"四大体系"+"一个云平台"的新模式，开发运营涵盖建筑废弃物的（源头减排）运输监管、处置信息、循环利用产品交易等全过程的广州市建筑废弃物管理综合云平台，进行产业导入和资源整合，提高园区土地坪效和经济收益，并结合创新中心实际，从建筑全产业链视角建设和发展园区，打造成为以装配式建筑产业基地为核心，集研发、孵化、智造、服务于一体的建筑工业化智能科技园，推动广州建筑产业转型升级和高质量发展，实现国资系统新旧动能的转换。

目前正按照"一次规划、分期完成、功能分区"的开发思路，分阶段对创新中心进行开发利用：近期改造提升、中期产业升级、远期带动西基岛整体发展，2025年取得阶段性成果，如图7.2-2所示。

近期（2021—2022年）创新中心争当制造业立市的排头兵，根据广州市工业和信息化局、广州市统计局、广州市人民政府国有资产监督管理委员会的具体要求和指

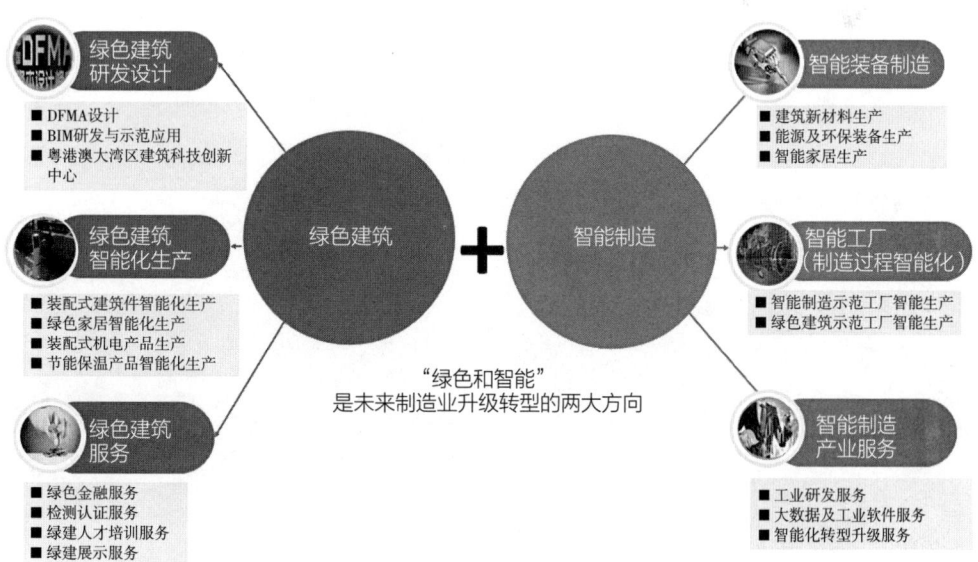

图7.2-1 国家级绿色智造创新区产业规划

引，结合广州市建筑集团有限公司"十四五"发展战略规划及装配式建筑产业链的构建情况，增加投资以推动湾区智工厂扩能升级，并启动创新中心二期项目，结合金博园区自身原珠钢老旧厂房的特点，从保护历史建筑的角度出发，深刻汲取广州市大规模迁移砍伐城市树木的问题教训，认真贯彻落实整改工作的相关精神和工作方案，不搞大拆大建，对原有厂房进行改造提升，引进工业投资项目，计划改造厂房面积6.52万m^2，建设五大工业项目：MIC模组化建筑工厂、装配式装修生产工厂、装配式机电设备生产工厂、钢筋精加中心、装配式外墙生产工厂，如图7.2-3所示。

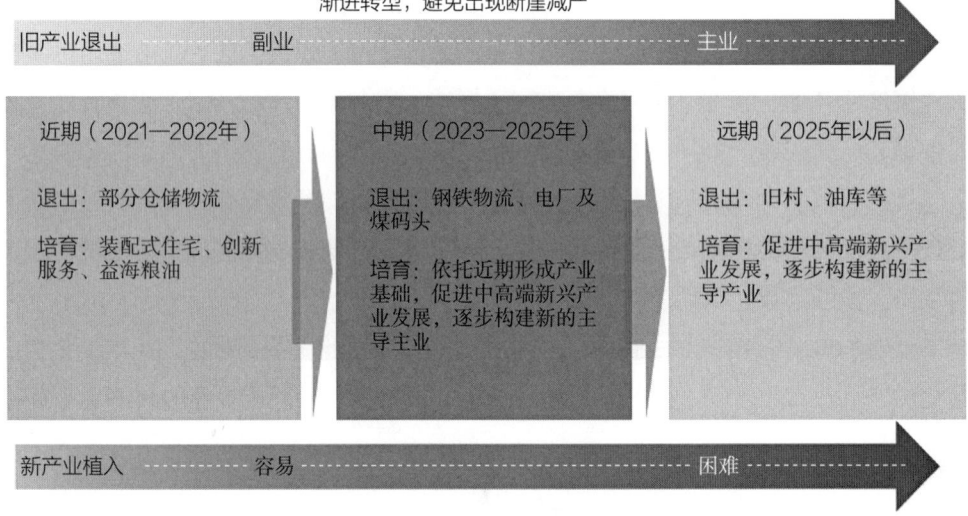

图7.2-2 创新中心开发思路与节奏

图7.2-3 创新中心工业项目布局鸟瞰图

红色厂房改造为MIC模组化建筑工厂和工业展厅（图7.2-4）的综合体，其改造方案遵循绿色建筑概念，打造零碳建筑、超低能耗（近零能耗）建筑，房顶铺置绿色植物、太阳能光伏等，以钢结构示范性绿色建筑，融入"绿色建筑示范展示区""绿色产业示范基地"的整体大环境。

中期（2023—2025年）不断深化以发展绿色建筑、新型材料为核心的园区高质量发展，逐步提升园区服务质量和水平，打造为以装配式建筑产业基地为核心，集研发、孵化、智造、服务于一体的建筑工业化智能科技园。同时，商务办公区项目择机启动建设。以"工业公园聚落——历史与未来的串联"为主题，以环境改造为支点，激发场地新生为规划理念。场地西侧的湾区绿色建筑主题公园、建筑科技创新展览馆和超高层办公楼形成核心区域，建筑科技创新展览馆体现孕育建筑建造新科技的能量，慢行连桥如同生长的枝蔓贯穿全区，拥有办公、商业、展览等业态。

远期（2025年以后）以油库、煤场、电厂等搬迁为契机，不断完善绿色建筑、新型材料相关产业链条，并配套开发相应设施，对标国内先进产业园区，形成建筑现代化产业要素与城市协同发展的新型产业集聚区，实现产、城、人融合的高效发展。通过总体规划（图7.2-5）及对规划的落实落细，实现西基岛发展的美好愿景（图7.2-6）。

图7.2-4　创新中心工业展厅

图7.2-5 西基岛总体规划鸟瞰图

图7.2-6 西基岛愿景图

7.2.2 绿色智造园及零碳科创园

"绿色智造园及零碳科创园"(以下简称双创园)作为中建四局在建筑产业转型升级的规划布局项目,集"产、学、研、展、贸、游"多业态于一体,涵盖投资、研发、设计、制造、物流、施工、检测、运营、回收等建筑业全产业链,是数字化、智能化、绿色化、国际化的新型绿色建筑工业化全产业链生态型产业园区,助力广州市建筑高质量发展,如图7.2-7所示。

第7章 智能建造与建筑工业化协同发展

图7.2-7 绿色智造园及零碳科创园产业规划

紧紧围绕建筑产业全产业链集成，发挥中建四局在建材贸易、物流运输、智能装备、建造运营、信息平台建设等方面的优势，构建"两大定位"+"五大产业"+"十大配套"的新模式，开发涵盖建筑废弃物源头减排、运输监管、处置信息、循环利用产品交易等全过程的建筑绿色循环经济云平台；结合低碳建材、绿色新能源的建材新技术；进行产业导入和资源整合，提高园区土地坪效和经济收益，并结合科技研发创新中心，集成建筑全产业链资源建设和发展园区，打造为以装配式建筑产业基地为核心，集研发、孵化、智造、服务于一体的绿色智造园及零碳科创园，推动建筑产业转型升级和高质量发展。

目前正按照"总体规划、逐期完成、功能分区"的开发思路，分阶段对双创园进行开发利用：近期智能产业整合提升、中期产学研融合、远期技术产业化带动广州市整体发展，实现产业绿色化、运营碳中和、生态可持续、智慧园区示范、建筑前沿创新、产业链上下游集成、国内外资源交融、展示交流功能融合等多项发展目标，并在2026年取得阶段性成果，如图7.2-8所示。

近期（2022年）中建四局积极响应广州市政府号召、承担建筑产业链链主责任，结合中建四局双创园发展战略规划及装配式建筑产业链构建情况，推动智能化工厂扩能升级及增加投资，并启动双创园二期项目，整合建筑产业资源，认真贯彻落实整改工作的相关精神和工作方案，引进工业投资项目，建设了五大智造产业项目：装配式建筑预制混凝土构件厂（简称PC构件厂）（已落成）、低碳混凝土基地、预制机电工厂、装配式装修厂、光伏建筑一体化工厂，如图7.2-9所示。

中期（2024年）持续建设并深化发展以绿色建筑、新型材料为核心的绿色智造园高质量发展，逐步提升园区服务质量和水平，启动以绿色低碳、智能建造、中建

近期（2022年）
1.0 能级提升、产业先行

中期（2024年）
2.0 产研融合、示范打造

远期（2026年以后）
3.0 创新飞跃、前沿落地

国家级创新中心打造和先进产业导入

建筑前沿技术研发机构引入
产业技术融合应用

前沿技术产业化实体落地

国家级创新中心打造：
- 中建土木工程材料重点实验室等
产业化实体引入：
- 智能制造建筑新能源工厂等

前沿技术研发机构引入：
- 院士工作站、企业产业研究中心等
产业融合应用实体引入：
- 建筑集成光伏研究中心等

先进产业落地：
- 绿色集成建筑生产基地
- 建筑机器人实验基地等

零碳绿色

智慧创新

开放融合

产业绿色化
- 园内所有产业和应用技术均通过国家相关环保认证
- 以绿色产业为重点引入对象
运营碳中和
- 园区所有生产载体于2026年前实现碳中和
- 园区部分基础设施（如水务、管廊等）设置碳捕捉技术
生态可持续
- 园区绿色植被覆盖率＞70%[1]
- 园区工业、生活垃圾全环保化处置及现场回收

智慧园区示范
- 园区全产业示范基地实现智能化、无人化，实现工业机器人替代，同时配置智慧化碳排放监控及优化
- 园区配套及基础设施5G信号覆盖，智能感知终端覆盖率达100%
建筑前沿创新
- 以国家级创新中心为契机，开展建筑业前沿技术的研究、试验
- 建筑业前沿研究成果的率先示范落地，实现一站式未来建筑产品的经济价值

产业链上下游集成
- 集成建筑业全产业链资源，以中建为龙头实现上游设计、建材、机械，以及下游运营回收的集成
国际国内资源交融
- 大力引进包括以色列、亚投行等国际化资源，实现以中建为表率的国内外资源交融
展示交流功能融合
- 兼具展示示范与交流功能，建设"一带一路"国际产业交流中心及未来建造展示中心

图7.2-8 绿色智造园分期计划及发展特色

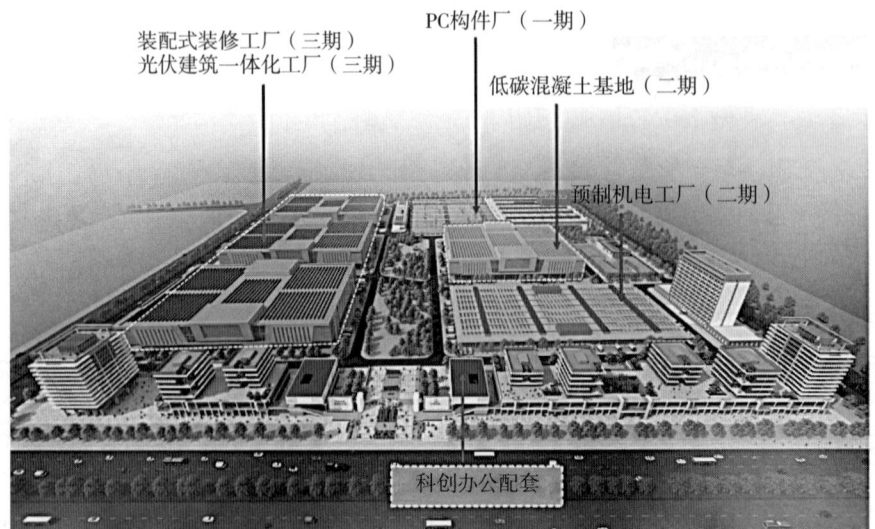

图7.2-9 绿色智造园分期实施规划

数字建造及先进施工技术试验室为主的高端技术科研创新中心及科研技术人才配套项目，为双创园吸引高端科研技术人才，并配套科创园展厅展示最新建筑科学技术，为建筑行业持续输入科研技术革新，打造以绿色装配式建筑产业为核心，集研发、孵化、智造、服务于一体的建筑智能科技园，如图7.2-10所示。

远期（2026年以后）不断完善绿色建筑、新型材料、数字化管理、智能制造等相关产业联动，以科技研发为引领，以智能生产为支持，配套研发相应设施设备，对标国内外先进产业园区，持续推动建筑科技发展，带动产业升级改造，形成建筑现代化产业要素与城市协同发展的新型产业集群，实现产、城、人融合的高效发展，如图7.2-11所示。

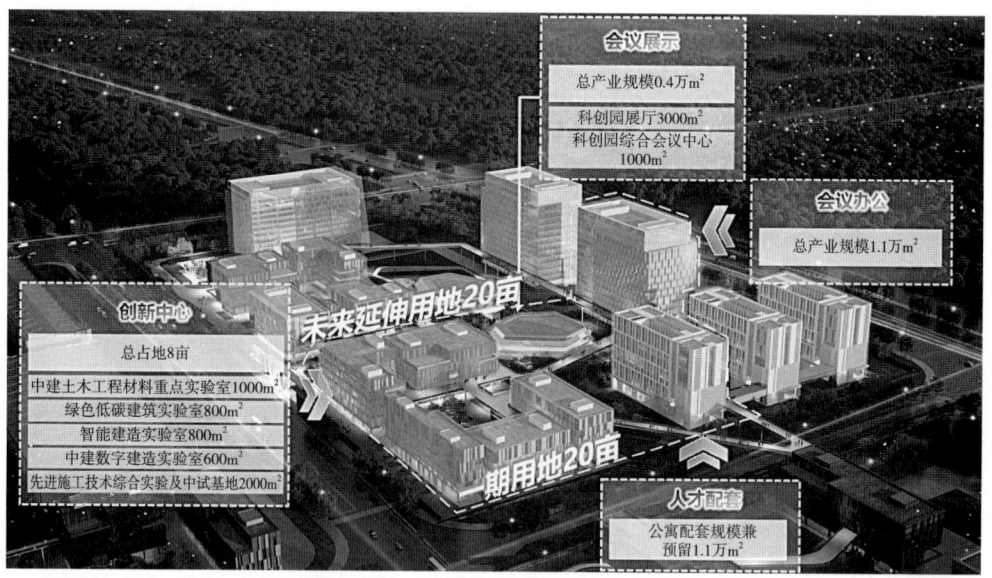

图7.2-10　零碳科创园分期实施规划

图7.2-11　"绿色智造园及零碳科创园"首期效果图

7.3 建筑工程融合监管平台建设情况

7.3.1 建设背景

为贯彻落实《住房和城乡建设部等部门关于推动智能建造与建筑工业化协同发展的指导意见》(建市〔2020〕60号)和《广东省人民政府办公厅关于印发广东省促进建筑业高质量发展若干措施的通知》(粤府办〔2021〕11号)有关决策部署,统筹做好智能建造与建筑工业化协同发展,广州市作为广东省智能建造首批试点城市,抢抓发展机遇,培育壮大智能建造产业发展新动能,建立健全与智能建造相适应的监管模式与机制,切实推动建筑业转型升级、实现高质量发展,广州市住房和城乡建设局结合自身监管职能,积极创新监管服务模式,构建建筑工程融合监管平台,以建筑工程数据资源为依托,建设联动工程质量、安全、消防、人防业务审批监管,跨部门、跨企业数据互联互通的建筑工程数字化融合监管平台,全面推进工程项目全周期、全要素、全角色监管,形成政府监管引导、产业协同创新、政企融合互联的数字化融合监管服务模式。

7.3.2 建设内容

围绕"一个机构、一个系统、一套标准、一个融合监管体系"的工作目标,构建工程建设阶段质量、安全、消防、人防融合监管一体化平台,支撑市区两级政府监管,覆盖从工程报监到竣工验收的全过程监管,涵盖质量、安全、人防、消防等全要素监管,以及建设、设计、勘察、施工、监理、检测、监测企业的全角色监管,为行业监管部门提供全面、精准的工程监督业务数据,实时掌控广州市建筑工程质量安全态势;强化数据汇聚融合,完善数据互联共享机制,建立融合监管平台与施工许可、质量检测、混凝土动态管控、消防人防系统、工地视频、扬尘噪声、实名制系统、信用平台8大相关系统对接通道,提升监管效率和服务效能;促进信息技术与城市治理深度融合,打造理念先进、管理科学、全市工程建设领域一体的"一网统管"体系,以高效服务便民利企,着力优化营商环境,协同推进建筑产业转型升级。

构建建筑工程融合监管平台,强化业务数据融合、市区两级联动的工程建设阶段全要素、全周期、全角色的融合监管服务,具体建设内容包括:

(1)全过程监督管理。从工程施工许可(含报监)、收案委派、监督计划、监督告知(交底)、监督信息变更、工程状态调整、监督检查、整改通知、违规记分、警示约谈、不规范行为、行政处罚、安全评定结果告知、中止/恢复/终止监督、竣前检查、监督意见、监督报告、结案归档等提供全过程系统支撑。

（2）分阶段融合监管。按工程阶段整理提出标准化的监管内容和监管要点，形成监督问题知识库，支撑监督员在现场进行查阅和进行监督检查。平台按阶段和进度特点识别风险和危大工程，进行预防性分级监管，指导监督员开展监督工作。

（3）安全文明专项监管。以风险分级管控和隐患双重治理思想落实工程安全监管，对危大工程、重大风险实施全过程安全管控，同时整合起重机械、基坑、高支模、扬尘噪声等实时监测，做到安全监管要素全覆盖，安全风险全识别、隐患早排查治理，提升工程安全系数。

（4）质量、消防、人防专项监管。按照质量、消防、人防的监管要求特点，对检查内容、整改问题等进行标准化管理，整合专项资料、质量检测、混凝土监管等相关信息，实现质量消防人防专项监管。

（5）量化评价。结合对参建各方责任主体的现场诚信量化评价标准，实现评价数据实时上报、采集、计算、发布和共享展示。

通过上述内容建设，实现工程建设阶段全要素、全周期、全角色的融合监管，实现工程项目参建各方全协同、主体责任全落实、量化评价全维度、监管业务全覆盖、风险隐患全管控、结果数据全链条的一体化综合监管，提升了工程建设监管的服务水平。建筑工程融合监管平台首页如图7.3-1所示。

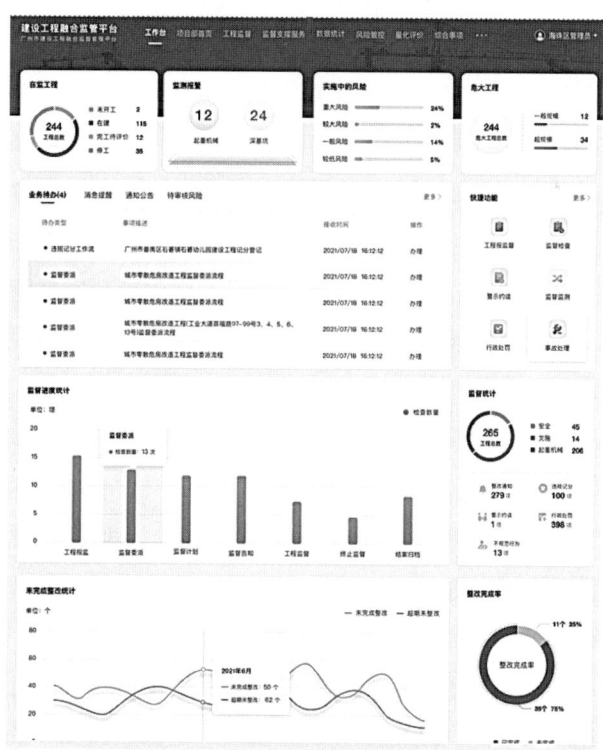

图7.3-1　建筑工程融合监管平台首页

7.3.3 建设成效

建筑工程融合监管平台支撑市区两级建筑监督机构开展工程监管工作，全方位覆盖工程监督交底、地基与基础、地下室、主体结构、装饰装修、竣前检查、联合验收7大阶段，涵盖监督计划、监督交底、监督检查、违规记分、不规范行为、视频监控、消防人防情况、质量检测、量化评价、终止监督、验收及归档等核心业务办理，实现对工程项目全生命周期数字化监管服务。

截至目前，累计注册监督人员用户超过700名，覆盖市住建局、区住建局、质量监督站等监管单位，日访问量639次，总访问量113900次。平台全面实现对广州市超2000个建筑工地的监督管理。在工程基础信息方面，可查看工地的工程基本信息、五方责任主体、单位进退场信息、施工许可信息及涉及图纸信息；在安全监管方面，全面覆盖起重机械接入的设备类型及作业情况，地下工程与深基坑接入的水平位移、竖向位移和支撑内力等相关数据，高支模接入的支模相关的支模高度、支模面积、塔吊的载重、高点风速、倾角的状态等；在质量监管方面，接入质量投诉、质量监测计划、合格及不合格数据、异常数据，同时接入质量IDI保险，查看保单信息及工地检查记录，同步汇总整改到期的数据情况；在消防、人防监管方面，融合了必审必验相关的案件信息，可查看消防相关的审查信息、申报材料、图纸资料、审批文书等信息；在文明施工监督方面，接入了施工围蔽、洗车槽、施工外架、扬尘噪声检测等，其中扬尘噪声主要是动态监测现场PM2.5、PM10、噪声等指标数据，落实实时监测与预警，落实文明施工规范；在日常监督巡查方面，落实巡查内容并下发对应的整改单，同步结合线上视频监控下发视频整改单，实时同步给企业进行整改落实；在履职量化评价方面，为进一步规范施工和监理企业工程施工现场管理，促进企业加强自身建设，提高建设工程质量和安全管理水平，针对工程的质量、安全、绿色施工等方面的各类评分项进行严格地加分或扣分，进一步规范企业行为。

7.3.4 建设亮点

全要素一体化监管。在工程质量安全监督基础上，融合消防、人防、文明施工、海绵城市、装配式工程等专项监管内容，统一监管、统一服务，实现全要素一体化融合监管。平台工程概括展示如图7.3-2所示。

"3融合+1联动"。一是用户融合。建筑工程监督涉及的监管机构用户和责任主体单位用户（含建设、设计、勘察、施工、监理、检测、监测）统一进行实名认证监管，打通不同系统间的认证渠道，做到一个账号所有模块通行；二是业务融合。

图7.3-2　平台工程概况展示

施工许可、质量专项监管、安全专项监管、消防审验、人防审验等业务深度融合，实现业务统一汇聚，集中监管；三是数据融合。建立工程基础信息库，对工程基本信息、状态、进度等进行统一管理，并以工程为核心，衔接质量、安全、消防、人防专项监管数据，融合形成工程现场监管主题数据库；四是监管联动。融合监管平台作为监管统一关口，能一键统管工程停开工状态，同步联动混凝土运输及浇筑、建材见证取样及送检、起重机械作业等功能业务。

打通监管系统，数据多跨融合共享。对内打通局内系统（统一支撑系统、总控监管平台、CIM平台等），对外对接省市监管平台，实现数据"一处采集，处处使用"，高效服务、便民利企。

"互联网+监管"，无纸化高效执法。通过移动执法端口全面掌握工程信息，高效实现工程监督巡查、发放整改通知、违规记分、警示约谈、记录不规范行为、行政处罚等，结合实时定位、在线签名等技术，实现执法过程全记录、结果清晰可追溯。视频监督及整改如图7.3-3所示。

物联动态感知预警。通过物联网监设备，系统提供视频监控、起重机械安全监测预警、地下工程和深基坑安全监测预警、高支模安全监测预警、扬尘噪声监测预警等物联网监测预警功能，实现对在建工程起重机械、深基坑、高支模等危险性较大的分部分项工程的实时监测，动态感知，实现预警联动、动态响应和恢复处置。

非接触远程巡检。借助物联网、AI、无人机、大数据算法等新技术手段提升现

图7.3-3 视频监督及整改

有信息化水平,通过数据的智能分析预警,结合工程风险分级数据,实现对工程现场问题的自动识别、预警、派发、反馈复核的智慧化管理,达到非接触式远程在线监管,提升工地的监管效能。

7.4 建筑产业互联网

7.4.1 建筑产业工人信息化管理

1. 建设背景

为认真贯彻落实习近平总书记对推进产业工人队伍建设改革的重要指示精神,响应《中华人民共和国国民经济和社会发展第十四个五年规划和2035年远景目标纲要》关于"加快数字化发展,建设数字中国"的号召,广州市建筑业管理服务中心遵循"政治上保证、制度上落实、素质上提高、权益上维护"的总体思路,通过打造广州市建设领域管理应用信息平台,构建广州市建筑产业工人培养、考核、从业、激励、保障等立体化数字型培育管理体系。

2. 建设内容

（1）实名制管理

搭建广州市建设领域从业人员实名信息库，对项目从业人员身份信息及考勤数据统一实行入库动态管理，为建立健全建筑产业工人信用体系、保障建筑产业工人合法权益筑牢数据根基。建筑产业工人个人档案如图7.4-1所示。

（2）工资分账管理

有效利用建筑产业工人实名制登记及考勤信息，建立工人工资专用账户管理、施工总承包单位代发工资、工资发放管理及不考勤不发放工资等功能机制，实现闭环式管理流程，实名制管理从签订合同到退场登记、分账管理从总包专户到工人工资卡，全流程实时监控，以数字赋能破解欠薪难题，确保建筑产业工人工资按月足额发放。

（3）产业工人服务

打造集实名登记、考勤管理、工资发放、跟踪服务、找工用工、权益保障于一体的建筑产业工人线上培育园区，全面做好建筑产业工人培养、考核、从业等管理服务工作。以工人实训和技能大赛为抓手，通过工匠选树盘活技能人才资源，将选拔出的羊城建筑工匠统一入库管理，构筑优质人才集聚平台。平台上线"找工服务"模块，实现企业和工人线上双向选择，畅通建筑产业工人就业渠道，促进建筑产业工人规范有序流动。

（4）预警警示机制

建立预警警示机制，设置实名制、工资分账预警警示共26项，根据风险属性、

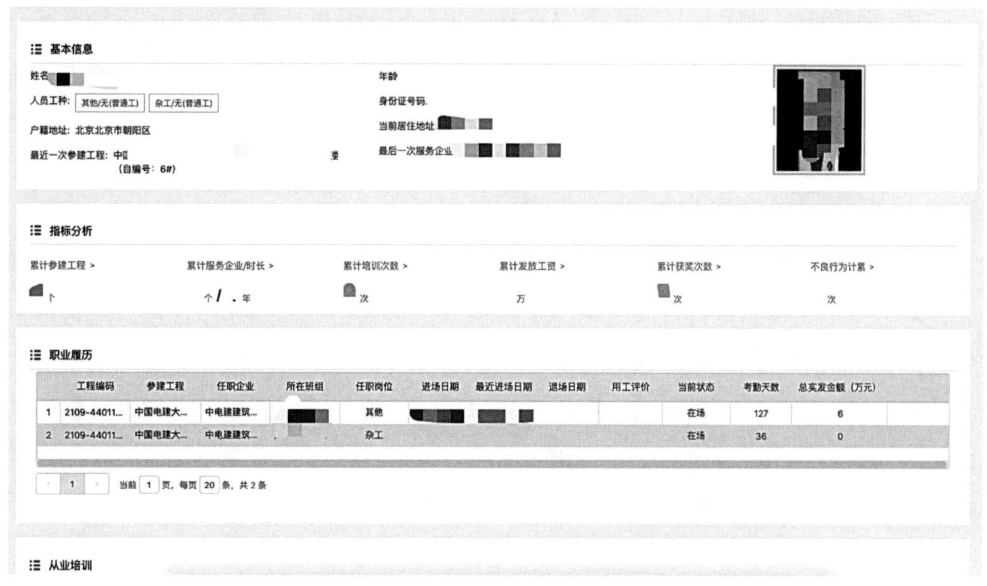

图7.4-1 建筑产业工人个人档案

监测数据、预警次数等关键指标，一旦出现异常数据自动触发平台相应预警警示，分类推送至责任企业、监理单位和监督部门，住建和人社等相关部门可提前介入监管，将建筑产业工人欠薪风险防范关口前移。

（5）智能数据分析

打造大数据可视化系统，对海量数据关联分析并通过图形进行展示，分析结果一目了然，跃然屏上，为监理单位和监督部门的管理工作提供极大便利，也为下一步的政策制定提供有利的依据和参考。

截至2022年12月1日，平台累计实名登记工人310.62万人，通过平台累计发放工人工资952.36亿元，平台已实名登记技能工人63.23万人，其中具有中级工及以上技能等级的工人32.84万人。据广州市人社部门统计，实行实名制和工资分账平台化管理后，广州市全年建筑行业30人以上群体性突发事件从2017年的58宗降至2018年的4宗、2019年的1宗，此后持续清零，呈现总体下降的良好趋势。

2020年8月，人力资源和社会保障部李忠副部长带队来穗开展保障农民工工资支付督察工作时，肯定广州市建设领域管理信息平台真正把实名制和工资分账管理落到了实处，并提出要真正把这个平台用好，让"广州模式"在农民工权益保障中真正发挥作用，在广东省、全国推进实名制和工资分账管理工作中探索出新的路子。

2020年11月，国务院根治拖欠农民工工资工作领导小组办公室根治欠薪工作专班智慧监察建设工作组组长、人力资源和社会保障部调解仲裁管理司副司长王志强一行来广州对平台进行了专项调研，指出广州在建设领域实名制和工资支付分账管理工作中成绩显著。

2021年10月，中央依法治国办第六督察组在广东开展法治政府建设实地督察时对该项工作给予高度肯定，并按要求作为广州市学习贯彻习近平法治思想的优秀案例进行经验总结。

3. 建设亮点

（1）数据画像模型

建立广州市建设工程人员生物信息库，利用人脸识别技术与数据通信处理中心，对人员生物信息进行行政区域、工程项目、企业、工种等标签管理，配置人员生物信息的时效性周期。对接穗好办APP，联调微警人证比对接口，实现精准有效的比对。平台融入区块链技术，利用区块链技术的不可篡改性和可溯源性的特性，使平台实名制、工资分账、班组信用等关键数据的登记修改实现全程留痕、不可篡改，为信息安全提供高质量保障。

（2）智慧工地考勤

借助高清摄像设备和5G高速通信网络，利用"人脸识别+AI技术"和"电子围栏"实现智慧工地考勤。运用无感人脸抓拍、工地实名制信息匹配、偏门异常出入记录、实际在场人数预测等技术，准确核验工人的身份信息和考勤记录，创新研发跑步画圈划定考勤范围功能，解决线性工地无法围蔽安装考勤设备难题，有效防止代打卡和迟到早退的情况发生，提高考勤数据精准性，确保出勤情况有据可查，工资发放有据可依。

（3）工人档案数字化

按照不同标签分类数据，科学整合产业工人技能水平、从业经历、职业技能培训、诚信评价等信息，链条式建立"一人一档"，从工人的基本信息、参训经历、职业水平、技能等级、出工考勤、薪酬情况、从业评价、政治面貌（包括是否复员转业军人）等信息进行全覆盖记录，实现闭环式追踪管理和服务，并对技术工人、羊城建筑工匠分库进行重点管理服务，形成完整有效的信息库档案，为以后的精准评价及分级分类管理提供有效依据。

7.4.2 建材集群采购管理服务综合平台

1. 建设背景

为落实国家关于"互联网+"监管的工作要求，有效整合建筑产业资源链，广州市住房和城乡建设局正构建基于互联网应用、集合不同类型交易平台、配套供应链金融服务的"广州市建材集群采购管理服务综合平台"（以下简称"集采平台"），发挥互联网对资源的优化和集成作用，重塑广州市的建材供应链，协同推进装配式建筑发展，有利于造价控制、成本控制，有利于营造建筑业新的行业生态和推动广州市智能建造与建筑工业化协同发展。"集采平台"以实现交易真实、供应保障、质量可溯、价格最优、开放共享为目标，向广州市政府投资工程提供"一站式"建材采购服务，鼓励社会投资工程共建共管共享平台。

2. 建设内容

"集采平台"采用"1+1+N"架构：1个监管平台，1个服务平台，"N"指服务平台下对接多家现有交易平台。平台之间通过区块链技术实现数据共享、不可篡改和全过程可追溯。

1个监管平台。监管平台用来监督服务平台，并通过服务平台获取数据，监管交易真实性，为工程建设业主和行业管理提供数据支持。

1个服务平台。服务平台主要功能是管理并监督交易平台，规范采购流程。通过建立平台用户数据库、建材品牌数据库、建材价格数据库，提供交易平台、供应商和建材的多维信息比选服务，提供供应链金融产品和服务，对接第三方征信机构。

N个交易平台。符合条件、有合作意愿的现有交易平台、采购平台都可以接入服务平台，平等竞争，保持竞争活力、防止垄断，集合更多资源为政府工程提供更优选择。

集采平台可提供智能比选，包括质价信息比选，交易信息比选，品牌档次比选；提供相同种类建材的团购联采或按照采购需求同类商品自动拼单促成团购交易；提供招标监督、履约监督、质量监督、价格监督等辅助监督功能。平台可自动预警供需失衡、数据失真、质量问题、价格异常等情况。在平台上可直观看到建材供需、价格走势，并对广州市政府投资工程建材采购的效果进行智能评估。

3. 建设进展

2021年1月13日经广州市政府工作会议确定，由市属国企广州市城市建设投资集团有限公司（以下简称城投集团）作为建设运营主体单位，正式开启"集采平台"的开发建设。城投集团组建了36人的专项开发团队，依托由监管部门、政府业主、集采、金融科技和区块链应用领域的顶尖技术力量组成的专家顾问团队全程指导。

"集采平台"的开发建设已完成集群采购服务平台原型设计及监管系统部分功能原型设计，并组织相关行业主管部门及业主单位进行了需求确认；对"广招材"等5个交易子平台的业务功能、应用场景以及供应商、招标投标、建材、合同、订单、发货、结算等数据来源、数据质量等进行梳理，与子平台研讨对接方案，进行对接接口开发；编制历史交易价格数据脱敏方案；与有意愿的银行讨论监管账户的合作方式及协议，与银行就供应链金融进行深入探讨，并提出双方的初步设想。

4. 建设亮点

集采平台能整合资源，优势互补，共建共享；全程"上链"，做到数据真实，质量可溯；能团购寻源，价格最优，供应保障；能厘清关系，构建诚信，释放活力。

7.4.3 建筑工程建材监管与服务平台

1. 建设背景

依据广东省住房和城乡建设厅发布的《广东省住房和城乡建设厅关于2018年建材打假专项行动督查工作情况的通报》（粤建执函〔2018〕2688号）、广州市住房和城乡建设局发布的《关于开展2018年建材专项打假行动方案》（穗建质〔2018〕561号）等相关文件的要求，为加强对广州市工程建设领域的建材监管，方便了解工程的建筑材料使用情况，提升对建筑工程的质量安全动态化管理，建设广州市建筑工程建材监管与服务平台。平台登录页面如图7.4-2所示。

第7章 智能建造与建筑工业化协同发展

图7.4-2 平台登录页面

2. 建设内容

建设广州建筑工程建材进场信息采集模块，实现采集广州市建设工程领域建材供应信息、施工单位进场材料登记信息、进场验收和复检等，通过扫描二维码达到建材的全过程管理，方便进行建筑材料的追溯。

建设建材进场预警和决策分析模块，实现分析和比对采集到的信息，形成相关预警信息，可向社会发布各类优质建材名录、使用数量排名、建材违法违规信息通报、建材使用信息、建材供应企业等信息，方便建材供应企业、参建企业、市区级主管部门进行查询统计，为建材监管提供数据支撑。

建设建材进场移动应用模块，为施工单位提供建材扫码登记移动应用，可实时查看和管理本单位所属建设工程项目的建材进场和使用情况，提高效率，降低成本。

3. 建设成效

通过平台完成了广州市建筑工程各类建材的供应信息登记，施工单位进行材料进场信息确认的功能，实现了材料实时录入，减少人工手动录入，提高了数据的及时性和正确性，方便市区管理部门及时掌握建筑工程的建材采购、入场登记情况。完成了材料质量信息的预警，实现了采购信息的公开，为企业和监管人员的工作提供了有力支撑。材料进场信息如图7.4-3所示。

4. 建设亮点

通过采集广州市建设工程领域建材供应信息、采购、进场验收和复检、使用信息等，并获取所对应建设工程项目在质量检测系统、施工许可系统等其他平台上的相关数据。通过采集供应企业的产品信息，给每一批产品生成唯一的二维码（身份

235

标识），通过扫描二维码自动完成材料的进场记录，使材料生产、运输、使用的全过程可追溯管理。材料进场信息扫码录入如图7.4-4所示。

通过系统，分析和比对采集到的信息，形成相关预警信息，可向社会发布各类优质建材名录、企业供应量排名形成一个好的导向作用。

图7.4-3　材料进场信息

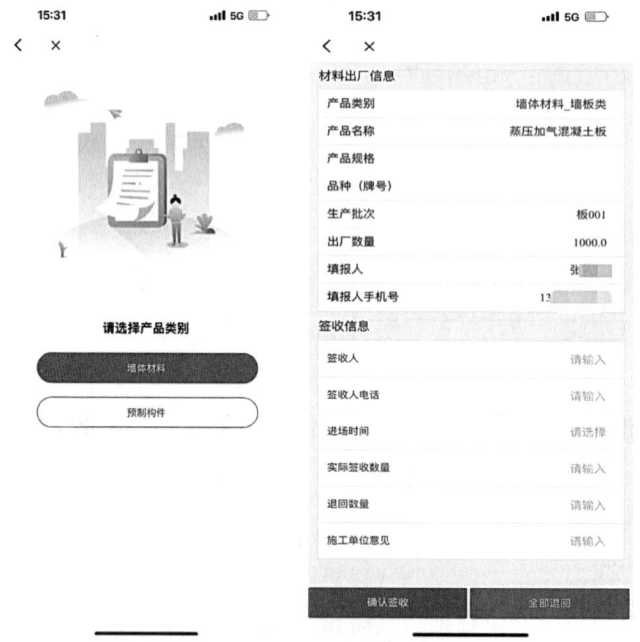

图7.4-4　材料进场信息扫码录入

通过建设统一的建材数据资源中心，整合住房城乡建设行业的工程信息资源，实现工程信息资源全面融合及统筹管理，实现综合查询、统计分析、预测预警等辅助决策支持功能，为决策者提供综合信息服务，为监管决策支持提供支撑。

7.4.4 预拌混凝土、预拌砂浆生产数据全程实时监管系统

1. 建设背景

混凝土作为主要的建筑结构材料之一，其质量好坏将直接影响到建筑工程的质量、使用寿命以及人民生命、财产的安全。随着国民经济的迅猛发展，目前我国大部分城市混凝土采用预拌混凝土。预拌混凝土行业也得到了飞速的发展。但混凝土行业发展也面临诸多问题，如行业集中度低，整个行业企业数量多，规模较小，产品品质和数量难以保证。目前，预拌混凝土行业处于买方市场，企业往往通过恶性竞争来求得发展，恶性竞争导致的结果为混凝土低价低质，已成为建筑工程的质量隐忧。

根据《建设工程质量管理条例》《建设工程质量检测管理办法》等一系列有关文件要求，为进一步加强预拌混凝土、预拌砂浆行业监管，研究建设预拌混凝土、预拌砂浆生产监管系统，提高监管力度，提高监管效率，保障预拌混凝土、预拌砂浆质量。

政府对建设工程质量的监管已经由单一的工程实体质量监督，延伸到对各方责任主体和相关机构质量行为的监督，亟需借助信息技术手段，将有助于加大对预拌混凝土生产企业、工程建设各责任主体的质量行为监管力度，提高工程质量水平。

2. 建设内容

实现对混凝土从原材料、配合比、生产、浇筑、检测到监督全过程监管，同时实现对混凝土生产企业人、机、料、法、环等质保体系要素控制的管理，满足广州市住房和城乡建设局、广州市建设工程质量监督站等相关主管部门，以及混凝土的生产方和需求方对混凝土质量管理的要求，进一步提高主管部门的混凝土质量的管理水平，促进地区工程质量管理的信息化建设。

该系统主要包括基础信息管理、原材料管理、配合比管理、生产信息管理、预警管理、统计管理、工程管理、视频监控管理、系统管理、企业诚信评价等功能。

通过建立备案混凝土生产企业基本信息、人员信息、生产设备、实验室设备以及各生产线生产情况，并形成相关台账，方便行业主管部门掌握广州市搅拌站的生产情况及质量状况。

通过各搅拌站试验室建立检测管理信息系统并实现试验机自动采集，收集并汇总广州市搅拌站各种原材料的自检信息，方便行业主管部门掌握广州市原材料的质量状况，为混凝土与砂浆试配、生产质量控制提供依据。记录混凝土生产中各组成

材料之间的比例关系，对混凝土生产使用到的设计配合比的信息进行登记备案并形成台账，确保混凝土成品的质量，同时也可用于质量问题时提供追溯依据。混凝土拌台实时投料数据采集示意图如图7.4-5所示。

实现与各搅拌站GPS系统数据接口，自动收集每车混凝土、砂浆出厂时间及到达工地时间。超出标准规定的时间要求，系统给予预警，防止因运输途中延误造成超出规定浇筑时间进行浇筑的事情发生，并实现搅拌车运输历史轨迹回放。

3. 建设成效

系统将工业领域流水线管理思想引入建筑生产质量管理领域，通过该系统，建设行业主管部门能够及时、全面、准确地掌握涉及建筑工程质量的真实混凝土、砂浆数据，可以确保混凝土、砂浆检测数据的准确性，杜绝检测造假行为，避免由于不合格情况隐藏于工程而造成不可逆转的损失。同时，还能通过该系统及时发现不合格情况，并进行跟踪处理，确保工程质量安全，保障工程项目经济效益的发挥。为判断工程项目的质量状况和解决质量问题提供可靠的依据。

本系统结合预拌混凝土、预拌砂浆行业的可持续发展，不仅是我国建筑行业可持续发展的必然要求，也是我国经济社会可持续发展的必然要求。一方面，通过搅拌站绿色生产集成技术实现生产过程的绿色化；另一方面，通过混凝土、砂浆上游资料产业链的建设，从而整体提升预拌混凝土、预拌砂浆质量，实现预拌混凝土、预拌砂浆行业的可持续发展。

本项目通过对混凝土、砂浆生产全过程的监控，特别是原材料自检情况的记录及生产数据的实时采集，实现主管部门对混凝土、砂浆质量进行全过程监控与质量

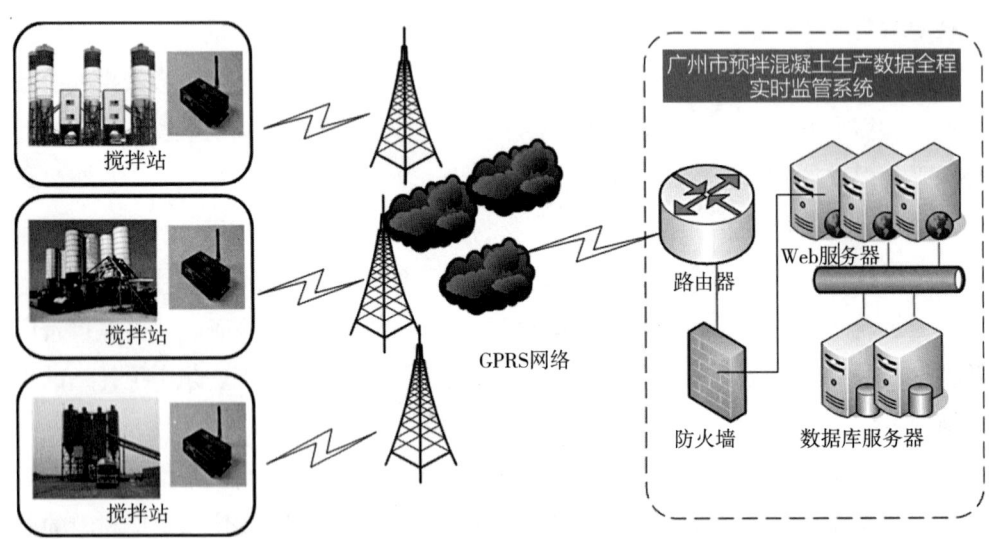

图7.4-5　混凝土拌台实时投料数据采集示意图

分析、质量追溯。混凝土作为主要的建筑结构材料之一，其质量好坏将直接影响到建筑工程的质量、使用寿命以及人民生命、财产的安全。关系经济发展与社会和谐稳定的大局，涉及面广、公益性强、社会影响大。

4. 建设亮点

将混凝土从工程、企业、资质、设备和行为等各个维度进行监管，实现全过程、全范围的质量追踪管理。覆盖混凝土原材料供应商管理、混凝土和砂浆生产全过程管理（原材料、生产、自检、运输、使用等）、绿色搅拌站管理（扬尘噪声、视频监控）、日常监督巡查和搅拌站诚信评价管理等。

采用物联网和4G等技术，由专用监控器（黑匣子）收集混凝土拌台实时投料数据和配合比信息，采集真实的混凝土生产配合比，杜绝偷工减料，从搅拌站生产线上自动采集混凝土生产数据，并实时上报，杜绝配合比作假，确保真材实料。

利用数据仓库技术、数据挖掘技术，对所有投料数据进行对比分析，及时展示所有预警项和各预警项的上月的预警总数。根据大类别预警项显示，其中资质预警有基础预警项、设备信息预警、DTU在线预警；原材料预警有原材料进场预警、原材料自检异常预警、原材料自检预警、原材料用量预警、配合比预警、生产信息预警有生产信息预警、抗压强度预警、投料偏差预警、运输车投料偏差预警、氯离子含量预警、自检试块组数预警等，所有预警项数据汇总及详解查看功能，实现问题隐患及时发现。

通过对相关数据的数字化统计分析，及时预测潜在问题和质量隐患，实时报警。混凝土及原材料自检数据采集，自动判断应检及检测结果，实现透明试验、消除各方间的信息不对称，从而使检测报告真实反映混凝土的质量，消除相关单位有意或者无意地隐瞒混凝土及其原材料质量的可能。主管部门全面、及时掌握混凝土的质量状况和各方质量行为，实现被动监控向主动监控、事后处理向事前预防的双转变。

7.5 智能建造创新技术应用

7.5.1 建筑智能机器人应用

1. 建设背景

根据《住房和城乡建设部等部门关于推动智能建造与建筑工业化协同发展的指导意见》（建市〔2020〕60号）、《广东省住房和城乡建设厅等部门关于推动智能建造与建筑工业化协同发展的实施意见》（粤建市〔2021〕234号）和《广州市智能建造试点城市实施方案》文件的有关要求，为提升信息化水平，在材料配送、钢筋加工、喷漆、铺贴地砖、安装隔墙板、高空焊接等现场施工环节,加强建筑机器人和智能控制造楼机等一体化施工设备的应用,研发并拥有一批高端建筑机器人等智能建造设备知识产权,形成一批可复制、可推广的智能建造先进经验,致力于打造覆盖建造全周期的建筑机器人产品及其配套智能化。

2. 建设内容

致力于打造覆盖建造全周期的建筑机器人产品及其配套智能化,代替工人从事苦累脏险工作;机器人全自动智能化作业,效率远超熟练工人,且受时间、环境限制小;联动BIM数字技术,各施工作业环节透明、可控,可实现建筑工程全要素设计标准化。全周期建筑机器人产品、建筑机器人多机调度施工如图7.5-1、图7.5-2所示。

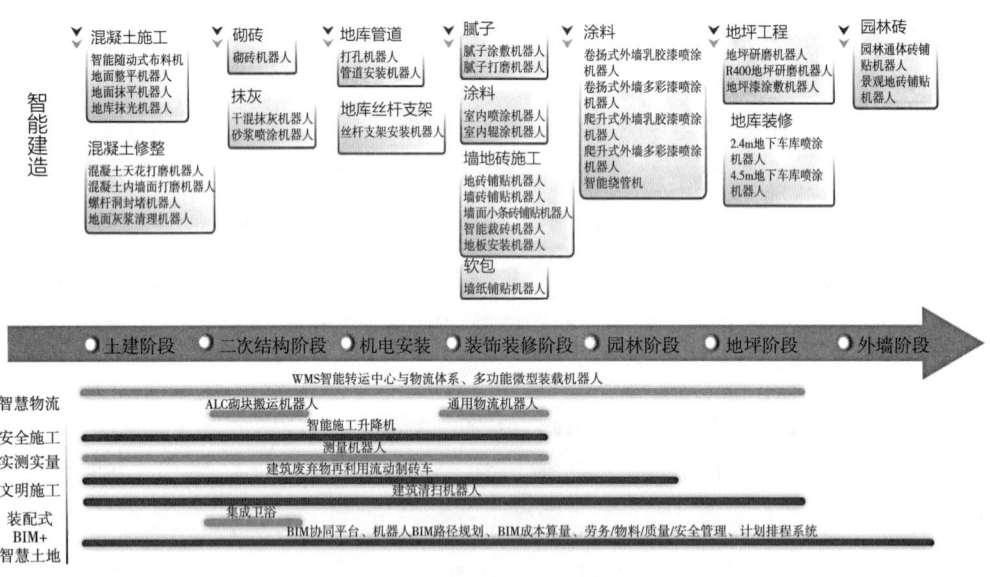

图7.5-1 全周期建筑机器人产品

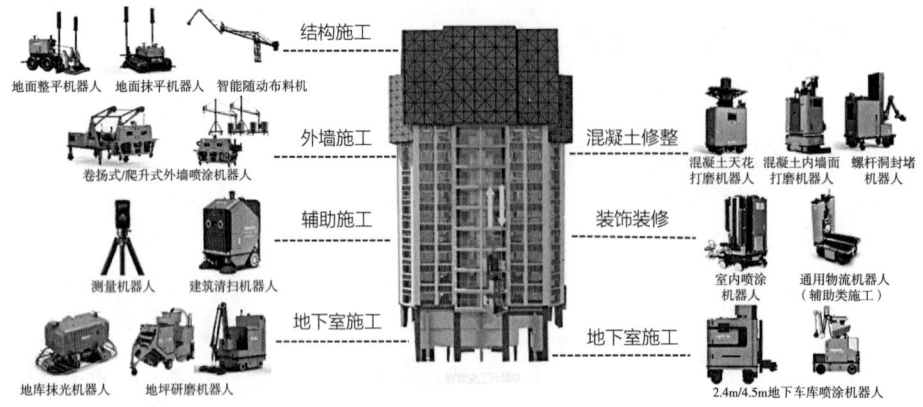

图7.5-2 建筑机器人多机调度施工

3. 建设成效

广州白云站（图7.5-3）是首个外部公建智能建造项目，该项目由中铁建工集团有限公司承建，2021年5月，博智林建筑机器人参与该项目混凝土结构的建设施工工作，这也是博智林智能建造解决方案首次面向外部公建项目施工应用。

广州白云站位于广东省广州市白云区京广线既有棠溪站北场，是广州铁路枢纽规划"五主三辅"客站中的主要客站之一，站场规模达11台24线，以普铁为主、高铁及城际为辅，配套有游客中心、长途客运中心、旅游大巴站场和城市公交站场，将成为站城融合、交通综合、功能复合、生态结合、智能统合，具有岭南特色的全新TOD（即以公共交通为导向的开发模式）大型综合交通枢纽，是亚洲最大的火车站综合枢纽之一。

广州白云站主要应用混凝土施工组合4款产品——智能随动式布料机、地面整平机器人、地面抹平机器人、地库抹光机器人。项目施工期间，现场劳务工人实现了一人操控智能随动式布料机进行布料作业，并在访谈中表示该款机器人易用性强、操作轻松，在节省人工的同时还能减少操作人员体力消耗；地面整平机器人、地面抹平机器人及地库抹光机器人在施工的同时实现对标高的严格把控，经现场验收，水平度及平整度验收结果合格。广州白云站建筑智能机器人现场施工图如图7.5-4所示。

4. 建设亮点

该项目为粤港澳大湾区重点交通基础设施项目，也是全国首批试用智能化建造

图7.5-3 广州白云站效果图

机器人的铁路站房建设项目；建筑机器人的高科技运用，极大地推动了建筑工人从体力型向技术型转变，着力打造具有国际影响力的"中国建造"品牌。

通过对传统劳务分包与机器人单位分包对比，使用机器人进行施工存在以下影响及效果：

（1）通过机器人施工，可为十大工作专班之一创新专班提供依据支撑，在建设领域实现一个新的突破；

（2）当前在机器人施工领域，具有专业知识与施工经验的管理人员、劳务队伍最为欠缺，通过实践，可以培养出此部分管理人员，同时为后续机器人施工的推广积累一定的问题处理经验；

（3）施工效率方面，虽然当前机器人施工仍然存在一定的使用限制与制约，但在部分工艺上施工效率已远高于人工，通过后续进一步认知与改进后，或可真正实现机器人智能建造的目标，实现以机械化手段换人，加快智慧化减人，推进"数智一局"战略；

（4）安全环保方面，机器人施工有效减少了危险工序和环节的作业人数，促进本质安全的提升，如外墙喷涂机器人的使用避免了大量人员高空作业，直接致使现场安全隐患的降低，同时机器人具备的自我吸尘功能，有效避免了粉尘对人身的伤害和环境的污染，能够大幅改善作业环境，真正推进安全环保治理工作；

（5）质量方面，机器人采用混凝土整平、抹平机器人等地面施工，混凝土表面平整度可达到高精度地面，切实提高了此部分工艺的施工质量。

图7.5-4　广州白云站建筑智能机器人现场施工图

7.5.2 爬架智能安全监测应用

1. 建设背景

爬架属于建筑施工中危险性较大的分项工程，目前全国所有的智慧工地项目均没有爬架的监测数据，原因是一些爬架采用的控制系统不具有智能性，无法采集现场数据，另外很少一部分虽能采集部分现场数据，但没能实现和智慧工地管理平台的对接，从而导致智慧工地中没有将爬架纳入管理。爬架属于危险性很大的施工作业平台，处于高空，承载着部分建筑物料和施工人员，因此，把爬架纳入智慧工地的管理之中，对其进行安全监测，具有十分重要的意义。

2. 建设内容

BIM爬架智能安全监测系统涵盖实时监测、自动报警、在线管理、安全交底等功能，为解决爬架常见事故如爬架提升下降时架体堆载过重或爬架提升遇阻卡死，未及时处理导致架体拉弯或构件破坏；台风导致爬架整体倾覆；爬架未设防坠器或防坠系统不起作用导致爬架坠落等难点，系统通过获取现场拉力传感器数值，对现场超限机位进行报警，提示现场人员直接去到事故机位进行处理；同时通过爬架顶部风压传感器及联动气象部门气象地质灾害预警，提示现场人员进行加固处理，避免事故发生；在每次提升、下降前进行安全交底，实现在线流程化监管，督促现场人员检查每个机位的关键点；通过爬架各危险点的视频监控系统，智能识别工人危险操作并进行预警；同时现场数据与平台BIM模型联动可快速进行危险源定位。爬架监测系统智能主机和分机、爬架平台实时监测如图7.5-5、图7.5-6所示。

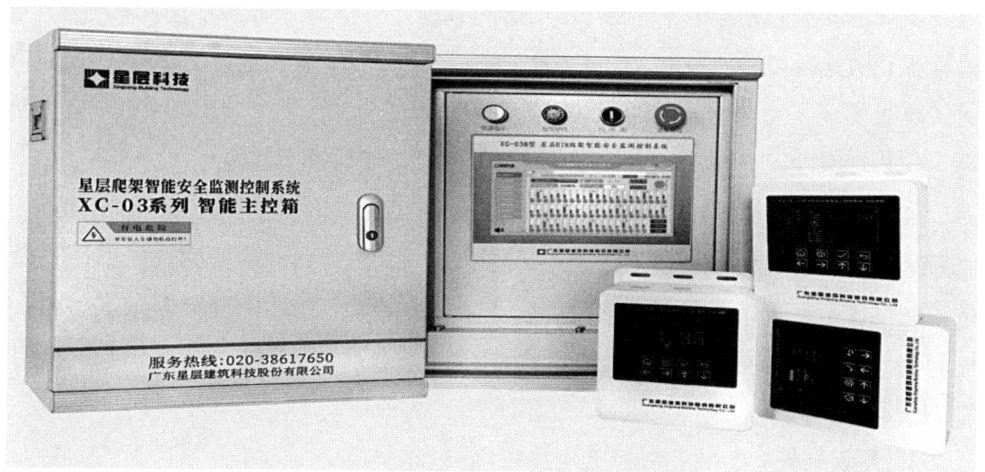

图7.5-5　爬架监测系统智能主机和分机

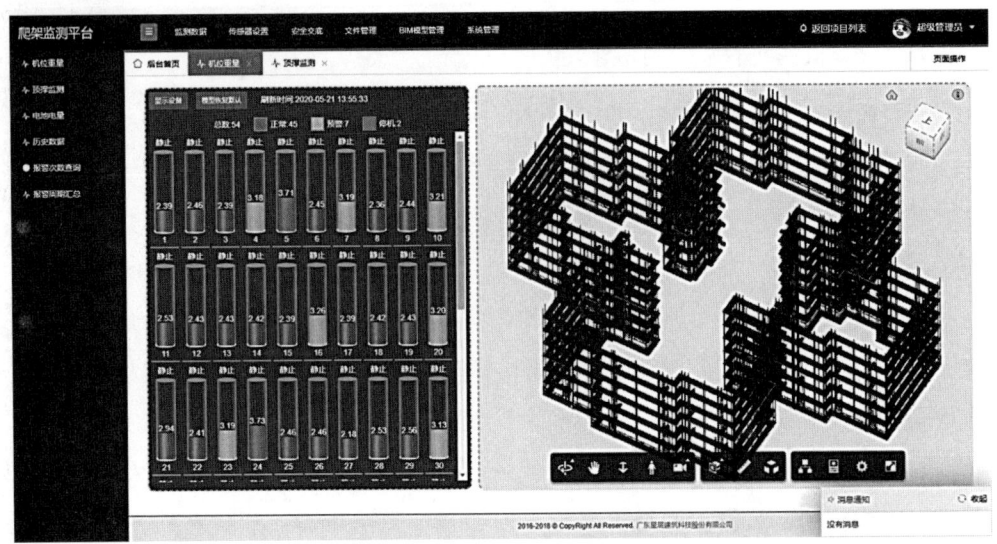

图7.5-6　爬架平台实时监测

3. 建设成效

目前BIM爬架智能安全监测系统已应用至国内十余个省市的近200个项目。已在广州市海珠区赤沙车辆段开发项目及中海观云府等试点示范项目应用实施。

广州市各个区域内通过对高层建筑工程的爬架项目进行实时监测，及时预警和报警，避免和减少安全事故的发生。爬架项目现场运行各业务子系统应用场景数据统一对接汇总到平台，相关管理人员通过平台即可了解各建筑工地的建设和质量安全监测情况，各级监管部门可根据各自不同级别权限登录查看，包括每个机位的历史数据、历史故障信息，分析原因、溯源，形成故障统计分析报表。

4. 建设亮点

BIM爬架智能安全监测系统的爬架监测数据，可作为一项重大危险源数据，通过标准化数据接口接入各市区CIM平台，拓展CIM平台智慧工地应用场景。2021年6月，场景实现了爬架智能监测系统和广州市CIM平台的关联，在CIM平台上直接展示了广州市南沙区金洲村、冲尾村改造项目的爬架实时安全监测。

同时，以广州市CIM试点为契机，结合建筑工程质量安全管理部门业务需求，将爬架智能安全监测数据接入广州市CIM平台，拓展CIM平台应用场景，完善信息资源共享体系，赋能新城建。

7.5.3　智慧商混凝土生产管控

1. 建设背景

为深入贯彻落实《住房和城乡建设部等部门关于推动智能建造与建筑工业化协

同发展的指导意见》（建市〔2020〕60号）及《关于加快推进新型城市基础设施建设的指导意见》（建改发〔2020〕73号）的文件精神，加大智能建造在工程建设各环节应用，形成涵盖科研、设计、生产加工、施工装配、运营等全产业链融合一体的智能建造产业体系，广州市泰和混凝土有限公司结合企业自身信息化、工业化发展基础及"两化融合管理"成效，立足新发展阶段，贯彻新发展理念，构建新发展格局，结合广州市"新城建"试点工作，构建CIM的"智慧商砼"生产管控平台，打通混凝土生产、运输、使用、检测、监督等环节实现对混凝土全过程的可视化管控，推动产业上下游互联，建立混凝土产业上下游供应商、供应客户、运输单位信息互联互通，多视角进行混凝土生产控制、成本、运输使用的信息协同。推进建筑工业化、数字化、智能化升级，推动建筑业高质量发展。

2. 建设内容

基于CIM平台构建"智慧商砼"信息协同、远程监管、物联监控、数字孪生、AI分析五维监控能力的综合管控大屏，强化混凝土生产、运输、现场使用等过程动态管控，实现对视频监控、车辆监控、空压机、扬尘监测、电能源监控等物联监测，并对设备运行超阈值报警；多视角支撑混凝土生产控制、成本、运输使用的信息协同、大数据可视化分析、辅助企业经营决策，达到可视化、数字化、智能化的搅拌站实施生产现场全要素、业务流程全周期、数据全可视的一站式管控。CIM智慧商混凝土综合管控如图7.5-7所示。

基于CIM平台可视化展示混凝土生产过程中的设备BIM模型，关联生产系统实

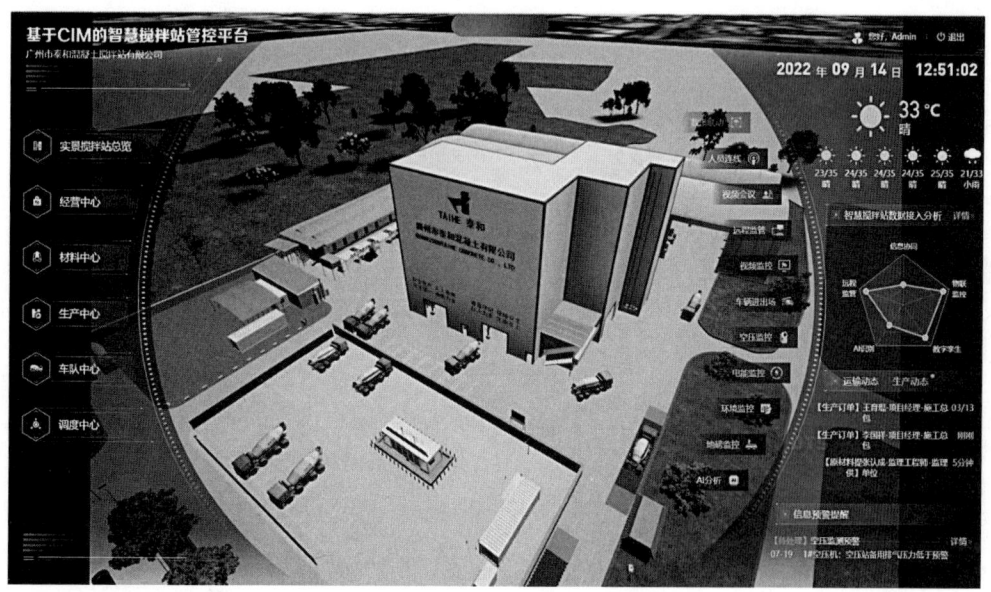

图7.5-7 CIM"智慧商砼"综合管控

时生产数据，实现生产过程中材料消耗、铲车原材料入仓、生产传送带、搅拌机生产、车辆排队、罐车装料、地磅进出等环节的数模联动，支撑基于CIM的生产过程动态监测、数据监控及生产过程模拟分析。生产数模联动如图7.5-8所示。

构建一站式混凝土生产管理系统，实现了自动过磅系统、自动打料传输系统、物料库存在线、生产设备状态在线、材料车入场排队等信息化功能，打通全套采购在线、生产数据在线、商混凝土运输、使用。实现企业对混凝土生产、运输做到"业务全覆盖、监管无死角、结果可追溯、风险全管控"。

搭建统一应用集成框架，支撑商混凝土生产企业用户统一门户，集成多业务系统功能入口，实现个人、企业实名登录，打通商混凝土企业与企业项目用户的沟通协作渠道，搭建产业服务权威官方入口，实现"共建、共享、共治"数据一方接入、多方共享，建立混凝土产业上下游供应商、供应客户、运输单位信息互联互通，多视角进行混凝土生产控制、成本、运输使用的信息协同。

建设智慧商混凝土数据资源中心，形成面向信息数据标准的数据仓库，包括数据治理、数据质量、数据安全、数据资产、数据分析和开发工具等，是大数据分析、决策指挥应用的基础，有效支撑混凝土企业实现数字化转型升级。

3. 建设亮点

打造基于CIM的政企互联智慧搅拌站应用标杆，提供基于CIM的智慧搅拌站平台用于数据汇聚及展示。

实现智慧搅拌站生产、运输、使用等环节的智能硬件接入服务，提供物联网智

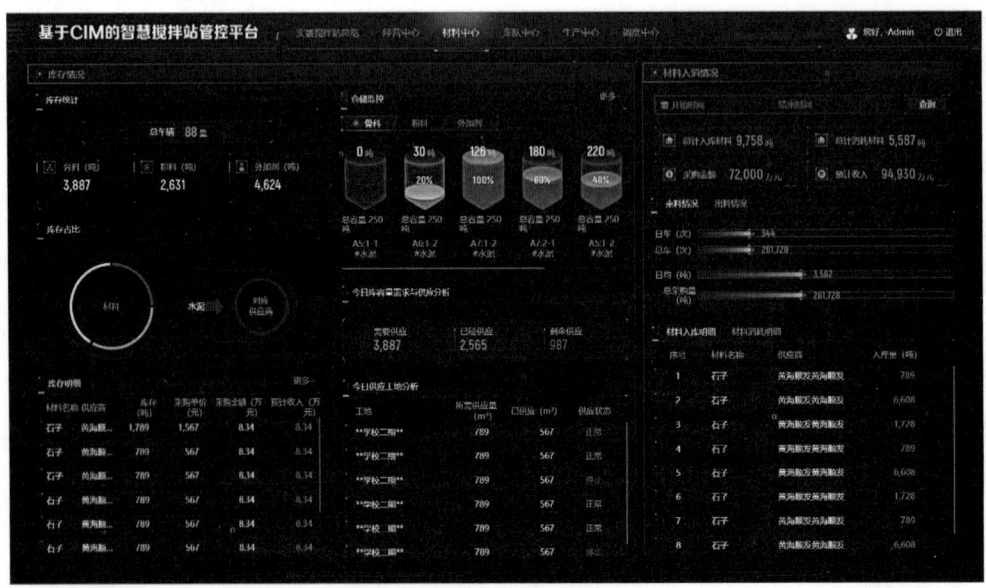

图7.5-8　生产数模联动

能监测点落图及基于CIM的智能化监测预警等。

以智慧搅拌站标准引领政府监管与企业的信息交互与共享，促进与政府监管平台深度融合，探索政企互联融合一体化共享、共建、共治模式。

以统一应用框架，支撑生产企业、运输单位、施工现场跨企业、跨部门数据共享，实现产业链上下游的信息协同，业务互联互通。

第8章 城市综合管理服务平台建设

8.1 "穗智管"城市运行管理中枢建设

8.1.1 建设背景

广州市政府印发了《关于加快推进广州市新型城市基础设施建设的实施方案（2020—2022年）》，提出推进城市综合管理服务平台建设。充分发挥CIM平台在智慧城市建设中的基础性作用，支撑"穗智管"系统建设，到2025年年底实现广州市三维空间数据和城市建设基础数据库共享，结合城市综合运行指标体系及社会数据资源，打造场景互联城市综合运行监测新体系、全时全域城市监测预警、联动指挥一体化平台，完善运行管理平台技术和配套基础设施建设，实现跨部门、跨区域、跨层级的快速响应、指挥调度、联动处置，实现城市管理事项"一网统管"。

8.1.2 应用案例

广州市城市运行管理中枢建设工作，坚决落实党中央决策部署及广东省委省政府的工作要求，紧跟数字化、网络化、智能化的变革趋势，积极主动创新思维方式、工作方式、生活方式，以"穗智管""穗好办"建设为抓手，强化需求导向，加快数字化发展，打造数字经济新优势，协同推进数字产业化和产业数字化转型，加快数字社会建设步伐，提高数字政府建设水平，营造良好数字生态。

项目建设中，将进一步加强顶层设计，坚持以各部门业务系统为基础，加快构建与现实城市相匹配的虚拟模型，聚焦决策、指挥、调度、监管、处置等功能，打造涵盖态势感知、运行监测、决策支撑的数字孪生城市。进一步完善基础信息，加快物联感知系统建设，整合城市信息模型、"四标四实"等平台资源，采集人口、地理、经济等基础数据，搭建集城市基础信息、三维立体地图等功能于一体的支撑底座。进一步提升智慧化管理水平，注重流程再造和统一规范标准，开发更多应用场景，强化趋势分析、智能预测、快速响应，提升疫情防控、安全生产等城市运行管理水平。进一步强化协同联动，坚持各部门驻场运营，打破数据壁垒，鼓励企业参与共建，全面提升数据安全保护能力，形成城市运行联动处置强大合力。进一步加强组织领导，进一步强化市政务服务数据管理局等部门职能,建立科学完善的管理制度和运行机制,各区各部门要协同配合、主动作为,强化监督考核,推动各项工作落实落细。

城市运行管理中枢建设将坚持需求导向,不断完善场景应用,建设更多应用主题,提高数字政府建设水平。坚持问题导向,列出问题清单,明确责任单位和责任人,推动问题及时解决。打通信息孤岛,整合各层级、各部门的数据资源,强化跨层级、跨部门联动,增强决策、调度、处置等各环节的协同性。强化科技赋能,充分运用人工智能、物联网等技术,持续优化系统算力、算法,提升公共服务、社会治理等数字化智能化水平。

8.2 广州城市综合管理服务平台试点建设

8.2.1 基本情况

1. 搭建"6+X+N"平台架构

结合住房和城乡建设部《国家城市运行管理服务平台建设指南》以及广州实际,搭建"6+X+N"平台架构,不断深化完善"垃圾流向""用气跟踪""渣土溯源"的行业应用监管场景;同时,拓展与城市管理安全运行相关的应用建设,重点突出"供气安全""户外广告与招牌安全"的安全监测,实时监测管网运行情况、广告招牌倾斜情况,全过程记录安全隐患排查处置情况,科学评估安全风险等级。城市综合管理服务平台如图8.2-1所示。

2. 汇聚城市管理专题数据

为破解城市管理"信息孤岛",构建统一高效、互联互通的数据资源服务体

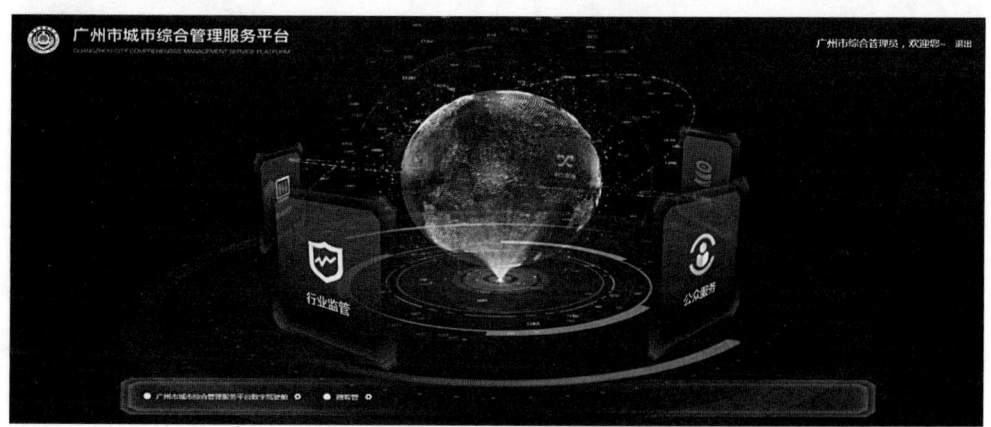

图8.2-1 城市综合管理服务平台

系，以满足工作需要为核心，进一步梳理涵盖城市基础数据、城市部件事件监管数据、城市管理行业应用数据、城市管理相关行业数据公众诉求数据以及安全运行数据等6大项、19小项、245子项的数据资源目录，已汇聚了集环卫、燃气、渣土、户外广告、城管执法等多个业务系统数据，同时推动了交通、水务、住建、林业、园林等"大城管"相关部门数据汇聚，并积极探索建立相应的数据汇聚、校验、治理、更新等全生命周期管理规范，以保障数据的鲜活性、准确性和实用性。

3. 制定城市运行监测指标

围绕"干净、整洁、有序、群众满意度"和"源头治理、运行安全、城市韧性、群众获得感"，在原评价指标基础上，增加了城市安全运行监测相关的内容，细化评价指标所涉及的数据项和计算方法，初步累计梳理了涉及16个委办局143项评价指标。目前在部分领域，可通过评价指标数值的变化以及与其他城市的对比，真实、准确、系统、全面地反映当前城市管理服务存在的短板与发展不均衡的问题，为完善城市治理体系、提高城市治理能力提供数据支撑。城市安全运行监测如图8.2-2所示。

4. 建设"数字"驾驶舱

为形成用数据说话、用数据管理、用数据决策、用数据创新的新机制，充分发挥数据价值，建设了集日常监测、预警研判于一体的数字驾驶舱。针对各个场景梳理100余项常规指标、20余项核心指标、30余项可比指标，初步建立了一批指标计算模型，并结合管理目标对场景各项数据进行预警监控和预警研判。

5. 推进行业智慧监管应用

围绕"市容环卫、渣土运输、燃气监管、户外广告、城管执法"等城市管理核

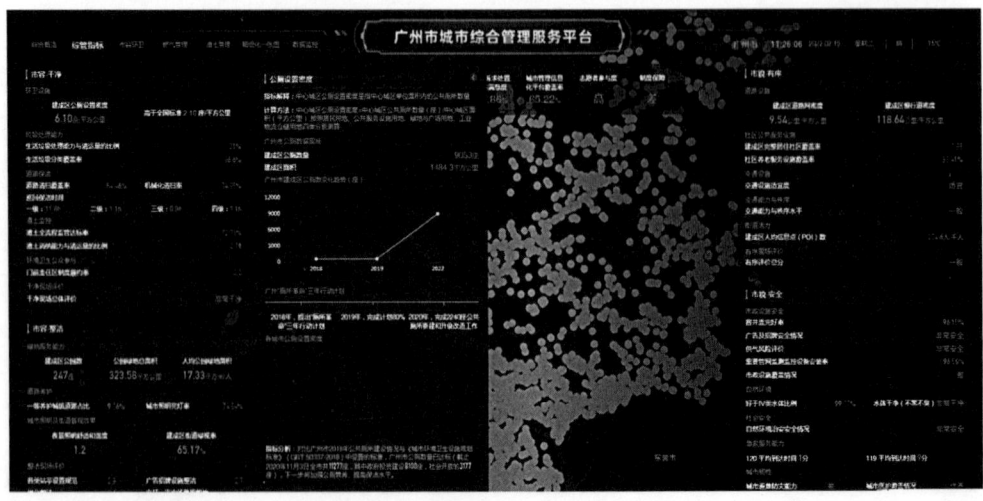

图8.2-2 城市安全运行监测

心职能，推进若干个行业智能监管应用，提升行业综合监管能力。如城市管理视频智能分析系统是广州市在全国首创基于"雪亮工程"拓展城市管理智慧应用的典型案例，通过视频算法实现了对店外经营、乱摆卖、暴露垃圾、渣土运输抛洒等50多类事件全天候、自动化、智能化采集与分析，逐步成为广州城管部门发现问题、服务群众的主要抓手；瓶装液化气监管系统通过对充气站、燃气瓶等设备进行改造，依托"钢瓶二维码"关联瓶装燃气的充装、运输、交付、钢瓶回收等环节，实现对燃气运行的全过程监管；"一键找公厕"服务系统也是广州在全国率先推出并推广其到他城市应用的民生系统等。

8.2.2 主要做法和经验

1. 列入广州市新基建项目予以推动

为顺应新一轮科技产业变革和数字经济发展趋势，抢抓城市管理"新基建"发展机遇，推进新型基础设施建设，推动传统基础设施智慧化转型，提升城市管理水平和社会治理能力，主动对接广州市发展改革委、广州市住房和城乡建设局等单位，将城市综合管理服务平台列入《广州市人民政府办公厅关于印发广州市推进新型城市基础设施建设实施方案（2020—2022年）的通知》（穗府办〔2020〕8号）、《广州市人民政府办公厅关于印发加快推进广州市新型城市基础设施建设实施方案的通知》（穗府办〔2020〕99号）等文件，为项目建设和推进提供政策保障。

2. 加强平台建设统筹协调

广州城管部门把城市综合管理服务平台建设作为"智慧广州""城市管理新基建"重要内容来抓，并成立了由广州市城市管理和综合执法局主要领导、分管领导以及局机关各处室、直属各单位主要领导参与的工作领导小组及其办公室，统筹工作实施，还组建了工作专班，负责具体实施；加强与"穗智管"城市运行管理服务平台、CIM应用平台对接，统筹解决平台数据共享应用问题，树立"一盘棋"思想，相互支持与配合，形成工作合力，有效地保障了项目建设的顺利实施。

3. 强化部门资源共建共享

城市综合管理服务平台涉及的数据资源范围广，牵涉的管理部门多，需要加强多部门联动。一方面，以行业管理为依托，深化纵向应用，打通市区两级城市管理部门数据通道，将已建设各类基础数据和业务系统延伸到各区相关管理部门共同使用，实现市区两级城管部门之间的业务信息交互；另一方面，以数据资源为纽带，拓展横向联系，加强与政数、公安、住建、水务等部门的数据交互与共享，充分发挥数据价值。如通过共享广州市20多万路视频资源，并通过视频智能分析第一时间发现问题，切实发挥了视频资源在城市管理问题发现与应急调度的作用，同时还推动了十几个市直部门数据对接工作，发挥数据要素价值。

4. 推动平台联动建设与应用

对外主动对接了解住建、水务、交通、规划等行业信息系统及智慧广州、城市安全、CIM平台建设应用情况，统筹联动，协同建设；对内全盘谋划垃圾分类管理、环卫管理、燃气管理、户外广告管理、垃圾终处理管理、"1+11+N"监控指挥调度等领域信息系统建设，强化业务监管信息化水平，补齐信息化短板，为综合管理服务平台提供基础支撑。

5. 做好平台建设资金保障

城市综合管理服务平台建设是一项系统性工程，广州城管部门积极与市政数部门沟通协调，将平台建设纳入市财政投资信息化项目予以立项，给予资金保障；同时，市政数部门将广州市资源共建共享、跨部门应用场景建设与"穗智管"互联互通等信息化项目作为优先保障项目予以支持，为城市综合管理服务平台的数据资源汇聚、深化应用等工作提供有力的政策支持和财政保障。

8.2.3 工作展望

项目将在整合城市综合管理服务平台现有功能基础上，以CIM基础平台为底座，不断加强行业智慧化系统建设应用，同时结合广州市城市运行管理的实际需求，拓展建设安全运行相关的场景应用，推动城市治理"一网通管"，保障城市运行安全。

8.3 黄埔区垃圾分类智慧管理项目建设

8.3.1 基本情况

2020年10月，黄埔区正式启动了垃圾分类智慧监管项目，项目为全区超2.5万个分类转运桶制定标准"身份证"并安装电子标签和二维码，通过智能传感、物联网、区块链等技术改造垃圾分类清运设施，结合垃圾分类管理责任制和清运运营监管需求，创新数据采集和分类管理、清运管理模式，从全区层面系统地解决目前垃圾分类工作中普遍存在的底数不清、数据模糊、溯源困难等问题，加速推动垃圾分类减量。

作为广州市市、区"智慧城管"共建共享示范项目，项目在充分研究和分析现状的基础上，立足全区，面向垃圾分类精细化管理目标，首创分类垃圾"电子身份证""刷卡乘车"、精细化溯源、立体化多维管理和线上线下协同监管等新模式，充分发挥科技优势赋能垃圾分类，促进环卫保洁和垃圾分类一体化，为垃圾分类溯源、分类教育和分类执法探索出一条高效路径。

目前，黄埔区1200多个居民垃圾分类投放点、150多条分类清运线中的全部41条厨余垃圾清运线和70条其他垃圾清运线均已纳入智能监管，初步实现精细化管理目标，特别是厨余垃圾从终端处理到各级管理网格再到投放点的精准溯源管理，得到上级单位的充分认可，纳入"穗智管"试点范畴，并计划总结经验作为广州市垃圾分类信息化管理标准和示范模式逐步向全市推广。

8.3.2 项目构成

广州市黄埔区城市管理和综合执法局垃圾分类智慧管理项目包括垃圾分类监管信息系统、垃圾分类督导移动端应用系统、垃圾转运桶电子标签、垃圾分类设施数据上图、分类收运车辆/中转站加装系统、分类区块链等。

8.3.3 建设内容

1. 垃圾分类监管信息系统

依托指挥中心系统建立统一的垃圾分类监管信息系统，整合共享指挥中心大屏幕系统、区2.5维地图，充分利用物联网、区块链、云计算、地理空间等技术，实现基于电子地图的分类组织管理、分类设施管理等功能，实现统一的分类信息台账管理、分类问题线索管理等功能，实现基于分类数据的统计和多维数据分析功能。垃圾分类监管信息系统如图8.3-1所示。

图8.3-1 垃圾分类监管信息系统

2. 垃圾分类督导移动端应用系统

针对站桶督导、巡查督导和车辆收运督导需要，开发垃圾分类督导移动端应用系统。该系统提供转运桶二维码扫描、督导打卡、数据采集、问题报送、网格管理、处置任务、系统维护等功能，并提供针对站桶督导、巡查督导和车辆收运督导等权限管理功能。同时，实现随时随地通过移动终端上网VPN接入方式继续保持与垃圾分类移动端的无缝衔接，满足督导在外作业的要求。

3. 垃圾分类设施数据上图

项目利用共享的区电子地图，以区2.5维地图的标准地形图为底图，叠加和维护分类网格图、分类设施图等，实现数据上图。

目前，随着区2.5维地图项目的推进，街镇、村居网格地图已拥有较为完善的基础，但小区、机团单位及其他城市功能区网格划分尚缺乏完整的数据和较为完善的管理机制，考虑到现阶段垃圾分类的重点是确定投放和收运责任，而不是界定地理边界，因此，考虑用投放点代替的方式维护分类责任网格。该项目分类投放点以2020年设置目标为基础采集和上图。垃圾分类设施数据上图如图8.3-2所示。

采集上图数据包括：分类投放点；直收直运集中点；中转站；分类网格、分类片区；公厕等固定设施。

图8.3-2 垃圾分类设施数据上图

4. 垃圾转运桶电子标签

针对目前全区约25000个标准240L垃圾转运桶（图8.3-3），为每个转运桶设置唯一的身份编码，在转运桶正面加装RFID电子标签，贴二维码身份标签。在系统中建立垃圾转运桶台账，对转运桶地理位置、电子标签编号、转运桶种类等信息进行系统录入。

通过垃圾分类督导移动端应用系统扫描二维码或者车载RFID识别装置可快速识别转运桶身份编码，对照分类监管信息系统提供的投放点信息，利用物联网和区块链的技术，可快速构建转运桶溯源关系，为判定转运桶来源和归属提供依据。

图8.3-3 垃圾转运桶

5. 分类收运车辆/中转站加装系统

对垃圾收运线路进行统筹规划，针对相关线路厨余垃圾车和其他垃圾自压缩运输车辆加装智能系统，餐厨收运车加装系统示意图如图8.3-4所示。该系统包括对垃圾转运桶电子标签自动识别的车载RFID识别装置、对240L垃圾转运桶进行挂装称重的车载信息监控终端、称重终端、称重传感器等。

当进行垃圾装车作业的时候，车载装置通过RFID自动识别垃圾桶的编号和来源，再将自动称重系统数据一并通过网关上报到垃圾分类监管信息系统。

垃圾分类车辆启动时，车载定位系统和车载运行数据监控系统则只要车辆启动就将实时数据及时上报至监管信息系统。

针对中转站压缩机挂钩加装转运桶称重传感器和RFID识别装置，并对相应的

图8.3-4 餐厨收运车加装系统示意图

车辆加装车载定位和车辆运行数据监控系统。

6. 分类区块链

区块链是一个分布式的共享账本和数据库,具有去中心化、不可篡改、全程留痕、可以追溯、集体维护、公开透明等特点。系统引入区块链技术,建立分类督导区块链,通过区块链接口结合督导工作,为专职督导、分类专管和站桶督导提供全面的分类督导工作清单、督导定点打卡管理等功能的数据上链、溯源服务,为社区党员站桶工作和有偿督导工作提供管理依据。

该项目通过对分类组织管理、分类设施管理、分类清运管理、分类信息台账信息等模块信息进行数据上链,确保在数据溯源时依据区块链的不可篡改性能够提供有力的凭证。

8.3.4 建设亮点

1. 刷卡乘车,垃圾分类开启"芯时代"

引入物联感知和区块链技术,通过电子标签、二维码、信息采集、身份认证等方式,对全区2.4万余个转运桶制作电子身份牌,智能化改造近100台分类清运车辆和全部压缩站。

网格化管理,在现有的行政区划基础上划分346个分类责任网格,将1265个投放点、439个集中点与责任网格、社区网格和街镇网格挂钩;实现分类垃圾清运"公交化"运营模式,精细化清运监管。改变传统方式,带来新转变,从人工登记台账转变为物联网自动采集,从主观估算重量转变为传感器客观称重。垃圾分类智慧管理区块链浏览器如图8.3-5所示。

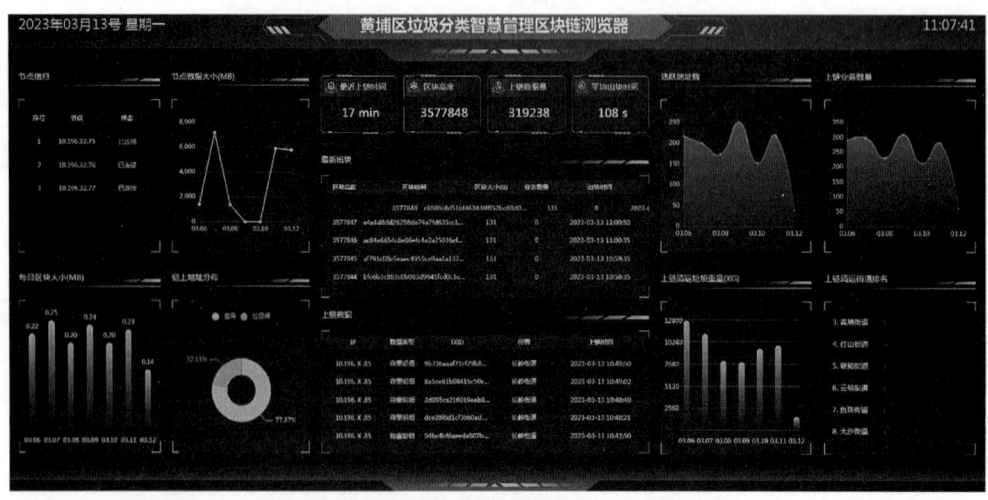

图8.3-5 垃圾分类智慧管理区块链浏览器

2. 融合监管,分类减量步入"新赛道"

一体化融合分类投放、分类督导、清运环节,各环节各司其职,相互印证、相互纠偏,保障垃圾分类智慧监管正常运行;实现以投放点、责任人、责任单位为"点",以清运线路为"线",以责任网格为"面"的立体化数据监管模式,实现终端处理数据的层层溯源,为精准分类减量提供准确依据;实现网格化管理+问题溯源+分类执法落地。改变传统方式,带来新转变,从环卫分类分离转变为投放与清运互证,从开会动员喊话转变为可追溯责任倒逼。垃圾分类转运流程图如图8.3-6所示。

3. 协同发力,高效监管解锁"新模式"

上线"随手拍"、垃圾分类督导小程序,充分调动黄埔区超过5000用户的城管体系工作人员,特别是环卫保洁工作人员参与分类督导和问题发现。构建基层问题发现处理自循环机制,简化流程,提高问题处置效率。优化管理服务和综合执法工作流程,改变原有粗放的管理方式,精准施策,充分发挥督导、执法促进作用。改变传统方式,带来新转变,从被动管理转变为主动监管,从管理、执法相分离转变为管理、执法一体化。垃圾分类监管如图8.3-7所示。

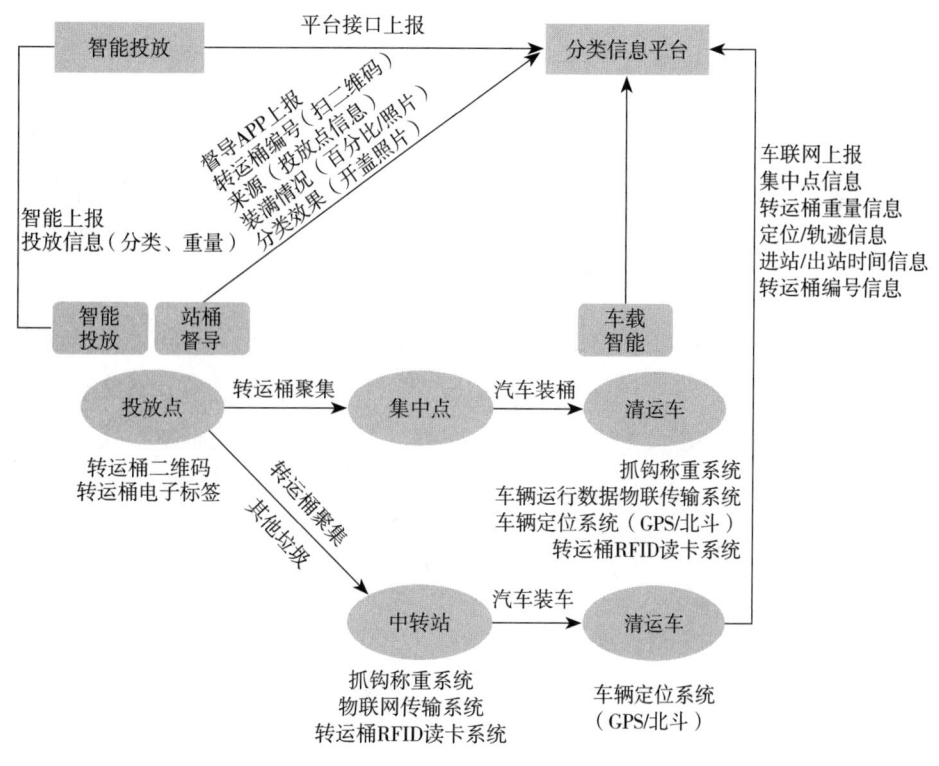

图8.3-6 垃圾分类转运流程图

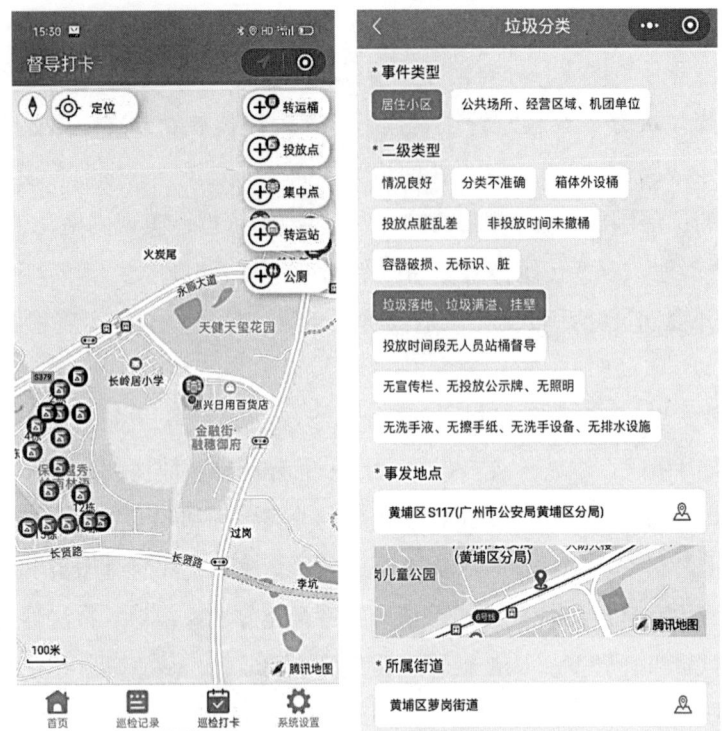

图8.3-7 垃圾分类监管

8.3.5 工作展望

项目将在总结经验的基础上进一步扩大项目覆盖范围，全面实现垃圾分类数字化、智慧化、可视化管理。做好城市综合管理CIM数据接入广州市CIM平台的技术衔接工作，基于CIM平台汇聚系统的全方位详细信息，结合人工智能技术的发展和部分先行示范社区试点经验，全面提升投放点智能监控，进一步溯源和甄别居民投放行为、投放点周围环境卫生等问题；同时借助投放点的提升，为居民提供透明的信息发布、人性化的分类宣传和趣味化的垃圾分类人工智能服务等；在此基础上，探索研究环卫保洁、垃圾分类、垃圾清运全域化服务运营和远程监管模式，在进一步提高居民垃圾分类意识的同时，逐渐形成良好的垃圾分类运营管理生态，促进垃圾分类减量，从而实现对城市管理的智慧化监管。

第9章 "新城建"产业发展

9.1 "新城建"产业发展展望

9.1.1 重点产业建设

建立以新发展理念为引领，以技术创新为驱动，以信息网络为基础，面向高质量发展需要，提供数字转型、智能升级、融合创新等服务的新型城市基础设施建设体系。"十四五"期间，鼓励广州市、区各级单位利用CIM基础平台积极建设数字化新型城市基础设施，提升发展能级，夯实广州新城建基础设施建设，带动产业发展。

与国家的新基建战略布局密切结合，统筹发展CIM产业链。参照《国民经济行业分类》GB/T 4754—2017中建筑业、制造业、软件与信息服务业等相关行业的口径，科学梳理CIM核心产业、CIM关联产业、CIM应用产业等产业体系分类。CIM核心产业可分为CIM基础平台和CIM中台的主要信息技术产业，进一步可细分为CIM核心软件、CIM基础数据、CIM硬件支撑等行业。CIM关联产业可按服务于CIM平台的信息产业分类，主要包括CIM信息咨询服务、平台运营服务、CIM数据安全与存储及应用分析服务等行业。CIM应用产业可按通过CIM实施带动产业升级改造形成的新业态分类，进一步可细分为基于CIM的智能建造产业、基于CIM的智能化市政基础设施产业、基于CIM的智能网联汽车产业等CIM+新兴产业，例如基于CIM的智慧建设、智慧住房、智慧交通、智慧安防、智慧停车管理等行业新型应用。

以住房和城乡建设部在全国范围内推广CIM平台和新城建为契机，结合广州的信息产业现状，积极推进广州CIM产业体系的规划建设，重点着力CIM核心产业、CIM应用产业的培育、推广与发展。通过培育CIM核心产业，有力促进广州市信息技术应用创新产业、工业互联网产业发展。通过重点发展CIM应用产业，拓展基于CIM的住建、城管、交通、水务、应急、公安等领域应用场景，积极探索在文化、社区、医疗等方面的应用，加大新城建的CIM+智能建造产业、CIM+智能化市政基础设施产业的应用推广力度，支持升级CIM+老旧小区改造产业、CIM+智慧车联网产业，带动CIM关联产业以及CIM产业体系的发展，打造规模化的CIM数字经济。

1. 大力发展CIM核心产业，带动发展CIM关联产业

CIM核心产业可主要归为CIM核心软件产业、CIM基础数据产业、CIM硬件支撑产业三类。对接国家的信息技术应用创新产业战略，强调软硬件产业国产化，力争实现CIM核心产业的自主可控。

（1）重点发展CIM核心软件产业

CIM核心软件产业是构建CIM基础平台和CIM中台的必要软件，主要包括BIM建模平台软件、二维、三维GIS软件、存储软件（数据库、数据仓库）、数据处理软件及工具等，以及包括数据中台中间件、技术中台中间件、业务中台中间件等一系列用于CIM开发、集成的中间件产品。

重点发展CIM核心软件产业，鼓励自主可控的BIM、CAD、GIS应用软件的研发，大力推进BIM、GIS、集成中间件等CIM核心技术的研发及融合创新。围绕CIM平台研发及应用，引进、培育一批在全国范围内有行业影响力的CIM研发企业、研发机构。加强核心技术攻关，打造具有国内自主知识产权的CIM平台产品，鼓励自主可控的CIM中间件等基础软件的研发，在数据中台、技术中台、业务中台等方向产生一批有竞争力的新产品、新解决方案。引领国内CIM核心产业发展，力争将广州建设为国内一流的CIM核心软件产业技术高地。

（2）积极发展CIM基础数据产业

CIM基础数据产业是为CIM平台提供的基础数据服务，包括细粒度BIM建模、倾斜摄影、地理勘测等CIM数据的采集、维护、更新服务等。

通过自主可控BIM、CAD等应用软件产业的发展，带动BIM数据建模行业的发展，鼓励加大BIM应用的广度与深度，形成规模化的BIM数据建模市场。通过自主可控的GIS软件的研发与应用推广，形成一定规模的CIM倾斜摄影基础数据市场需求，带动遥感与测绘数据采集、地理信息基础数据维护等数据维护服务行业的发展。

（3）带动发展CIM硬件支撑产业和CIM关联产业

CIM硬件支撑产业包括支撑CIM平台运行的底层设备与物联感知终端设备，如服务器、工作站、各类传感器等。

通过CIM核心软件产业的重点建设，建设形成具备服务全国CIM平台推广的产能，拉动国产自主可控的传感器、服务器等硬件网络设施的需求，带动CIM硬件支撑产业的发展。

通过CIM核心产业的大力发展，积极促进CIM关联产业的发展。CIM关联产业中，重点发展和CIM相关的信息技术咨询服务行业、信息处理和存储支持服务行业，包括为CIM平台开发建设提供的顶层设计及咨询、数据安全保障、算力算法支持以及数据集成分析应用等。

2. 重点发展CIM+智能建造产业，推动CIM+智慧社区建设和改造产业

鼓励CIM技术优先在智能建造领域推进开展，积极发展城市建设管理信息化技术应用。推动智能建造与建筑工业化协同发展，建设建筑产业互联网，推广装配式等新型建造方式，加快发展智能建造产业。

利用CIM技术与智慧工地、装配式、绿色建筑相结合，建立并完善城市建筑用水、用电、用气、用热等数据共享机制，提升建筑能耗监测能力，实现建筑能耗和资源消耗的实时监测、数据分析，发挥数据决策支撑和市场服务作用。做好建筑废弃物无害化处理和回收再利用。推动城市工程建设领域转型升级，向数字化、智能化、集约化、绿色化方向发展，进而带动新型智慧工地、装配式建筑等智能建造产业的发展。同时，将CIM应用于智慧社区建设和改造中，带动城市智慧社区建造的智慧化升级。

（1）大力推广CIM+智慧工地产业

利用CIM、物联网、人工智能等先进技术，实现CIM+智慧工地的融合应用，进而对施工现场人、机、料、法、环（人员、设备、材料、方法、环境）等全要素、全方位的数字化管理，大大提升施工安全质量和风险控制水平。通过CIM+智慧工地建设项目试点，引入高新技术企业参与工程建造过程，引导建筑施工、材料制造等企业科技创新，带动CIM+智慧工地产业的发展。

（2）持续推进BIM+装配式产业

将BIM与装配式技术相结合，在装配式建筑设计、生产、施工、装修、管理全过程中应用BIM，实现建造全过程仿真模拟，全系统要素的信息化，全参与单位的协同化，整合装配式建造全产业链条，实现全过程、全方位信息化集成。通过鼓励装配式建造企业全过程应用BIM技术，带动装配式产业链上下游创新升级，引领建筑业数字化、智能化、集约化、绿色化创新发展。

（3）积极培育CIM+老旧小区改造产业

将CIM与智慧社区建设与改造产业中的老旧小区改造相结合，从多方面促进老旧小区改造工作的开展。在完备老旧小区基础设施、配套设施，改善小区房屋质量安全的过程中，充分引入CIM技术及其他智能化软硬件基础设施，进一步提升老旧小区改造水平。利用CIM在房屋安全、设施完备、生活便利等各方面，对老旧小区健康度进行评估，辅助确定纳入改造小区范围，合理确定老旧小区改造内容。利用CIM对老旧小区改造建设过程进行全方位管理，辅助小区物业运营管理，建立智能化参与渠道，激发居民参与改造的主动性、积极性，充分调动居民与各方力量参与、反馈、评价老旧小区改造过程。

3. 加快发展CIM+智能化市政基础设施产业，促进CIM与智能网联汽车产业的融合

加快推进基于数字化、网络化、智能化的新型城市基础设施建设和改造，将CIM技术与智能化市政基础设施建设融会贯通，全面提升城市建设水平和运行效率。实施智能化市政基础设施建设和改造，提高运行效率和安全性能。协同发展智慧城市与智能网联汽车，打造基于CIM平台的智慧出行平台"车城网"，推动基于CIM的智能网联汽车新型基础设施产业发展。

（1）持续推进CIM+智慧管廊产业

综合利用CIM技术，建设集电力、通信、燃气、供热、给水排水等各种管线于一体的、以科技创新引领的智慧地下综合管廊。从规划阶段入手，将CIM技术贯穿设计、施工与运营管理的全过程应用，实现地下综合管廊的统一规划、统一设计、统一建设和管理，并开展智慧化监测运营。以此切实加强城市地下综合管廊的建设管理、安全运营，使地下管廊运营管理水平能够适应经济社会发展需要，为运营维护、应急防灾、公共服务等提供支持，提高城市综合运营承载能力。

（2）积极发展CIM+智慧灯杆产业

按照"多杆合一"的要求，全面加快智慧灯杆在广州市主要干道、重要场所的试点推广，构建基于CIM的智慧城市网络感知平台，形成基于CIM的数字孪生城市与现实城市的感知连接，实现市政基础设施集约化建设和安全高效运营，为城市运行、移动通信与网络建设提供及时、有效、便捷、智能的应用支撑。通过推动智慧灯杆及道路合杆整治工作，进一步合理、有序利用城市道路空间，美化道路环境，发展智慧灯杆产业的同时带动5G通信的发展。

（3）引导推动CIM+智慧停车产业

建设基于CIM的停车楼、地下停车场、立体停车库等集约化的停车设施，有效集成停车数据，盘活停车资源，改善城市静态交通，解决城市停车难问题。通过在城市公共空间等试点建设智慧化立体停车库，简化立体停车库建设审批程序，进一步引导社会力量参与新型智慧停车设施的建设运营，带动新型智慧停车设施产业的发展。

（4）积极推动CIM+智慧车联网产业

积极推动利用CIM技术实现支撑人车路协同交互的智慧路侧设施的集成管理，促进自动驾驶等车城网应用场景建设，以车城融合推动智慧交通的发展。衔接《广州市车联网先导区建设总体技术规范》，在车联网先导区的智能网联汽车新型基础设施建设和改造过程中，将CIM技术应用到新型智慧车联网示范区的建设，引入多行业龙头企业，探索"CIM+5G+车联网"在示范区深度融合应用，在发展智能汽车产业的同时，带动CIM+智慧交通产业的创新发展。

9.1.2 产业发展举措

1. 出台相关政策，加快CIM核心产业发展

鼓励、引导有条件的区依托现有的产业园区载体，建设CIM产业园中园，大力培育本土CIM企业，引进国内优秀CIM企业入穗，出台相应的产业政策、人才政策，设立专项基金和引导基金，成立CIM技术协会、行业协会、产业联盟等相关服务组织，打造CIM产业核心生态圈，带动关联产业的发展。以广州CIM平台建设项目为抓手，立足CIM核心产业发展的重要节点，设立CIM关键核心技术研发重大专项，面向CIM相关软硬件开发企业，开展相应技术研发攻关。

2. 开放应用场景，推进CIM平台多领域融合应用

在CIM+智慧工地、BIM+装配式、CIM+智慧停车设施、CIM+智慧车联网、CIM+智慧管廊、CIM+智慧灯杆、CIM+城市更新等领域开展试点示范，选取若干重点项目，引入行业多方力量资源，建设以CIM平台为智慧城市底层操作系统的标杆项目。推进CIM平台在多领域的融合应用，带动规划设计、建设施工、装配式建筑、车联网、城市更新等相关产业发展，在提升传统产业信息化、智能化发展水平的同时，孵化多领域CIM应用信息化企业，逐步实现城市发展的智能化升级，提升城市治理与服务水平。

3. 创新产业发展投融资方式，鼓励社会资本进入

加快以企业要素为引领的市场化改革，充分发挥社会力量作用。在政府引导下，积极引入社会力量广泛参与，探索多方共赢的新型商业模式。

创新投融资模式，拓宽投融资渠道，逐步建立以政府投资为引导，以企业投资为主体，金融机构积极支持，民间资本广泛参与的CIM智慧城市建设投融资模式。充分发挥国有企业在新城建中的引领作用，积极吸收非公经济成分参与发展，形成多元化投融资体系。利用资本市场的各类投资者，特别是机构投资者的投资资金，设立产业投资基金，并广泛吸引社会资本参与重大项目建设运营，明确各利益相关方的责任风险、收益边界、绩效评价，形成可持续发展的商业模式。鼓励金融机构创新金融服务模式，引导开发性、政策性金融机构通过多种渠道和方式支持智慧城市建设。

4. 营造CIM产业创新氛围，激发社会积极参与

引进CIM业内优秀企业、科研院所等行业资源，组织行业专家广泛深入研讨，通过开展"住建大讲堂""CIM智慧城建"专题讲座、论坛、专家报告会等，宣讲"CIM智慧城建"前沿发展趋势、内涵外延、场景应用、运营模式等。制定"CIM智慧城建"宣传推广计划，积极宣传推介"CIM智慧城建"建设的最新成果，不断扩大试点示范应用效果。加强有关"CIM智慧城建"的新思想、新观念、新知识、新技术、新应用的宣传，营造CIM产业创新氛围，激发社会各界对"CIM智慧城建"建设的热情，提高社会与公众参与"CIM智慧城建"建设的意识，增强企业、社会团体与公众参与度。

9.2 创建"新城建"产业与应用示范基地

9.2.1 建设背景

广州市作为住房和城乡建设部第一批新型城市基础设施建设试点城市，在"新城建"各项工作推进中走在全国前列。根据住房和城乡建设部办公厅关于同意创建"新城建"产业与应用示范基地的函，广州市成为第一批创建"新城建"产业与应用示范基地城市，同意广州市以"广州设计之都二期"为领建园区，适度拓展相关产业基础扎实的园区为关联园区，创建住房和城乡建设部"新城建"产业与应用示范基地。

为做好创建工作，贯彻落实住房和城乡建设部、中央网信办、科技部、工业和信息化部、人力资源和社会保障部、商务部、银保监会《关于加快推进新型城市基础设施建设的指导意见》文件要求，结合《关于加快推进广州市新型城市基础设施建设的实施方案》《广州市智慧城市基础设施与智能网联汽车协同发展试点工作方案》《广州市智慧城市建设综合改革试点实施方案》的有关要求，统筹推进"新城建"试点工作，充分发挥好市场主导和政府引导作用，创新体制机制，在打造"新城建"产业生态、开展智慧园区应用示范、构建政策支撑体系等方面先行先试，加快形成可复制可推广的经验模式，充分发挥"新城建"在稳增长扩内需、打造经济新增长点等方面的重要作用，构建"政府引导、社会参与、拓展场景、智慧提升、产业发展、促进经济"的"新城建"工作格局，广州市制定了广州市创建"新城建"产业与应用示范基地实施方案。

9.2.2 总体要求

1. 指导思想

坚持以习近平新时代中国特色社会主义思想为指导，深入贯彻落实习近平总书记关于城市建设重要指示精神，全面贯彻落实党中央、国务院关于实施扩大内需战略、适度超前开展基础设施投资、加快数字化改造等决策部署，准确全面贯彻新发展理念，服务和融入新发展格局，注重统筹发展和安全，坚持创新驱动发展，坚持以人民为中心的发展思想，坚持"人民城市人民建、人民城市为人民"，聚焦数字化、绿色化、国际化，坚持把握数字经济发展趋势和规律，以落实"新城建"推动城市数字化转型，发挥"新城建"在实现"碳达峰、碳中和"目标中的重要作用，驱动生产方式、生活方式和治理方式变革，为广州加快建设数字经济引领型城市、国际一流智慧城市、国际信息枢纽提供有力支撑。

坚持将"新城建"产业应用示范基地创建与"新城建"试点工作统筹推进，以培育和发展"新城建"产业，促进生态聚合和产业集聚，推动形成产业体系为重点，充分发挥市场主导和政府引导作用，创新体制机制，在打造"新城建"产业生态、开展智慧园区应用示范、构建政策支撑体系等方面先行先试，加快形成可复制、可推广的经验模式，切实发挥"新城建"在稳增长扩内需、打造经济新增长点等方面的重要作用。通过应用牵引提升城市品质，助力广州加快实现老城市新活力、"四个出新出彩"，增强人民群众获得感、幸福感、安全感。

2. 建设思路

依托广州产业优势，以"新城建"试点各项任务应用为牵引，在园区加快新型城市基础设施建设，推进数字技术、应用场景和商业模式创新，打造城市信息模型（CIM）平台、建筑产业互联网、车城网、智能化城市安全管理平台、城市运行管理服务平台五大平台经济和智能建造、智慧社区、智能化市政基础设施产业体系。建设广州市"新城建"产业与应用示范基地"2+4"产业版图，即2个领建园区加4个关联园区，统筹推进智能化基础设施建设，探索建立各园区、产业的跨区域协同共进机制，以培育和发展"新城建"产业为核心，推动产业集聚为目的，形成产业体系为重点，推动广州市"新城建"产业园区和产业集群数字化转型和绿色低碳发展，构建创新协同和错位互补的区域产业发展生态，提升广州市"新城建"产业链供应链协同配套能力。

领建园区一"广州设计之都二期"，聚焦CIM平台园区扩展、智能建造、绿色低碳和建筑产业互联网，加快推动"新城建"产业与应用示范基地建设，高标准开展"新城建"应用示范，打造广州市"新城建"创新综合体；领建园区二黄埔区包括中新知识城新一代信息技术创新园、京广协同创新中心、粤港澳大湾区高端装备制造创新中心，依托智慧城市、智能化市政基础设施试点建设、智能建造工作，积极推动"新城建"平台经济和智能化市政基础设施产业在园区集聚；海珠区以广州市人工智能和数字经济试验区为依托，面向"新城建"领域提供体系化的人工智能服务，在广州市"新城建"综合示范试点基础上，打造人工智能与"新城建"融合发展产业园；花都区以"未来建筑绿色智造产业园"为关联园区，打造建筑规划设计、绿色建造、绿色新型建材、建筑工业化、智慧城市信息系统等的研发应用基地；番禺区以"国家数字家庭应用示范产业基地"为关联园区，依托基地二期和中关村青创汇，培育以智慧社区为重点的"新城建"产业；南沙区以明珠湾起步区灵山岛尖"明珠湾智慧城市示范园"为关联园区，依托明珠湾智慧城市建设和运营管理，在园区培育"新城建"平台经济和智能化城市基础设施产业。领建园区及关联园区情况如表9.2-1所示。

领建园区及关联园区情况表　　　　　　表9.2-1

园区类型	园区名称	园区面积	主要内容
领建园区	领建园区一——广州设计之都二期	约270亩（0.18km²）	属于新建园区，聚焦CIM平台园区扩展、智能建造、绿色低碳和建筑产业互联网，打造广州市"新城建"创新综合体
领建园区	领建园区二——黄埔区新一代信息技术创新园	约4.52km²	以中新知识城新一代信息技术创新园、京广协同创新中心、粤港澳大湾区高端装备制造创新中心为领建园区，依托智慧城市、智能化市政基础设施试点建设、智能建造工作，积极推动"新城建"平台经济和智能化市政基础设施产业在园区集聚
关联园区	关联园区一——海珠区人工智能与"新城建"融合发展产业园	10.47km²	依托广州市人工智能与数字经济试验区的整体规划，在广州市"新城建"综合示范试点基础上，打造人工智能与"新城建"融合发展产业园
关联园区	关联园区二——花都区未来建筑绿色智造产业园	约881亩（0.59km²）	推动智能建造与建筑工业化协同发展，推进未来低碳建筑关联产业的研发、设计、制造、应用和运维的全产业链发展
关联园区	关联园区三——番禺区国家数字家庭应用示范产业基地	约335亩（0.22km²）	在国家数字家庭应用示范产业基地基础上，培育以智慧社区为重点的"新城建"产业
关联园区	关联园区四——南沙区明珠湾智慧城市示范园	约3.5km²	依托明珠湾智慧城市建设和运营管理，在园区培育"新城建"平台经济和智能化城市基础设施产业

3. 发展目标

基地创建期限截至2024年年底，经过三年的建设发展，在广州建成基础设施领先、核心产业雄厚、关联产业协同、衍生产业活跃、特色应用引领、公共服务完善，具备产业和经济规模带动力的"新城建"产业与应用示范基地。

（1）至2022年底

完成广州市城市信息模型（CIM）平台二期建设，夯实CIM基础平台的支撑能力，提升平台数据汇聚能力，拓展基于CIM的应用场景初见成效，"新城建"试点项目取得阶段性成效，完成"新城建"产业发展研究、产业链梳理和经济社会效益分析，领建园区和关联园区的重点项目启动建设。

（2）至2023年底

领建园区和关联园区的重点项目完成阶段性建设任务，在不少于三个领域形成较好的应用示范，拓展基于CIM的应用场景成效显著，构建参与企业不少于30家的"新城建"产业联盟。建设不少于1个智慧园区、不少于1个车城网试点、不少于10个智慧社区、不少于1个区级城市运行管理服务平台。

（3）至2024年底

继续推进智慧城市及"新城建"项目建设，"新城建"产业初具规模。完成领建园区和关联园区的重点项目建设，形成高标准应用示范，拓展基于CIM的应用场景成效显著。建设不少于3个智慧园区、不少于2个车城网试点、不少于20个智慧社区、不少于2个区级城市运行管理服务平台。通过产业补链、强链和延链，培育新型智能市政基础设施建造企业1~2家、CIM运营企业1~2家、CIM+智能网联设施企业1~2家，形成产业集聚，初步构建"新城建"产业体系。

9.2.3 主要任务

1. 坚持创新协同和错位互补，创建"2+4""新城建"产业与应用示范基地

（1）领建园区——广州设计之都二期

广州设计之都二期（图9.2-1）为新建园区，计划以广州市CIM基础平台为核心底座，建立领建园区运行管理服务平台应用，以"数字化协同设计，工业化智能建造，智慧化运营管理"为指导，汇聚园区规划、设计、施工、管理等各阶段BIM模型和应用物联网技术的园区基础设施、能源管理、环境监控等的智慧化监测数据，探索应用贯穿企业和项目管理的建筑产业互联网平台，实现装配式建筑全覆盖和高

图9.2-1 广州设计之都二期效果图

标准建筑单体示范，实行与市级监管平台互联互通的智慧工地管理，形成数据收集、融合、展示一体化，实现园区在"规划、设计、建造、运营"上的全生命周期精细化管理，打造全生命周期智能建造示范。实现绿色建筑全覆盖，打造具有岭南特色的近零能耗建筑示范和绿色低碳园区标杆。

（2）领建园区二——黄埔区"新一代信息技术创新园"

黄埔区通过把握"一带一路"和粤港澳大湾区重要战略发展新机遇，以新一代信息技术创新园（图9.2-2）为核心产业基地、京广协同创新中心（图9.2-3）和粤

图9.2-2 新一代信息技术创新园中国电信创新孵化（南方）基地

图9.2-3 京广协同创新中心

图9.2-4 粤港澳大湾区高端装备制造创新中心

港澳大湾区高端装备制造创新中心（图9.2-4），构筑区域协同发展体系，发挥各园区在新一代信息技术、人工智能、智能装备、智能建造等领域的现状优势，在知识城、科学城片区构筑以"知识密集型服务业为主导，高附加值先进制造业为支撑"的产业结构，在"新城建"协同发展智慧城市与智能网联汽车、智能化城市安全管理、城市运行管理服务、智能建造等任务上深化应用，先试先行CIM平台区级应用的衔接扩展，以及智慧城管、智慧社区等"新城建"项目试点建设，探索形成"黄埔经验"。大力推动"新城建"产业发展，形成定位清晰、各具特色、竞相发展的黄埔区"新城建"发展新格局。统筹建设广州市"新城建"产业与应用示范基地创建工作综合信息管理平台，集中展示领建园区和关联园区的建设成果。

黄埔区印发区级"新城建"产业与应用示范基地实施方案，计划从打造车联网产业基地，培育产业全链条新生态。构建数据生产采集体系，丰富城市感知力评估手段。创新新城建服务应用，共创便民惠民和谐社会。构筑区域协同发展体系，搭建多元创新支撑平台几个方面推进基地创建工作。

（3）关联园区——海珠区"人工智能与新城建融合发展产业园"

依托琶洲国家新型工业化产业示范基地（大数据）、国家电子商务示范基地、广东省人工智能产业园和广东省数字创意特色产业园等创新创业平台载体，在琶洲重点发展的移动互联网、云计算与大数据应用、人工智能、高端软件服务、物联网及车联网、虚拟现实与增强现实、网络安全、新一代信息通信等产业基础上，发挥龙头企业的带动作用和产业集聚优势，鼓励"新城建"产业导入。推进"新城建"工作和琶洲智慧园区、车城网及智能化城市安全管理综合示范项目建设，打造智慧

图9.2-5　广州市CIM平台琶洲区域

城市、智慧社区、智慧交通等多应用场景,探索人工智能与数字经济产业和"新城建"产业融合发展。广州市CIM平台琶洲区域如图9.2-5所示。

海珠区计划通过加强统筹智慧城区顶层设计,组建海珠区智慧城区建设领导小组,加强各职能部门的对接。完善标准体系及配套政策建设,推动智慧城区建设规范化。以政府数据开放为牵引,促进政府数据与社会数据融合。充分发挥海珠区大学大院大所集聚优势和琶洲"人工智能与数字经济试验区"资源优势,创新智慧城市建设的多元化运营模式,探索不同业务领域的创新商业模式,共建海珠新型智慧城市生态圈。

(4)关联园区二——花都区"未来建筑绿色智造产业园"

花都区抓住建筑产业革新新趋势,以中建四局"湾区低碳科创智造园"(图9.2-6)和东方雨虹绿色建筑建材生产基地(图9.2-7)为驱动器,以"低碳建筑科创"和"绿色建材"业务为切入点,大力发展绿色建筑、绿色新型建材、智能建筑、装配式建筑业务;以行业前沿技术应用与设计为起始点,并大力推进工信部车联网先导区建设及住房和城乡建设部CIM平台和城市汽车智慧基础设施建设花都试点项目等"新城建"项目的建设工作,通过模块化设计、探索绿色新型建材运用,以工业机器人、智能终端赋能工厂生产,实现建造行业新材料应用、智能化建造、工业化生产、绿色化施工的转型升级;积极研究推动产业智能化升级改造、激发产业创新,构建产业孵化器(图9.2-8),实现产用结合及示范项目落地,全面拓展涵盖低碳建筑科技研发、装配式智能制造、数字化设计、绿色新型建材、低碳光伏技术、智能网联汽车在内的"新城建"产业领域,打造自主可控产业链条、推动产业集聚落地、带动有效投资和消费探索形成可持续发展模式。

图9.2-6 中建四局"湾区低碳科创智造园"效果图

图9.2-7 东方雨虹绿色建筑建材生产基地

图9.2-8 产业孵化器

（5）关联园区三番禺区"国家数字家庭应用示范产业基地"

番禺区依托广州大学城科教资源集中和产业集群的独特优势，坚持以创新、低碳和智慧园区为特色品牌推进新型城市示范产业基地建设，通过打造产学研联动阵地、搭建人才生态圈，促进产业提升与新经济发展和完善培育孵化服务。多点发力带动"新城建"产业与人工智能与数字经济产业融合创新，构建区域示范基地，持续深化数字家庭、智慧楼宇、智慧社区、智慧交通等全领域应用，打造以人工智能与数字经济为主导的数字技术产业，以研发、展示、服务为产业链条，集科研孵化、商业服务、文化交流为一体的综合创新服务平台，全面拓展双创可持续发展生态圈，助力形成"新城建"创新发展增长极。依托国家数字家庭应用示范产业基地二期（图9.2-9）和广州大学城·中关村青创汇（图9.2-10），引进一批以智慧社区产业为主的"新城建"产业相关总部企业、高新科技企业和科研机构，发挥大学城青年创新优势，创新服务场景，支撑社会服务和治理能力向基层深度拓展，打造成为广州人工智能与数字经济技术创新策源地、集聚发展示范区、开放合作重点区、制度改革试验田。

（6）关联园区四南沙区"明珠湾智慧城市示范园"

南沙区在明珠湾起步区（图9.2-11）融合使用市级CIM平台数据建立以"数字孪生"特性为基础的区级应用平台，建立数据中心标准及管理机制，打造智慧物

图9.2-9 国家数字家庭应用示范产业基地二期

联网设施及统一服务能力，提升园区智慧化管理水平。推进智慧交通、智慧地下空间、智慧水务、智慧城市基础设施等专项建设，增强城市运行管理服务能力，为灵山岛尖重点发展的总部经济、金融商务、科技创新等高端服务业发展提供保

图9.2-10　广州大学城·中关村青创汇

图9.2-11　南沙区明珠湾灵山岛尖

障,树立大湾区核心区"智慧城市"建设应用典范。同时,进一步发挥自贸区区位、市场和政策优势,在园区培育"新城建"平台经济和智能化市政基础设施产业。

南沙区明珠湾智慧城市示范园将围绕超前布局数字云网基础设施、全面发展集成化数智基础设施、加快数字孪生平台建设、谋划智慧城市示范新场景、示范探索智能车路协同发展、培育智慧城市关联产业发展等方面大力开展创建工作。

2. 立足培育产业链,开展"新城建"产业发展研究

选取广州市目前的主要产业园区和"新城建"试点应用项目从"新城建"产业需求、产业市场规模、产业发展前景等方面展开调研。结合广州市"链长制"构建工作,发挥"链主"企业产业优势,积极开展培育"新城建"产业链条(建链、补链、强链、延链等)、建设智慧园区、开展应用示范、推动技术创新和科研攻关、夯实标准支撑能力、创新体制机制、探索可持续发展模式等工作,构建广州市"新城建"产业体系。

3. 发展新型创新主体,打造"新城建"创新生态体系

依托领建园区的"新城建"建设示范,由园区运营引领,头部行业组建,关联产业链攀升和供应链整合,强化"新城建"产业联盟,向外加强地域间企业的沟通联系。利用基地数字化交流平台,向内加强头部企业的技术交流及业务合作。推动"新城建"及绿色低碳研究机构落地。与"新城建"研究机构、高校、龙头企业、行业协会等共同组建"新城建"及绿色低碳方向的研究实验室,培育推广一批智能化、数字化解决方案,加强产业共性解决方案供给,探索"新城建"未来发展方向。

4. 依托试点示范和基地创建工作,完善我市"新城建"标准体系

依托"新城建"试点示范项目建设和基地创建工作,在城市信息模型系列标准的基础上,细化CIM平台、CIM数据等CIM基础平台配套标准,在广州市已发布的平台建设、规划报批、施工图审查及竣工验收备案等11项标准指南的基础上,推动基于CIM的工程建设项目数据、建筑信息模型交付、城市信息模型应用、智慧社区、智慧园区、车城网、智慧城市基础设施、自主代客泊车停车场建设等20多项各级标准指引的编制工作。

5. 推进体制机制创新,探索形成"新城建"可持续发展模式

制定专项发展规划,研究精准政策措施。梳理"新城建"产业链,构建以产业链整体发展规划为统领,专项规划为支撑的产业发展规划体系。明确重点发展方向,精准对接产业发展需求。深入了解龙头企业、潜力企业、中小企业发展需要,结合产业链重点发展方向,对接细分领域有较强竞争力、影响力的企业以及具备一定发展潜力的中小企业。通过精准靶向招商,加速引进高精尖项目和国际高端资源,持续形成"引进一个,带来一批"集聚效应。尝试创新落地政策,以企业核心

技术、优质资产、产业板块及引进人才等综合考评奖励制度代替以税收考核为主的单一经济指标考核。

6. 开展经济社会效益分析，测算"新城建"对扩内需惠民生的重要作用

开展"新城建"产业园区经济和社会效益分析，设定单位土地总产值、单位土地税收、单位土地累计固定资产投资、在管理技术创新上对同行业的影响、推动产业转型升级情况、带动就业率等评价指标，多维度分析各园区经济效益。完善统计口径，建立评价指标体系，在广州市新型城市基础设施建设产业发展研究中统一测算"新城建"产业的社会效益和经济效益，评估广州市"新城建"工作对扩内需惠民生的重要作用。